# 에듀윌과 함께 시작하면,
# 당신도 합격할 수 있습니다!

집안 사정으로 인해
오랫동안 학업을 중단했던 늦깎이 수험생

외국 생활을 앞두고
한국 학력 인정이 필요한 유학생

학교를 그만두고
미래를 스스로 준비하는 학교 밖 청소년

누구나 합격할 수 있습니다.
해내겠다는 '열정' 하나면 충분합니다.

마지막 페이지를 덮으면,

**에듀윌과 함께**
**검정고시 합격이 시작됩니다.**

# 85만 권 판매 돌파
# 177개월 베스트셀러 1위!

에듀윌이 만든 검정고시 BEST 교재로
합격의 차이를 직접 경험해 보세요

중·고졸 검정고시 기본서

중·고졸 검정고시 5개년 기출문제집
(24년 9월 출간 예정)

중·고졸 검정고시 핵심총정리
(24년 9월 출간 예정)

중·고졸 검정고시 모의고사
(24년 12월 출간 예정)

# 에듀윌 검정고시 합격 스토리

박○주 합격생

## 에듀윌 교재로 학습하면 고득점 합격 가능!

핵심총정리와 기출문제집 위주로 학습하면서, 취약했던 한국사는 기본서도 함께 보았습니다. 암기가 필요한 개념은 노트 정리도 하였고, 기출은 맞힌 문제와 틀린 문제 모두 꼼꼼히 살폈습니다. 저는 만점이 목표였는데, 사회 한 문제를 제외하고 모두 100점을 맞았답니다!

김○늘 합격생

## 노베이스에서 평균 96점으로 합격!

에듀윌 핵심총정리에 수록된 요약본을 토대로 나만의 요약노트를 만들고 반복해서 살펴보았습니다. 시험이 2주가량 남았을 때는 D-7 모의고사를 풀었는데, 실제 시험장처럼 OMR 답안카드 작성을 연습할 수 있었습니다. 검정고시를 준비하는 수험생이라면 이 두 책은 꼭 보기를 추천합니다~

노○지 합격생

## 에듀윌 기출문제집은 합격으로 가는 필수템!

저는 먼저 부족한 과목의 개념을 집중 학습한 후 기출문제를 반복해 풀었습니다. 기출문제집에는 시험 범위에 해당하지 않는 문제가 무엇인지 안내되어 있고, 출제 경향이 제시되어 있어 유용했습니다. 시험 일주일 전부터 전날까지 거의 매일 기출문제를 풀었어요. 제가 합격하는 데는 기출문제집의 역할이 컸습니다.

박○르 합격생

## 2주 만에 평균 95점으로 합격!

유학을 위해 검정고시를 준비했습니다. 핵심총정리를 통해 어떤 주제와 유형이 자주 출제되는지 알 수 있어 쉽게 공부했습니다. 모의고사는 회차별·과목별로 출제의도가 제시되어 있어 좋았습니다. 다들 각자의 목표가 있으실 텐데, 모두 원하는 결과를 얻고 새로운 출발을 하시길 응원할게요!

# 다음 합격의 주인공은 당신입니다!

더 많은
합격 스토리

**eduwill**

# 1위 에듀윌만의
# 체계적인 합격 커리큘럼

원하는 시간과 장소에서, 합격 필수 콘텐츠까지
## 온라인 강의

① 전 과목 최신 교재 제공
② 과목별 업계 최강 교수진과 함께
③ 검정고시 합격부터 대입까지 가능한 학습플랜 제시

쉽고 빠른 합격의 첫걸음
고졸 검정고시 핵심개념서 무료 신청

고졸 검정고시
핵심개념서
무료 신청

---

**친구 추천 이벤트**

## "친구 추천하고 한 달 만에
## 920만원 받았어요"

친구 1명 추천할 때마다 현금 10만원 제공
추천 참여 횟수 무제한 반복 가능

※ *a*o*h**** 회원의 2021년 2월 실제 리워드 금액 기준
※ 해당 이벤트는 예고 없이 변경되거나 종료될 수 있습니다.

친구 추천 이벤트
바로가기

---

더 많은 혜택이 궁금하다면 1600-6700
* 위 내용은 서비스 개선을 위해 예고 없이 변경될 수 있습니다.

자동채점 서비스

고졸

# 2024년도 제1회 고등학교 졸업학력 검정고시

## 제 ⑤ 교시 과학

**1.** 다음에서 설명하는 발전 방식은?

○ 파도 상황에 따라 전력 생산량이 일정하지 않다.
○ 파도의 운동 에너지를 전기 에너지로 전환한다.

① 파력 발전  ② 화력 발전  ③ 원자력 발전  ④ 태양광 발전

**2.** 그림은 전기 에너지의 생산과 수송 과정을 나타낸 것이다. 이에 대한 설명으로 옳은 것을 <보기>에서 모두 고른 것은?

765 kV   22.9 kV

발전소   변전소   주상 변압기   가정
⊙

<보기>
ㄱ. 발전소에서 전기 에너지를 생산한다.
ㄴ. ⊙에 해당하는 전압은 22.9 kV보다 작다.
ㄷ. 수송 과정에서 손실되는 전기 에너지는 없다.

① ㄱ   ② ㄷ   ③ ㄱ, ㄴ   ④ ㄴ, ㄷ

**6.** 그림은 자유 낙하하는 물체의 위치를 일정한 시간 간격으로 나타낸 것이다. A~D 지점 중 물체의 속도가 가장 빠른 지점은? (단, 중력 가속도는 $10 \text{m/s}^2$이고, 공기 저항은 무시한다.)

정지 —— A
—— B
운동방향 ↓ —— C
지면 —— D

① A   ② B   ③ C   ④ D

**7.** 그림과 같이 자석을 코일 속에 넣을 때 발생하는 유도 전류의 방향을 변화시킬 수 있는 요인으로 옳은 것을 <보기>에서 모두 고른 것은?

S N 코일   검류계

<보기>
ㄱ. 자석의 극을 바꾼다.
ㄴ. 자석을 더 빠르게 넣는다.
ㄷ. 더 강한 자석을 사용한다.

① ㄱ   ② ㄷ   ③ ㄱ, ㄴ   ④ ㄱ, ㄷ

**8.** 그림은 주기율표의 일부를 나타낸 것이다. 임의의 원소 A~D 중 원자가 전자 수가 가장 큰 것은?

**3.** 표는 같은 직선상에서 운동하는 물체 A~D의 처음 운동량과 나중 운동량을 나타낸 것이다. 물체 A~D 중 받은 충격량의 크기가 가장 큰 것은?

| 운동량 (kg·m/s) 물체 | 처음 운동량 | 나중 운동량 |
|---|---|---|
| A | 2 | 5 |
| B | 3 | 7 |
| C | 3 | 8 |
| D | 4 | 10 |

① A
② B
③ C
④ D

**4.** 그림은 고열원에서 100J의 열에너지를 공급받아 W의 일을 하는 열기관을 나타낸 것이다. 열기관에서 저열원으로 50J의 열에너지를 방출할 때, 열기관이 한 일 W의 양은?

고열원 100J — W 열기관 — 50J 저열원

① 30J
② 40J
③ 50J
④ 60J

**5.** 다음은 태양 내부에서 일어나는 반응에 대한 설명이다. ㉠에 해당하는 원소는?

고온·고압인 태양에서 수소 원자핵이 융합하여 [ ㉠ ] 원자핵이 생성되는 동안 줄어드는 질량이 에너지로 전환된다.

① 질소
② 칼슘
③ 헬륨
④ 나트륨

---

| 족 주기 | 1 | 2 | ~ | 16 | 17 | 18 |
|---|---|---|---|---|---|---|
| 1 | | | | | | |
| 2 | A | | | B | | |
| 3 | C | | | | D | |

**9.** 그림은 나트륨 이온의 생성 과정을 모형으로 나타낸 것이다. 나트륨 원자가 잃은 전자의 개수는?

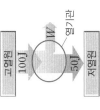

나트륨 원자(Na)    나트륨 이온(Na⁺)

① 1개
② 2개
③ 3개
④ 4개

**10.** 다음에서 설명하는 화학 결합에 의해 형성된 물질은?

○ 금속 원소와 비금속 원소 사이에서 형성된다.
○ 양이온과 음이온의 정전기적 인력에 의해 형성된다.

① 은(Ag)
② 구리(Cu)
③ 산소($O_2$)
④ 염화 나트륨(NaCl)

**11.** 다음 중 산화 환원 반응의 사례가 아닌 것은?

① 도시가스를 연소시킨다.
② 철이 공기 중에서 붉게 녹슨다.
③ 산성화된 토양에 석회 가루를 뿌린다.
④ 사과를 깎아 놓으면 산소와 반응하여 색이 변한다.

에듀윌이
너를
지지할게

ENERGY

세상을 움직이려면
먼저 나 자신을 움직여야 한다.

– 소크라테스(Socrates)

# 에듀윌 고졸 검정고시 기본서 과학

eduwill

Contents
# 이 책의 차례

- 이 책의 구성
- 시험 정보
- 선생님이 알려 주는 합격 전략

## I
## 물질과 규칙성

## II
## 시스템과 상호 작용

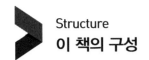

# 누구나 한 번에 합격할 수 있다!
# 기초부터 고득점까지 해답은 기본서!

단원별로 이론을 학습하고 ▶ 문제로 개념을 점검하고 ▶ 모의고사로 과학을 완벽 정복!

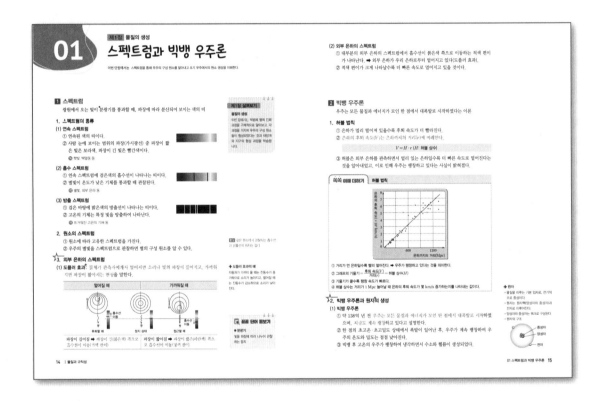

## 믿고 보는 단원별 이론

- 출제 범위에 해당하는 2015 개정 교육과정을 철저하게 반영하였습니다.
- 기초가 부족해도 충분히 이해할 수 있도록 내용을 쉽게 서술하였습니다.

## 이해를 돕는 보충 설명과 단어장

- 이론과 연관된 보충 개념을 보조단에 수록하여 바로바로 확인할 수 있습니다.
- 단어 설명을 교재 하단에 수록하여 정확한 개념의 이해를 돕습니다.

BOOK
GUIDE

이론의 상세함 정도 ■■■■■■■□□
문제의 수록 정도 ■■■■■■■□□
교재의 난이도 ■■■■□□□□□

기초부터 차근차근 학습할 수 있는 기본서

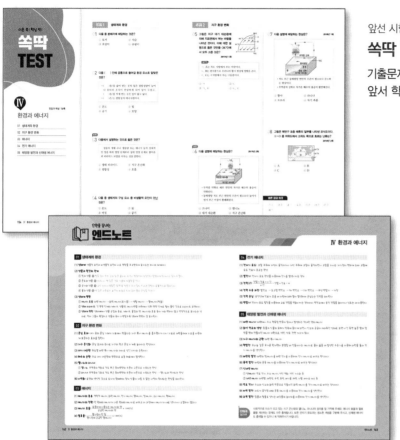

앞선 시험에 나온, 앞으로 시험에 나올!

## 쏙딱 TEST

기출문제 및 예상문제를 주제별로 수록하여
앞서 학습한 이론을 문제에 적용해 봅니다.

만점을 만드는 한 수, 이것으로 모두 끝!

## 엔드노트

해당 단원에서 꼭 알고 넘어가야 할
중요 개념을 한 번 더 정리합니다.

# BONUS STAGE

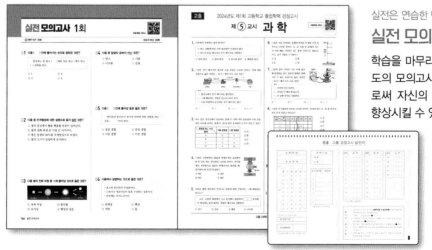

실전은 연습한 만큼 노련해지는 것!

## 실전 모의고사 ➕ 최신 기출문제

학습을 마무리하며 실제 시험과 비슷한 난이
도의 모의고사와 최신 기출문제를 풀어 봄으
로써 자신의 실력을 가늠하고 실전 감각을
향상시킬 수 있습니다.

함께 수록한 OMR 답안카드
를 활용하여 실제 시험처럼
답안지 작성 연습을 할 수
있습니다.

# ❚ 고졸 검정고시란

부득이한 이유로 정규 고등학교 과정을 마치지 못한 사람들을 대상으로 실시하는 국가 자격 시험입니다.
고졸 검정고시에 합격한 사람은 고등학교를 졸업한 사람과 동등한 자격을 인정받습니다.

## 시험 주관 기관
• 시·도 교육청: 시행 공고, 원서 교부 및 접수, 시험 실시, 채점, 합격자 발표를 담당합니다.
• 한국교육과정평가원: 기본 계획, 문제 출제, 인쇄 및 배포를 담당합니다.

## 출제 범위
2015 개정 교육과정에서 출제됩니다.

🖐 본서는 출제 범위를 철저하게 반영하였으니 안심하고 학습하세요!

## 시험 일정

| 구분 | 공고일 | 접수일 | 시험일 | 합격자 발표일 | 공고 방법 |
|------|--------|--------|--------|--------------|-----------|
| 제1회 | 2월 초순 | 2월 중순 | 4월 초·중순 | 5월 초·중순 | 시·도<br>교육청 홈페이지 |
| 제2회 | 6월 초순 | 6월 중순 | 8월 초·중순 | 8월 하순 | |

🖐 시험 일정은 시·도 교육청 협의에 따라 변경될 수 있어요.

## 출제 방향
고등학교 졸업 정도의 지식과 그 응용 능력을 측정할 수 있는 수준으로 출제됩니다.

## 응시 자격
• 중학교 졸업자 및 이와 같은 수준 이상의 학력이 있다고 인정된 사람

   ※ 3년제 고등기술학교 졸업(예정)자의 경우에도 중학교 졸업자 및 이와 같은 수준 이상의 학력이 있다고 인정된 사람이
      어야 합니다.

• 고등학교에 준하는 각종 학교의 졸업자 또는 졸업예정자와 중학교 또는 이와 같은 수준 이상의 학력이 있는
  사람을 대상으로 하는 3년제 직업훈련과정의 수료자

   ※ 졸업예정자라 함은 최종 학년에 재학 중인 사람을 말합니다.

• 「초·중등교육법시행령」 제97조, 제101조, 제102조에 해당하는 사람
• 「보호소년 등의 처우에 관한 법률 시행령」 제69조 제3호에 해당하는 사람

🖐 상기 자료는 2024년 서울시 교육청 공고문 기준이에요. 2025년 시험 응시 예정자는 최신 공고문을 꼭 확인하세요.

# ❙ 시험 접수부터 합격까지

## 시험 접수 방법
각 시 · 도 교육청 공고를 참조하여 접수 기간 내에 현장 혹은 온라인으로 접수합니다.
🖐 접수 기간 내에 접수하지 못하면 시험을 응시할 수 없으니 주의가 필요해요!

## 시험 당일 준비물
• 수험표 및 신분증(만17세 미만의 응시자는 청소년증, 주민등록번호가 포함된 여권 혹은 여권정보증명서)
• 샤프 또는 연필, 펜, 지우개와 같은 필기도구와 답안지 작성을 위한 컴퓨터용 수성사인펜,
  답안 수정을 위한 수정테이프, 아날로그 손목시계  디지털 손목시계는 금지되어 있어요!
• 소화가 잘 되는 점심 도시락

## 입실 시간
• 1교시 응시자는 시험 당일 오전 8시 40분까지 지정 시험실에 입실합니다.
• 2~7교시 응시자는 해당 과목의 시험 시간 10분 전까지 시험실에 입실합니다.

## 시험 진행
🚩 이제부터 실력 발휘를 할 시간!

| 구분 | 1교시 | 2교시 | 3교시 | 4교시 | 점심 | 5교시 | 6교시 | 7교시 |
|---|---|---|---|---|---|---|---|---|
| 시간 | 09:00 ~ 09:40 (40분) | 10:00 ~ 10:40 (40분) | 11:00 ~ 11:40 (40분) | 12:00 ~ 12:30 (30분) | 12:30 ~ 13:30 | 13:40 ~ 14:10 (30분) | 14:30 ~ 15:00 (30분) | 15:20 ~ 15:50 (30분) |
| 과목 | 국어 | 수학 | 영어 | 사회 | | 과학 | 한국사 | 선택* |

＊선택 과목에는 도덕, 기술·가정, 체육, 음악, 미술이 있습니다.

## 유의 사항
• 수험생은 고사 시간에 휴대 전화 등의 통신기기를 일절 소지할 수 없습니다. 만약 반입 금지 물품을 소지할
  경우 사용 여부를 불문하고 부정행위로 간주됩니다.
• 수험생은 시험 중 시험 시간이 끝날 때까지 퇴실할 수 없습니다. 다만, 불가피한 사유로 퇴실할 경우 퇴실 후
  재입실이 불가능하며 별도의 지정 장소에서 시험 종료 시까지 대기하여야 합니다.

## 합격자 발표
• 시 · 도 교육청 홈페이지에서 발표합니다.
• 100점 만점 기준으로 전과목 평균 60점 이상을 취득해야 합니다.
• 평균 60점을 넘지 못했을 경우 60점 이상 취득한 과목은 과목 합격으로 간주되어, 이후 시험에서 본인이 원
  한다면 해당 과목의 시험은 치르지 않을 수 있습니다.
🖐 모두 목표했던 결과를 얻을 수 있도록 응원할게요!

# 선생님이 알려 주는 합격 전략

**Q** 2021년 시험부터 출제 범위가 변경되었다고 하는데, 뭐가 달라졌나요?

2021년부터 검정고시의 출제 범위가 2015 개정 교육과정으로 변경되있습니다. 이전 교육과정에서 다루었던 태양계의 역학 일부와 행성의 대기·생명의 탄생과 진화 일부·정보의 발생과 처리·정보의 저장과 활용 일부·광물 자원·식량 자원·질병과 면역 일부·첨단 과학과 질병 치료의 일부가 삭제되었고, 화학 결합의 일부·자연의 구성 물질·역학적 시스템·판 구조론과 지권의 변화·세포·물질대사·산화 환원 반응·산과 염기·전기 에너지 등이 추가되었습니다.

검정고시는 정상적으로 학교를 다니기 어려운 분들에게 추가적인 교육의 기회를 제공하기 위하여 실시하는 시험이에요. 따라서 가능하면 쉽게 출제하여 어려운 여건에서 공부하시는 분들이 학업의 기회를 가질 수 있도록 하고 있답니다. 이러한 출제 방침은 앞으로도 계속될 거예요.

**Q** 출제 난이도가 궁금해요. 공부를 놓은 지 오래되었는데 합격할 수 있을까요?

**Q** 그렇다면, 지난 시험에서는 어떻게 출제되었나요?

2024년 1회 과학 시험은 이렇게 출제되었습니다.

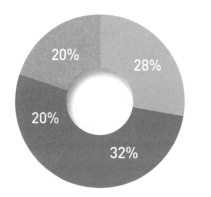

- 28%
- 20%
- 20%
- 32%

❶ 물질과 규칙성
❷ 시스템과 상호 작용
❸ 변화와 다양성
❹ 환경과 에너지

❷ 시스템과 상호 작용에서 가장 많이 출제되었으며 용어와 기본 개념을 묻는 문제가 많이 출제되었습니다. 새로운 개념이나 깊이 있는 내용을 묻기보다는 용어의 정의나 기본 개념과 원리를 파악하고 있는지 묻는 문제가 다수 출제되고 있습니다. 따라서 과학 과목을 학습할 때 용어 정리와 더불어 개념에 대한 정확한 이해가 충분히 이루어져야 합니다.

**Q** 저는 기초가 부족한데, 어떻게 공부해야 할까요?

과학의 기초를 다지는 것은 과학 용어에 대한 이해 능력을 키우는 것부터 시작됩니다. 우선 기본서를 쭉 살펴보면서 주요 용어에 익숙해지도록 해보세요. 정의 · 개념 · 명칭에 대한 정리가 확실하다면 합격이 훨씬 쉬워집니다.

**Tip 이렇게 공부해요!**

처음 교재를 펼쳐 보고 '과포(과학 포기)'를 생각하고 계시다면, 기출문제를 한 번 훑어보시기를 부탁드립니다. 평균 점수를 높이고 만점을 받기에 그 어느 과목보다 가성비가 좋은 과목이 과학이라고 저는 생각합니다. 고졸 검정고시 과학의 난이도는 중~하 수준입니다. 한 주제의 깊이 있는 이해보다는 과학적 정의나 개념, 명칭 등에 대해 묻는 문제가 많이 출제되고 있습니다. 학습 전 이 단원에서 알아야 할 것들이 무엇인지 확인 후 학습을 시작해주시기 바랍니다. 특히 그래프, 그림, 표 등의 해석을 정의와 함께 꼭 익히시기 바랍니다.

**Q** 대학 진학을 위해 고득점을 받아야 하는데, 어떻게 공부해야 할까요?

대학 진학 등을 위해 고득점을 목표로 한다면, 기본서의 정독과 기출문제 분석이 반드시 필요합니다.
고난도 문제를 대비하기 위해서는 주요 개념 · 용어의 정리가 무엇보다 중요합니다.

**Tip 이렇게 공부해요!**

가장 추천드리는 방법은 다음과 같습니다.
1. 기출문제를 확인하여 출제 난이도를 파악한다.
2. 기본서를 통해 기본 개념, 단어의 정의, 그래프와 그림 해석 능력을 키운다.
3. 핵심총정리를 통해 내가 기억하고 있는 개념과 정의가 맞는지 확인한다.
4. 모의고사를 풀어보고 나의 점수를 확인한 후, 핵심총정리와 기본서로 복습 후 오답을 정리한다.
5. 기출문제를 통해 실전 연습을 하며 오답 정리를 반드시 한다. 맞힌 문제는 또 맞힐 수 있도록, 틀린 문제는 다시는 틀리지 않도록 정리한다.

[ 100점을 목표로 한다면 에듀윌 기출문제집, 핵심총정리, 모의고사를 추가로 공부하세요. 목표에 더 가까이 갈 수 있을 거예요! ]

# 물질과 규칙성

# 01

# 스펙트럼과 빅뱅 우주론

**이번 단원에서는** 스펙트럼을 통해 우주의 구성 원소를 알아내고 초기 우주에서의 원소 생성을 이해한다.

## 1 스펙트럼

광원에서 오는 빛이 분광기를 통과할 때, 파장에 따라 분산되어 보이는 색의 띠

### 1. 스펙트럼의 종류

#### (1) 연속 스펙트럼

① 연속된 색의 띠이다.

② 사람 눈에 보이는 범위의 파장(가시광선) 중 파장이 짧은 빛은 보라색, 파장이 긴 빛은 빨간색이다.

    **예** 햇빛, 백열등 등

#### (2) 흡수 스펙트럼

① 연속 스펙트럼에 검은색의 흡수선이 나타나는 띠이다.

② 별빛이 온도가 낮은 기체를 통과할 때 관찰된다.

    **예** 별빛, 외부 은하 등

#### (3) 방출 스펙트럼

① 검은 바탕에 밝은색의 방출선이 나타나는 띠이다.

② 고온의 기체는 특정 빛을 방출하여 나타난다.

    **예** 뜨거워진 고온의 기체 등

### 2. 원소의 스펙트럼

① 원소에 따라 고유한 스펙트럼을 가진다.

② 우주의 별빛을 스펙트럼으로 관찰하면 별의 구성 원소를 알 수 있다.

### ☆ 3. 외부 은하의 스펙트럼

#### (1) 도플러 효과: 물체가 관측자에게서 멀어지면 소리나 빛의 파장이 길어지고, 가까워지면 파장이 짧아지는 현상을 말한다.

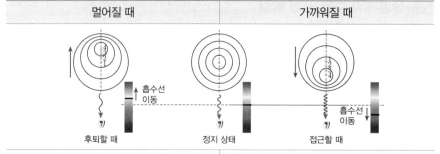

| 멀어질 때 | 가까워질 때 |
|---|---|
| 후퇴할 때    정지 상태 | 접근할 때 |
| 파장이 길어짐 ➡ 파장이 긴(붉은색) 쪽으로 흡수선이 이동(적색 편이) | 파장이 짧아짐 ➡ 파장이 짧은(파란색) 쪽으로 흡수선이 이동(청색 편이) |

**제1장 살펴보기**

**물질의 생성**

이번 장에서는 빅뱅과 별의 진화 과정을 구체적으로 알아보고, 각 과정을 거치며 우주의 구성 원소들이 형성되었다는 것과 태양계와 지구의 형성 과정을 학습합니다.

**참고** 같은 원소에서 관찰되는 흡수선과 방출선의 위치는 같다.

**➕ 도플러 효과의 예**

자동차가 가까이 올 때는 진동수가 증가하므로 소리가 높아지고, 멀어질 때는 진동수가 감소하므로 소리가 낮아진다.

**🔍 꼼꼼 단어 돋보기**

● 분광기

빛을 파장에 따라 나누어 관찰하는 장치

## (2) 외부 은하의 스펙트럼

① 대부분의 외부 은하의 스펙트럼에서 흡수선이 붉은색 쪽으로 이동하는 적색 편이가 나타난다. ➡ 외부 은하가 우리 은하로부터 멀어지고 있다(도플러 효과).

② 적색 편이가 크게 나타날수록 더 빠른 속도로 멀어지고 있을 것이다.

## ② 빅뱅 우주론

우주는 모든 물질과 에너지가 모인 한 점에서 대폭발로 시작하였다는 이론

### 1. 허블 법칙

① 은하가 멀리 떨어져 있을수록 후퇴 속도가 더 빨라진다.

② 은하의 후퇴 속도($V$)는 은하까지의 거리($r$)에 비례한다.

$$V = H \cdot r \ (H: \text{허블 상수})$$

③ 허블은 외부 은하를 관측하면서 멀리 있는 은하일수록 더 빠른 속도로 멀어진다는 것을 알아내었고, 이로 인해 우주는 팽창하고 있다는 사실이 밝혀졌다.

---

**쏙쏙 이해 더하기** | **허블 법칙**

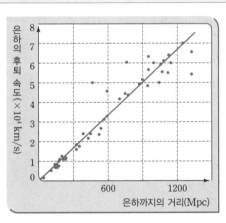

① 거리가 먼 은하일수록 빨리 멀어진다. ➡ 우주가 팽창하고 있다는 것을 의미한다.

② 그래프의 기울기 = $\dfrac{\text{후퇴 속도}(V)}{\text{거리}(r)}$ = 허블 상수($H$)

③ 기울기가 클수록 팽창 속도가 빠르다.

④ 허블 상수는 거리가 1 Mpc 늘어날 때 은하의 후퇴 속도가 몇 km/s 증가하는지를 나타내는 값이다.

---

### ⭐2. 빅뱅 우주론과 원자의 생성

#### (1) 빅뱅 우주론

① 약 138억 년 전 우주는 모든 물질과 에너지가 모인 한 점에서 대폭발로 시작하였으며, 지금도 계속 팽창하고 있다고 설명한다.

② 한 점의 초고온·초고밀도 상태에서 폭발이 일어난 후, 우주가 계속 팽창하여 우주의 온도와 밀도는 점점 낮아진다.

③ 빅뱅 후 고온의 우주가 팽창하여 냉각하면서 수소와 헬륨이 생성되었다.

**➕ 원자**

• 물질을 이루는 기본 입자로, 전기적으로 중성이다.

• 원자는 원자핵(양성자와 중성자)과 전자로 이루어진다.

• 양성자와 중성자는 쿼크로 구성된다.

• 원자의 구조

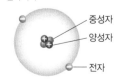

중성자
양성자
전자

## (2) 원자의 생성

① 기본 입자[+] 생성: 쿼크, 전자 등

② 양성자와 중성자 생성: 쿼크들이 결합하여 양성자, 중성자[+] 등을 생성한다.

③ 원자핵 생성

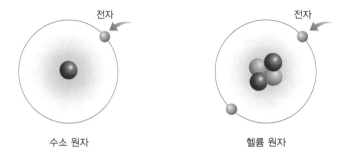

| | 수소 원자핵 | | 헬륨 원자핵 | |
|---|---|---|---|---|
| 수소<br>(질량수[+] 1) | 중수소<br>(질량수 2) | 삼중수소<br>(질량수 3) | 헬륨−3<br>(질량수 3) | 헬륨−4<br>(질량수 4) |

- 양성자 1개는 수소의 원자핵이 된다.
- 양성자 2개와 중성자 2개가 결합하여 헬륨 원자핵이 된다.
- 수소 원자핵과 헬륨 원자핵의 질량비는 약 3 : 1이다.

④ 원자의 생성 　수소 원자와 헬륨 원자의 구조를 기억하세요.

- 빅뱅 후 약 38만 년이 지났을 때, 원자핵 주위로 전자가 끌려오며 중성 원자가 생성되었다.
- 빛은 산란하지 않고 직신한다. ➡ 투명한 우주

수소 원자　　　　헬륨 원자

**＋ 기본 입자의 종류**

6종류의 쿼크(업 쿼크, 다운 쿼크 포함)와 6종류의 렙톤(전자 포함)이 있다.

- 업 쿼크 전하량: $+\dfrac{2}{3}$
- 다운 쿼크 전하량: $-\dfrac{1}{3}$

**＋ 양성자, 중성자**

- 양성자: 업 쿼크 2개 ＋ 다운 쿼크 1개 ＝+1 ➡ (+) 전하
- 중성자: 업 쿼크 1개 ＋ 다운 쿼크 2개 ＝ 0 ➡ 전하를 띠지 않는다.

**＋ 질량수**

원자핵을 이루는 양성자 개수와 중성자 개수의 합이다.

---

### 쏙쏙 이해 더하기　우주 팽창의 원리

풍선에 스티커를 붙이고 바람을 조금 불 때와 크게 불 때의 거리 변화를 비교하여 우주 팽창의 원리를 알아보는 실험이다.

| 거리 | A∼B | B∼C | C∼A |
|---|---|---|---|
| 풍선을 조금 불 때 | 2 cm | 3 cm | 4 cm |
| 풍선을 크게 불 때 | 4 cm | 6 cm | 8 cm |
| 늘어난 길이 | 2 cm | 3 cm | 4 cm |

① 풍선은 우주, 스티커 A·B·C는 은하를 의미한다.

② 풍선이 팽창하면 스티커 사이의 거리가 멀어진다. → 우주가 팽창하여 은하 사이의 거리가 멀어진다.

③ 늘어난 거리: A∼B ＜ B∼C ＜ C∼A → 먼 은하일수록 빨리 멀어진다.

④ 스티커가 서로 멀어진다. → 은하가 서로 멀어지므로 팽창의 중심은 정할 수 없다. → 우주는 팽창한다.

## ★3. 빅뱅 우주론의 증거

**(1) 우주 배경 복사**: 빅뱅 후 약 38만 년이 지나 우주의 온도가 약 $3000K$으로 낮아졌을 때, 원자가 생성되면서 물질에서 분리되어 우주로 퍼져 나간 빛이다.

   ① 빅뱅 우주론의 예측: 물질로부터 빠져나온 빛이 현재는 파장이 길어진 상태로 우주 전체에서 관측될 것이다.

   ② 실제 관측: 펜지어스와 윌슨이 우주의 모든 방향에서 온도 약 $2.7K$인 우주 배경 복사를 관측하였다. ➡ 빅뱅 우주론의 증거

✚ K(켈빈)
• 절대 온도의 단위이다.
• 절대 온도$(K)$＝섭씨온도$(℃)$＋273.15

> **쏙쏙 이해 더하기** | **빅뱅 우주론과 정상 우주론**
>
> • **빅뱅 우주론**: 우주는 고온, 고압, 고밀도 상태에서 폭발한 후 팽창하여 밀도와 온도가 감소한다.
> • **정상 우주론**: 우주는 팽창하지만 빈 공간에 새로운 물질이 생성되어 우주의 전체 밀도와 온도는 일정하다.

**(2) 수소와 헬륨의 질량비**: 우주에 분포하는 수소와 헬륨의 질량비가 $3:1$임을 확인하였다.

참고 우주의 수소와 헬륨의 질량비를 알게 된 과정
• 별빛의 스펙트럼으로 우주 원소의 정보를 알 수 있음
• 원소에 따라 고유 스펙트럼을 나타냄
• 흡수선의 폭을 비교하여 원소의 질량비도 알 수 있음

> **쏙쏙 이해 더하기** | **수소와 헬륨의 질량비**
>
> ① 빅뱅 우주론에서 예측한 수소와 헬륨의 질량비(약 $3:1$)
> • 빅뱅으로부터 약 3분 후, 우주의 온도가 낮아지면서 에너지를 방출하는 중성자에서 양성자로의 변환이 계속 일어난 결과, 양성자와 중성자의 개수비는 약 $7:1$이 되었다.
> • 양성자 14개와 중성자 2개 중에서 양성자 12개는 수소 원자핵 12개가 되고, 양성자 2개와 중성자 2개는 헬륨 원자핵 1개가 된다.
>
>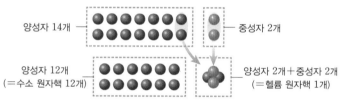
>
>    양성자 14개 ── 중성자 2개
>    양성자 12개 ── 양성자 2개＋중성자 2개
>    (＝수소 원자핵 12개)   (＝헬륨 원자핵 1개)
>
> • 수소 원자와 헬륨 원자의 질량비는 약 $12:4=3:1$이다.
>
> ➡ 헬륨이 차지하는 질량은 약 $\frac{1}{3+1}\times100=25(\%)$에 해당된다.
>
> ② 실제 우주에 분포하는 수소와 헬륨의 질량비(약 $3:1$)
> • 관측 방법: 우주에서 온 빛의 선 스펙트럼을 통해 우주를 구성하는 원소의 종류와 질량을 분석한다.
> • 관측 결과: 우주는 수소 약 74%와 헬륨 약 23%로 이루어져 있고, 질량비는 수소 : 헬륨＝$3:1$임을 알아냈다.
> • 결론: 수소와 헬륨의 질량비가 $3:1$로 나타나는 것은 빅뱅 우주론의 증거이다.

# 02

# 별과 태양계의 형성

**이번 단원에서는** 별의 진화 과정을 통하여 무거운 원소의 생성을 이해한다.

## 1 별의 탄생과 주계열성

### 1. 별의 탄생(성운 → 원시별 → 별)

(1) **성운:** 수소, 헬륨 등의 성간 물질이 밀집되어 있는 성운 중에서 밀도가 크고 온도가 낮은 부분이 중력 수축⁺을 하여 온도와 밀도가 증가한다.

(2) **원시별:** 고밀도의 기체인 원시별이 형성되어 중력 수축하고 원시별 주변에 성간 물질이 모여 원반을 형성한다.

(3) **별:** 원시별의 중심 온도가 1000만 K에 이르면 수소 핵융합 반응⁺을 하는 별(주계열성)이 탄생한다.

**✦ 중력 수축**
자신이 가진 질량에 의한 중력으로 수축한다.

**✦ 수소 핵융합 반응**
4개의 수소 원자핵이 융합하여 1개의 헬륨 원자핵을 만드는 반응

### ☆ 2. 주계열성

> $4\,H(\text{수소}) \rightarrow He(\text{헬륨}) + E(\text{에너지})$
> → 핵융합 결과 질량이 줄어들며, 줄어든 질량은 에너지로 변환되어 방출

① 별의 중심에서 수소 핵융합 반응이 이루어지면서 빛을 내는 별을 말한다.
② 별의 진화 과정 중 가장 긴 시기로, 별은 일생의 90%를 주계열성으로 보낸다.
③ 별의 내부 온도가 높아져 팽창하려는 기체의 압력과 수축하려는 중력이 평형을 이루어 별의 크기가 일정하게 유지된다.
④ 질량이 크고 고온인 별은 수소를 빨리 소모하여 수명이 짧고, 질량이 작고 저온인 별은 수소를 천천히 소모하여 수명이 길다.

## 2 별의 진화와 원소의 생성 질량에 따른 별의 진화 과정을 순서대로 기억해 보아요.

### 1. 별의 진화 과정

#### (1) 질량이 태양 정도인 별의 진화 과정

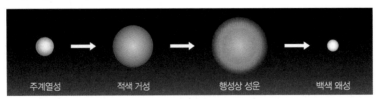

주계열성  →  적색 거성  →  행성상 성운  →  백색 왜성

① 질량이 태양 정도인 별은 헬륨 핵융합 반응⁺으로 탄소가 만들어진 후 더 이상 핵융합을 하지 않고, 탄소 핵이 수축하여 밀도가 높은 백색 왜성이 되어 일생을 마친다.
② 팽창하는 별의 바깥 물질은 중심부와 분리되어 행성상 성운이 되고, 중심부는 수축하여 백색 왜성이 된다.

**참고** 적색 거성
주계열성의 중심핵에 있는 수소가 모두 헬륨으로 바뀌면 수소 핵융합 반응이 끝나고 별의 내부 압력이 중력보다 작아져 별의 중심이 수축하며 헬륨핵 온도가 상승한다.
이로 인해 바깥쪽 수소 층을 가열하여 수소 층에서 수소 핵융합 반응이 일어나고 별의 외곽이 팽창하며 붉게 보이는 적색거성이 생성된다.

**✦ 헬륨 핵융합 반응**
중심부가 수축하여 내부 헬륨핵의 온도가 1억 K 이상이 되면 헬륨 핵융합 반응이 일어나 탄소가 생성된다(질량이 큰 별일 경우 핵융합 반응으로 철까지 생성).

## (2) 질량이 태양의 10배 이상인 별의 진화 과정

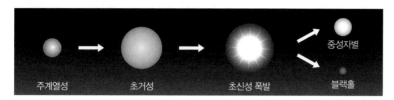

① 질량이 태양의 10배 이상인 별은 탄소 핵이 만들어진 후에도 계속 핵융합 반응이 일어난다.

② 헬륨 핵융합 반응과 탄소 핵의 수축 과정이 일어나며 초거성이 된다.

③ 초거성 중심은 온도가 높아지며 탄소, 질소, 산소, 네온, 나트륨, 마그네슘 등 차례로 핵융합 반응이 일어난다.

④ 온도가 30억 K 이상이 되면 규소 핵융합이 일어나 철이 만들어지고 더 이상 핵융합 반응이 일어나지 않는다.

⑤ 핵융합 반응이 일어나지 않으면 수축이 일어나고 수축을 견딜 수 없게 되면 별의 바깥 부분이 폭발하여 초신성이 되고 초신성 폭발 과정에서 구리, 금, 우라늄 같이 무거운 원소들이 만들어진다.

⑥ 초신성 폭발 후 중심부가 압축되어 중성자별이 되며, 질량이 더 큰 경우 계속 수축하여 빛도 빠져나갈 수 없는 블랙홀이 된다.

## 2. 철보다 가벼운 원소의 생성

**(1) 질량이 태양 정도인 별:** 헬륨 핵융합 반응이 일어나 중심핵에서 탄소까지 생성된다.

**(2) 질량이 태양의 10배 이상인 별:** 핵융합 반응으로 중심부에서 철까지 생성된다.

## 3. 철보다 무거운 원소의 생성

① 질량이 태양의 10배 이상인 별의 초신성 폭발 과정에서 초신성 폭발의 에너지에 의해 철보다 무거운 구리, 납, 금, 우라늄 등이 생성된다.

② 다양한 원소들이 별의 재료가 된다.

## 3 태양계의 형성

### 1. 태양계의 형성 과정

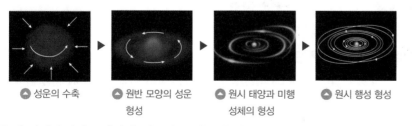

◐ 성운의 수축    ◐ 원반 모양의 성운 형성    ◐ 원시 태양과 미행성체의 형성    ◐ 원시 행성 형성

**참고** 성운설

가스 물질의 성운이 수축되며 중심에 태양이 형성되고 이후 주변에 남아 있던 물질이 뭉쳐져 행성이 되었다는 이론이다.

**(1) 성운의 회전과 수축:** 거대한 성운이 분열하여 태양계 성운이 만들어지고, 그것이 서서히 회전하면서 중력 수축하였다.

**(2) 원반 모양의 성운 형성:** 태양계 성운의 회전이 빨라지면서 물질이 바깥으로 퍼져 납작한 원반 모양을 이루었다.

**(3) 원시 태양과 <sup>•</sup>미행성체의 형성:** 중심부는 수축하여 원시 태양이 만들어졌고, 원반 주변부에는 수많은 미행성체들이 만들어졌다.

**(4) 원시 행성 형성:** 미행성체들이 원시 행성을 만들었다.

## 2. 지구형 행성과 목성형 행성

**(1) 지구형 행성(규산염<sup>+</sup>행성)**

① 원시 태양과 가까운 곳은 비교적 온도가 높기 때문에 수소와 헬륨 성분이 날아가 주변에 적게 존재하고, 녹는점이 높은 물질인 철, 니켈, 규소 등의 물질들이 남아 암석의 미행성체가 성장한다.

② 미량이었던 무거운 원소로 구성되며, 크기와 질량이 작지만 밀도는 크다.

③ 질량이 작은 수성에는 대기가 없다(다른 행성은 대기 있음).

④ 수성, 금성, 지구, 화성

**(2) 목성형 행성(기체형 행성)**

① 원시 태양과 먼 곳은 비교적 온도가 낮기 때문에 수소와 헬륨 성분이 많고, 암석과 얼음의 미행성체가 많으며, 메테인과 암모니아도 많다.

② 수소와 헬륨이 풍부하여 크기와 질량이 크지만 밀도는 작다.

③ 기체형 행성으로 행성 내부와 대기에 기체가 짙게 분포한다.

④ 목성, 토성, 천왕성, 해왕성

**✚ 규산염**

규소와 산소, 약간의 금속 원소로 이루어진다.

### 쏙쏙 이해 더하기   지구형 행성과 목성형 행성의 <sup>•</sup>물리량 비교

| 구분 | 지구형 행성 | 목성형 행성 |
|---|---|---|
| 질량, 반지름 | 작다 | 크다 |
| 평균 밀도 | 크다 | 작다 |
| 자전 주기 | 길다 | 짧다 |
| 위성 수 | 적다 | 많다 |
| 고리 | 없다 | 있다 |

## ☆ 3. 지구의 형성 과정   지구의 형성 과정을 순서대로 기억해 보아요.

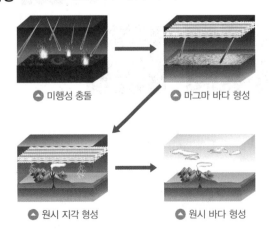

⬥ 미행성 충돌    ⬥ 마그마 바다 형성

⬥ 원시 지각 형성    ⬥ 원시 바다 형성

### 🔍 꼼꼼 단어 돋보기

● **미행성체**
원시 행성을 만드는 소행성 정도의 천체

● **물리량**
물질의 성질이나 상태를 나타내는 양

(1) **미행성 충돌:** 현재 크기의 절반도 되지 않던 원시 지구에 미행성이 충돌하여 지구의 크기와 질량이 증가하였다.

(2) **마그마 바다 형성:** 미행성의 충돌로 인한 열과 대기 중 이산화 탄소와 수증기의 온실 효과로 지구의 온도가 높아져 마그마 바다가 형성되었다.

(3) **맨틀과 핵 분리:** 밀도가 큰 물질은 지구 중심에서 핵을 이루고, 밀도가 작은 물질은 표면 쪽에서 맨틀을 이루었다.

(4) **원시 지각 형성:** 미행성 충돌이 줄어들면서 지구 표면 온도가 낮아졌으며, 맨틀 바깥 부분이 굳어 원시 지각이 만들어졌다.

(5) **원시 바다 형성:** 지구가 식으면서 대기 중의 수증기가 비가 되어 내리고 빗물이 모여 원시 바다가 형성되었다.

## 4. 지구의 원소 분포

① 지구 전체에서 가장 많은 원소는 철이다.

② 지각에 가장 많은 원소는 산소이고, 두 번째로 많은 원소는 규소이다.

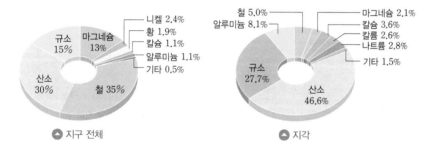

▲ 지구 전체    ▲ 지각

---

**쏙쏙 이해 더하기** | **우주와 지구의 구성 원소**

- 우주의 구성 원소는 수소와 헬륨이 대부분을 차지한다(수소 74%, 헬륨 24%, 기타 2%).
- 지구는 철, 산소, 규소, 마그네슘의 비율이 높고, 수소와 헬륨의 비율은 높지 않다(철 35%, 산소 30%, 규소 15%, 마그네슘 13%, 기타 7%).

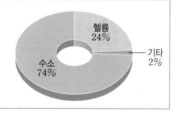

# 01

제2장 물질의 규칙성

# 주기율표

**이번 단원에서는** 원소들의 성질이 주기성을 나타내는 현상을 이해한다.

## 1 원소와 주기율표

### 1. 원소

① 물질을 이루는 기본 성분이다.

② 더 이상 다른 물질로 분해되지 않는다.

③ 현재까지 알려진 원소의 종류는 118종이다.

④ 우주에 가장 많이 존재하는 원소는 수소와 헬륨이다.

⑤ 지구의 경우 대기에는 질소와 산소가 많이 포함되어 있다. 지각에는 산소와 규소, 바다에는 산소와 수소가 많이 포함되어 있다.

⑥ 사람의 몸은 산소, 수소, 탄소, 칼슘, 인, 질소 등으로 이루어진다.

### 2. 주기율의 발견

(1) **라부아지에:** 33종의 물질을 기체, 비금속, 금속, 화합물로 구분하였다.

(2) **되베라이너:** 화학적 성질이 비슷한 세 쌍 원소의 원자량⁺ 사이에 일정한 규칙이 있음을 발견하였다.

(3) **뉴랜즈:** 원자량의 순서에 번호를 매기다가 여덟 번째마다 성질이 비슷한 원소가 나타나는 것을 발견하였다.

(4) **멘델레예프**

① 당시까지 발견된 63종의 원소들을 원자량 순서대로 나열했을 때 화학적 성질이 비슷한 원소들이 일정 간격으로 반복됨을 발견하였다.

② 화학적 성질이 비슷한 원소들이 같은 세로줄에 오도록 배열하여 최초의 주기율표를 만들었다.

### ⭐ 3. 주기율표   1~20번까지 순서대로 외우고, 주기와 족의 의미를 이해하세요.

(1) **주기율:** 원소를 원자 번호 순으로 나열하였을 때 화학적 성질이 비슷한 원소들이 일정한 간격으로 반복되어 나타나는 현상이다.

(2) **오늘날의 주기율표:** 모즐리는 원자 번호 순서대로 원소를 나열하고 성질이 비슷한 원소가 같은 세로줄에 오도록 배열하였다.

① 주기: 가로줄, 1~7주기, 같은 주기의 원소는 전자 껍질의 수가 같다.

② 족: 세로줄, 1~18족, 같은 족의 원소는 원자가 전자의 수가 같다. 같은 족에 속한 원소들은 화학적 성질이 비슷하기 때문에 동족 원소라고 한다. (단, 수소 제외)

③ 가장 최근에 공식 인정받은 원소까지 포함된 주기율표는 118번까지 포함되어 있는 주기율표이다.

**제2장 살펴보기**

**물질의 규칙성**

이번 장에서는 주기율표의 성질을 통해 금속 원소와 비금속 원소, 알칼리 금속과 할로젠 원소의 특징을 공부하고, 화학 결합을 형성하는 까닭과 이온 결합의 형성·공유 결합의 형성을 학습합니다.

**➕ 원자량**

원자들의 상대적 질량으로, 탄소 원자의 질량을 12로 하여 비교한 상대적인 값이다.

양성자 수에 따라 번호를 붙인 것

| 주기 \ 족 | 1 | 2 | 3~12 | 13 | 14 | 15 | 16 | 17 | 18 |
|---|---|---|---|---|---|---|---|---|---|
| 1 | 1<br>H | | 금속 | 준금속 | 비금속 | | | | 2<br>He |
| 2 | 3<br>Li | 4<br>Be | | 5<br>B | 6<br>C | 7<br>N | 8<br>O | 9<br>F | 10<br>Ne |
| 3 | 11<br>Na | 12<br>Mg | | 13<br>Al | 14<br>Si | 15<br>P | 16<br>S | 17<br>Cl | 18<br>Ar |
| 4 | 19<br>K | 20<br>Ca | | 31<br>Ga | 32<br>Ge | 33<br>As | 34<br>Se | 35<br>Br | 36<br>Kr |
| 5 | 37<br>Rb | 38<br>Sr | | 49<br>In | 50<br>Sn | 51<br>Sb | 52<br>Te | 53<br>I | 54<br>Xe |
| 6 | 55<br>Cs | 56<br>Ba | | 81<br>Tl | 82<br>Pb | 83<br>Bi | 84<br>Po | 85<br>At | 86<br>Rn |
| 7 | 87<br>Fr | 88<br>Ra | | 113<br>Nh | 114<br>Fl | 115<br>Mc | 116<br>Lv | 117<br>Ts | 118<br>Og |

참고 113번, 115번, 117번, 118번 원소의 성질은 아직 많이 밝혀지지 않아 금속 또는 비금속으로 분류하지 않았다.

## 4. 원자의 전자 배치

### (1) 원자의 구조

① 원자는 원자핵(양성자＋중성자)과 전자로 이루어진다.
② 원자는 양성자 수와 전자 수가 같으므로 전기적으로 중성이다.
③ 원자 번호 ＝ 양성자 수 ＝ 전자 수

중성자
양성자
전자

### (2) 원자의 전자 배치

① **에너지 준위**[+]: 전자가 갖는 특정 에너지 값으로, 원자핵에 가까울수록 낮고 원자핵에서 멀수록 높으며, 전자의 위치가 원자핵에 가까울수록 안정하다.
② **전자 껍질**: 전자가 운동하는 특정한 에너지를 갖는 궤도이다.
③ **원자가 전자**: 전자 배치에서 가장 바깥 전자 껍질에 들어 있는 전자로, 화학 반응에 참여한다. ➡ 같은 족 원소들은 원자가 전자 수가 같아서 화학적 성질이 비슷하다.

**+ 에너지 준위**

에너지 준위가 다른 곳으로 전자가 이동할 때 에너지를 빛으로 방출하거나 흡수하여 스펙트럼이 나타날 수 있다.

참고 18족 원소의 원자가 전자 수 원자가 전자는 화학 반응에 참여한다. 그런데 18족 원소는 다른 원소가 결합을 거의 하지 않으므로 화학 반응에 참여하는 전자가 0이기 때문에 원자가 전자 수는 0이다.

### (3) 1~18번까지 원자의 전자 배치[+]

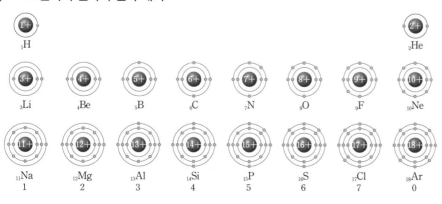

**+ 원자의 전자 배치**

가운데에 원자핵 표시, 첫 번째 전자 껍질에서부터 2개, 8개, 8개 순으로 전자를 채워나간다.

## 2 금속과 비금속

1. **금속:** 구리(Cu), 나트륨(Na), 납(Pb), 마그네슘(Mg) 등
   ① 주기율표의 왼쪽과 가운데에 위치한다.
   ② 주로 전자를 잃고 양이온이 되기 쉽다.
   ③ 대부분 상온에서 고체이며(단, 수은은 액체), 녹는점과 끓는점이 높다.
   ④ 광택이 있고, 열과 전기가 잘 통한다.
   ⑤ 힘을 가해도 잘 부서지지 않는다.
   ⑥ •전성과 •연성이 있다.

2. **비금속:** 황(S), 탄소(C), 질소(N), 산소(O) 등
   ① 주기율표의 오른쪽에 위치한다(단, 수소는 왼쪽).
   ② 주로 전자를 얻고 음이온이 되기 쉽다.
   ③ 대부분 상온에서 기체나 고체이며(단, 브로민은 액체), 녹는점과 끓는점이 낮다.
   ④ 광택이 없고, 열과 전기가 잘 통하지 않는다.
   ⑤ 전성과 연성이 거의 없고, 쉽게 부스러진다.

3. **준금속:** 붕소(B), 규소(Si), 저마늄(Ge) 등
   ① 금속과 비금속 사이에 위치한다.
   ② 금속과 비금속의 중간 성질을 가지거나 금속 원소와 비금속 원소의 성질을 모두 가지고 있다.

## 3 알칼리 금속과 할로젠 원소   알칼리 금속과 할로젠 원소의 종류를 구분하여 특징을 기억하세요!

☆ **1. 알칼리 금속**
   ① 주기율표 1족에 해당하는 원소이다(단, 수소는 제외).
   ② 리튬(Li), 나트륨(Na), 칼륨(K) 등
   ③ 은백색 광택이 있고, 다른 금속에 비해 밀도가 작고 무르다.
   ④ 산소와 빠르게 반응하여 광택을 잃는다.
   ⑤ 고유한 불꽃색을 가진다(리튬-빨간색, 나트륨-노란색, 칼륨-보라색).
   ⑥ 원자가 전자 수가 1이기 때문에, 전자 1개를 잃기 쉽고 +1가 양이온이 되기 쉽다.
   ⑦ 물과 격렬하게 반응하여 수소 기체가 발생하고, 수용액은 염기성을 띤다.
   ⑧ 원자 번호가 증가할수록 •반응성이 증가한다.

> **참고** 알칼리 금속의 보관
> 알칼리 금속은 반응성이 크기 때문에 석유나 파라핀 속에 보관하여 물과 산소의 접촉을 막는다.

☆ **2. 할로젠 원소**
   ① 주기율표의 17족에 속하는 원소이다.
   ② 플루오린(F), 염소(Cl), 브로민(Br) 등
   ③ 자연 상태에서 이원자 분자($F_2$, $Cl_2$, $Br_2$)로 존재한다.
   ④ 비금속성이 크고, 특유의 색을 나타낸다.
   ⑤ 원자가 전자 수가 7이기 때문에, 전자 1개를 얻기 쉽고 -1가의 음이온이 되기 쉽다.
   ⑥ 반응성이 커서 금속과 수소와 잘 반응한다.
   ⑦ 할로젠화 수소(HF, HCl, HBr)는 물에 녹아 산성을 나타낸다.
   ⑧ 원자 번호가 작을수록 반응성이 크다($F_2 > Cl_2 > Br_2$).

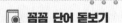

> 🔍 **꼼꼼 단어 돋보기**
>
> ● **전성**
> 얇게 펴지는 성질
>
> ● **연성**
> 가늘게 뽑히는 성질
>
> ● **반응성**
> 한 원소가 다른 원소와 화학 반응을 일으키는 정도를 말한다.

# 02 제2장 물질의 규칙성
# 화학 결합

**이번 단원에서는** 원소들이 화학 결합을 형성하는 이유와 이온 결합과 공유 결합을 이해한다.

## 1 화학 결합을 형성하는 이유

### 1. 비활성 기체

① 주기율표의 18족에 해당하는 원소이다.
② 가장 바깥 전자 껍질에 전자가 모두 채워져 안정한 전자 배치를 이룬다.
③ 다른 물질과 거의 반응하지 않는다.
④ 헬륨(He)⁺, 네온(Ne), 아르곤(Ar) 등이 있다.

**╋ 헬륨**

헬륨은 가장 바깥의 전자 껍질이 전자 2개로 채워져 안정한 전자 배치를 이룬다.

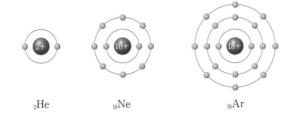

$_2$He       $_{10}$Ne       $_{18}$Ar

### 2. 화학 결합을 하는 이유

① 옥텟 규칙(여덟 전자 규칙): 원소들이 가장 바깥 전자 껍질에 전자 8개를 채워 안정한 전자 배치를 가지려는 경향이 있다(단, 헬륨은 2개).
② 원소들은 화학 결합을 하여 옥텟 규칙을 만족시키는 안정한 전자 배치를 이루려고 한다.

## 2 화학 결합의 종류

### ☆ 1. 이온 결합

**(1) 이온의 형성:** 원자들이 전자를 잃거나 얻어 18족 원소와 같은 안정한 전자 배치를 이룬다.

| 양이온 | 음이온 |
|---|---|
| 금속 원소가 원자가 전자를 잃어 양이온을 형성함 | 비금속 원소가 가장 바깥 전자 껍질에 전자를 얻어 음이온을 형성함 |
| **예** 원자가 전자 수가 1인 Na은 전자 1개를 잃고 $Na^+$이 됨 | **예** 원자가 전자 수가 6인 O는 전자 2개를 얻어 $O^{2-}$이 됨 |

전자 1개 잃음

나트륨 원자(Na) → 나트륨 이온($Na^+$)

전자 2개 얻음

산소 원자(O) → 산화 이온($O^{2-}$)

① 이온의 표시 방법: 이온은 원소 기호의 오른쪽 위에 잃거나 얻은 전자의 수와 전하의 종류를 함께 표시한다.

$$S^{2-}$$
$S$ ── 전하의 종류
2 ── 잃거나 얻은 전자의 수
── 원소의 종류

② 이온의 이름
- 양이온: 금속 원자의 이름 뒤에 '이온'을 붙인다.
  **예** $Na^+$: 나트륨 이온, $K^+$: 칼륨 이온
- 음이온: 비금속 원자의 이름 뒤에 '~화 이온'을 붙인다. (단 '소'로 끝나면 '화'로 바꾼 후에 '이온'을 붙인다.)
  **예** $S^{2-}$: 황화 이온, $O^{2-}$: 산화 이온

## 쏙쏙 이해 더하기 | 이온의 형성

| 주기＼족 | 1 | 2 | 13 | 14 | 15 | 16 | 17 | 18 |
|---|---|---|---|---|---|---|---|---|
| 1 | H | | | | | | | He |
| 2 | Li | Be | B | C | N | O | F | Ne |
| 3 | Na | Mg | Al | Si | P | S | Cl | Ar |
| 4 | K | Ca | | | | | | |

- **1족 원소**: 전자 1개 잃음 → 1가 양이온
- **2족 원소**: 전자 2개 잃음 → 2가 양이온
- **13족 원소**: 전자 3개 잃음 → 3가 양이온(알루미늄)
- **16족 원소**: 전자 2개 얻음 → 2가 음이온
- **17족 원소**: 전자 1개 얻음 → 1가 음이온

## (2) 이온 결합 이온의 생성과 함께 결합을 이해해 주세요.

① 금속 원소의 양이온과 비금속 원소의 음이온의 정전기적 인력⁺에 의한 결합이다.

② Na은 전자를 잃고 $Na^+$이 되고, Cl는 전자를 얻어 $Cl^-$이 된 후, 양이온과 음이온이 정전기적 인력으로 결합하여 NaCl을 형성한다.

**＋ 정전기적 인력**

서로 반대의 전하를 띠는 입자 사이에서 끌어당기는 힘이 작용하는 것

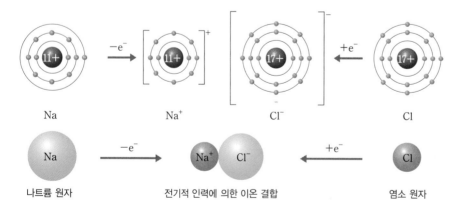

Na　　　　$Na^+$　　　　$Cl^-$　　　　Cl

나트륨 원자　　전기적 인력에 의한 이온 결합　　염소 원자

## (3) 이온 결합 물질의 구조

① 많은 양이온과 음이온이 연속적으로 이온 결합을 하기 때문에 이온의 개수비로 화학식을 나타낸다.

② 나트륨 이온($Na^+$)과 염화 이온($Cl^-$)은 1 : 1의 개수비로 결합하여 염화 나트륨(NaCl) 결정을 이룬다.

염화 이온　나트륨 이온

🔺 염화 나트륨(NaCl)

**쏙쏙 이해 더하기** | **이온 결합 물질의 화학식 나타내기**

• 전기적으로 중성이 되어야 하므로 전체 (+)전하의 양과 전체 (−)전하의 양이 같도록 결합한다.
• $A^{a+}$와 $B^{b-}$가 결합하여 생성되는 화합물의 화학식은 다음과 같이 나타낸다.
• 만약 a와 b가 1이라면 생략한다.

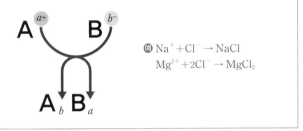

예 $Na^+ + Cl^- \rightarrow NaCl$
$Mg^{2+} + 2Cl^- \rightarrow MgCl_2$

## 2. 공유 결합　공유 결합하는 물질을 잘 구분해 주세요.

**(1) 공유 결합:** 비금속 원소의 원자들이 각각 전자를 내놓아 전자쌍⁺을 공유하면서 이루어지는 화학 결합이다.

**(2) 공유 결합의 형성**
　① 비금속 원소끼리 원자가 전자를 각각 내놓아 전자쌍을 이루며 이 전자쌍을 공유한다.
　② 공유한 전자쌍을 포함하여 옥텟 규칙을 만족한다.

**(3) 수소 분자의 공유 결합:** 2개의 수소 원자가 각각 전자 1개씩을 내놓아 전자쌍을 이루며 이 전자쌍을 공유한다(이때 각 수소 원자는 헬륨과 같은 전자 배치를 가지게 됨).

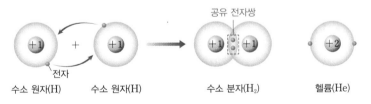

공유 전자쌍

수소 원자(H)　수소 원자(H)　　수소 분자($H_2$)　　헬륨(He)

전자

**(4) 산소 분자의 공유 결합:** 산소 원자는 각각 전자 2개씩을 내놓아 2쌍의 전자쌍을 이루며 이 전자쌍을 공유한다(이때 각 산소 원자는 네온과 같은 전자 배치를 가지게 됨).

**(5) 물 분자의 공유 결합**
　① 물 분자($H_2O$)는 수소 원자(H) 2개와 산소 원자(O) 1개로 이루어져 있다.
　② 산소 원자는 전자 2개를 내놓고, 수소 원자는 각각 전자 1개씩을 내놓아 각각 1쌍의 전자쌍을 공유한다(이때 산소 원자는 네온과 같은 전자 배치를 가지고, 수소 원자는 헬륨과 같은 전자 배치를 가지게 됨).

➕ **전자쌍, 공유 전자쌍, 비공유 전자쌍**

• 전자쌍: 전자 2개가 쌍을 이루고 있는 상태
• 공유 전자쌍: 원자 두 개가 공유하고 있는 전자쌍
• 비공유 전자쌍: 이미 쌍을 이루고 있어 공유 결합에는 참여하지 못하는 전자쌍

참고 이산화 탄소($CO_2$)의 공유 결합
이산화 탄소의 고체 상태는 드라이아이스이다.

산소 원자(O)  +  수소 원자(H)  +  수소 원자(H)  →  물 분자($H_2O$)

**쏙쏙 이해 더하기** | **결합의 종류**

| 단일 결합 | 2중 결합 | 3중 결합 |
|---|---|---|
| 두 원자가 1개의 전자쌍을 공유하는 결합 | 두 원자가 2개의 전자쌍을 공유하는 결합 | 두 원자가 3개의 전자쌍을 공유하는 결합 |
| H H | O O | N N |
| H−H | $:\overset{..}{O}=\overset{..}{O}:$ | $:N\equiv N:$ |

참고 극성 분자, 무극성 분자
• 극성 분자: 분자 내에서 전하가 고르지 않게 분포하여 부분 전하를 갖는 분자 예 물 분자($H_2O$), 암모니아 분자($NH_3$), 염화 수소 분자(HCl) 등
• 무극성 분자: 분자 내에서 전하가 고르게 분포하여 부분 전하를 갖지 않는 분자 예 수소 분자($H_2$), 산소 분자($O_2$), 이산화 탄소 분자($CO_2$), 메테인 분자($CH_4$) 등

## 3. 이온 결합 물질과 공유 결합 물질

### (1) 이온 결합 물질
① 대부분 상온에서 고체로 존재하며 고체 상태에서는 전류가 흐르지 않는다.
② 물에 잘 녹으며 물에 녹으면 전류가 잘 흐른다.
③ 외부에서 힘을 주면 쉽게 깨지거나 쪼개진다(같은 전하끼리 마주하게 되면 반발력이 작용).
④ 염화 나트륨(NaCl), 산화 마그네슘(MgO), 염화 칼슘($CaCl_2$) 등이 있다.

### (2) 공유 결합 물질
① 대부분 전하를 띤 이온이 없기 때문에 전류가 흐르지 않는다.
② 비금속 원자들이 공유 결합하게 되면 대부분 분자가 만들어진다.
③ 산소($O_2$), 물($H_2O$), 이산화 탄소($CO_2$) 등이 있다.

참고 다이아몬드와 흑연
탄소로만 이루어진 공유 결합 물질인 다이아몬드와 흑연은 분자가 아니다.

다이아몬드

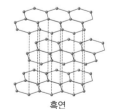

흑연

**쏙쏙 이해 더하기** | **이온 결합 물질과 공유 결합 물질의 성질**

| 이온 결합 물질 | 공유 결합 물질 |
|---|---|
| 상온에서 고체 | 상온에서 고체, 액체, 기체로 다양함 |
| 물에 대체로 잘 녹음 | 대부분 물에 잘 녹지 않음 (설탕, 암모니아, 할로젠화 수소 등은 잘 녹음) |
| 녹는점과 끓는점 높음 | 대부분 녹는점과 끓는점 낮음 |
| 고체 상태에서 전기 전도성 없음 | 고체 상태에서 전기 전도성 없음(흑연 예외) |
| 액체 상태에서 전기 전도성 있음 | 액체 상태에서 전기 전도성 없음 |
| 수용액 상태에서 전기 전도성 있음 | 수용액 상태에서 전기 전도성 대부분 없음 (HCl, $NH_3$ 등은 예외) |
| NaCl(소금의 주성분), $CaCl_2$(제설제), $NaHCO_3$(베이킹 파우더의 주성분) 등 | 드라이아이스(식품 냉동 포장), 에탄올(소독용 알코올), 뷰테인이나 프로페인(가스 연료), 설탕 등 |

제3장 자연의 구성 물질

# 지각과 생명체의 구성 물질

**이번 단원에서는** 탄소 화합물이 일정 규칙에 따라 만들어지는 것을 이해한다.

## 1 지각과 생명체의 구성 성분 비교

### 1. 지각

① 지각 > 암석 > 광물 > 원소

② 지각은 다양한 암석으로 이루어지고 암석은 주로 광물로 이루어져 있다. 특히 장석, 석영 등의 규산염 광물로 이루어져 있다.

③ 광물은 대부분 산소와 규소를 주성분으로 한다(규산염 광물).

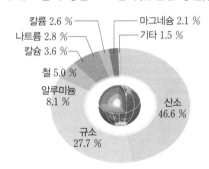

칼륨 2.6 % ― 마그네슘 2.1 %
나트륨 2.8 % ― 기타 1.5 %
칼슘 3.6 %
철 5.0 %
알루미늄 8.1 %
규소 27.7 %
산소 46.6 %

🔺 지각을 구성하는 원소의 비율

### 2. 생명체

① 생명체는 물, 소량의 무기물을 제외하면 주로 탄수화물, 단백질, 지질, 핵산 등의 유기물(탄소 화합물)로 이루어져 있다.

② 탄소 화합물은 탄소를 기본으로 하여 산소, 수소 등과 결합한다.

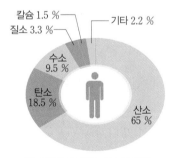

칼슘 1.5 % ― 기타 2.2 %
질소 3.3 %
수소 9.5 %
탄소 18.5 %
산소 65 %

🔺 사람을 구성하는 원소의 비율

> **쏙쏙 이해 더하기** 지각과 생명체의 구성 성분
>
> • 지각과 생명체에서 공통적으로 산소의 비율이 가장 높다.
> • 지각은 규소, 생명체는 탄소의 비율이 높다. → 지각은 규산염 광물, 생명체는 탄소 화합물로 구성되기 때문이다.

**제3장 살펴보기**

**자연의 구성 물질**
이번 장에서는 지각과 생명체를 구성하는 물질이 만들어지는 과정을 살펴보고, 생명체에서 단백질과 핵산이 만들어지는 원리를 학습합니다.

**참고** 대기를 구성하는 원소의 비율
질소(78%) > 산소(21%) > 아르곤(0.93%) > 기타(0.07%)

**참고** 사람의 몸을 구성하는 영양소의 비율
물(66%) > 단백질(16%) > 지방(13%) > 무기염류(4%) > 탄수화물(0.6%) > 기타(0.4%)

## ☆1. 규산염 광물

참고 규산염 사면체에서 $O^{2-}$는 $-2$ 가이고, $Si^{4+}$는 $+4$가이므로 전체의 전하는 $SiO_4^{4-}$가 된다.

① 지각을 구성하는 광물의 약 92 %가 규산염 광물이다.

② 규산염($Si-O$) 사면체를 기본 골격으로 하여 여러 원소들이 결합하여 만들어진다.

③ 규산염 사면체는 규소 1개를 중심으로 산소 4개가 공유 결합을 하여 사면체 모양을 이룬다.

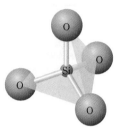

◎ 규산염 사면체의 구조

## 2. 규산염 광물의 결합 규칙성

규산염 광물은 대부분 규산염 사면체가 규칙적으로 결합하여 만들어지고, 결합하는 방식에 따라 규산염 광물의 기본 골격이 만들어진다.

| 독립형 구조 | 단사슬 구조 | 복사슬 구조 | 판상 구조 |
|---|---|---|---|
| 규산염 사면체 하나가 독립적으로 다른 양이온과 결합 | 규산염 사면체들이 양쪽의 산소를 공유하여 단일 사슬 모양으로 결합 | 사슬 2개가 연결된 이중 사슬 모양으로 결합 | 규산염 사면체가 산소 3개를 공유하여 얇은 판 모양으로 결합 |
| ▲ | | | |
| •깨짐이 나타남 ◉ 감람석 | •쪼개짐이 나타남 •2방향 쪼개짐이 발달함 ◉ 휘석 | 2방향 쪼개짐이 나타남 ◉ 각섬석 | •판상으로 1방향 쪼개짐이 나타남 ◉ 흑운모 |

## **3** 탄소 화합물

탄소로 이루어진 기본 골격에 수소, 산소, 질소 등이 공유 결합하여 만들어진 화합물

## 1. 탄소의 특징

탄소는 원자가 전자가 4개로, 최대 4개의 공유 결합을 할 수 있다.

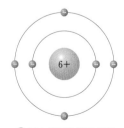

◎ 탄소 원자의 전자 배치

### 🔍 꼼꼼 단어 돋보기

● 깨짐
힘을 가했을 때 방향성 없이 깨지는 성질

● 쪼개짐
힘을 가했을 때 일정 방향으로 쪼개지는 성질

● 판상
널빤지처럼 생긴 모양

## 2. 탄소 화합물

① 중심 원소는 탄소이다.
② 탄소와 탄소 원자가 결합할 때 단일 결합, 2중 결합, 3중 결합이 가능하다.
③ 탄소 원자로 사슬 모양, 가지 모양, 고리 모양 등을 만들 수 있다.
④ 탄소는 공유 결합하는 원자에 따라 다양한 화합물을 형성한다.

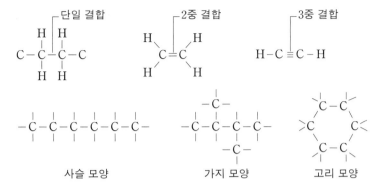

## 3. 생명체를 이루는 탄소 화합물

탄소 화합물은 탄수화물, 단백질, 지질 등의 고분자 형태로 생명체를 구성하고 생명체의 에너지원으로 사용된다.

| 구분 | 단위체 | 특징 |
|---|---|---|
| 탄수화물 | 단당류(포도당) | • 단당류가 결합하여 다당류(녹말, 글리코젠 등)를 만듦<br>• 주된 에너지원 |
| 중성 지방과 인지질 | 글리세롤, 지방산 | • 글리세롤과 지방산이 다른 방식으로 결합하여 중성 지방과 인지질을 만듦<br>• 중성 지방은 에너지를 저장하고, 인지질은 세포막 성분 |
| 단백질 | 아미노산 | • 아미노산이 결합해 다양한 구조를 만듦<br>• 효소, 호르몬 등의 주성분 |
| 핵산 | 뉴클레오타이드 | • 뉴클레오타이드가 결합하여 DNA와 RNA를 만듦<br>• 유전 정보 저장 물질 |

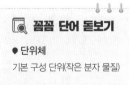

꼼꼼 단어 돋보기

● 단위체
기본 구성 단위(작은 분자 물질)

# 02 생명체의 주요 구성 물질

**이번 단원에서는** 생명체의 주요 구성 물질인 단백질과 핵산의 규칙성을 이해한다.

## 1 생명체의 구성 물질

1. **물** 생물체 구성 물질 중 가장 많은 양을 차지하며, 체온 유지에 도움을 준다.
2. **무기염류** 다양한 생리 작용을 조절한다.
3. **탄수화물** 생명체의 주된 에너지원이며, 포도당, 녹말 등이 속한다.
4. **지질** 에너지원으로 이용되거나 세포막의 성분이 된다(중성 지방과 인지질 등).
5. **단백질** 에너지원으로 이용되며 물질대사를 조절하는 효소의 주성분이다(근육·항체 등을 구성).
6. **핵산** 유전 정보를 저장하거나 전달한다(DNA, RNA).

## 2 생명체의 주요 구성 물질 단백질의 단위체와 기능을 잘 기억해 주세요.

### ☆1. 단백질

**(1) 아미노산**

① 단백질을 구성하는 단위체이다.
② 우리 몸을 구성하는 아미노산은 20가지이다.

결사슬

아미노기　　　　카복실기

● 아미노산의 구조⁺

**(2) 펩타이드 결합**

① 아미노산과 아미노산 사이의 결합이다.
② 한 아미노산의 카복실기와 다른 아미노산의 아미노기 사이에 물 분자가 빠져나오면서 일어나는 결합이다.

[아미노산 1]　　[아미노산 2]

물($H_2O$)

펩타이드 결합

**✚ 아미노산의 구조**
아미노산은 탄소를 중심으로 아미노기와 카복실기를 가지고 수소 원자와 결사슬이 결합되어 있다. 결사슬 종류에 따라 아미노산의 종류가 달라진다.

③ 펩타이드 결합을 통해 폴리펩타이드를 형성하며, 폴리펩타이드가 복잡한 구조를 형성하여 단백질이 만들어진다.

**쏙쏙 이해 더하기** | 단백질의 입체 구조 형성

아미노산 1 + 아미노산 2 → 물 / 펩타이드 결합 / 폴리펩타이드 / 헤모글로빈(단백질) / 적혈구

• 아미노산 2개의 펩타이드 결합이 일어나면서 물 분자가 빠져나온다.
• 수많은 펩타이드 결합으로 긴 사슬 모양의 폴리펩타이드를 만든다.
• 폴리펩타이드가 입체 구조를 만든다.
• 여러 입체 구조가 모여 단백질을 형성한다.
• 아미노산의 수와 종류, 결합 순서에 따라 단백질의 종류와 기능, 입체 구조가 결정된다.

### (3) 단백질의 기능

① 에너지원으로 사용된다.
② 몸을 구성하는 성분이 된다(근육, 세포막 등).
③ 체내의 대사 작용을 조절한다(효소, 호르몬의 주성분).
④ 특수한 단백질들이 몸 안에서 다양한 기능을 담당한다(헤모글로빈, 항체 등).
⑤ 열, 산, 염기를 가하면 입체 구조가 변형되어 단백질 고유의 기능을 잃을 수 있다 (단백질 변성).

## 2. 핵산

세포에 존재하는 유전 물질이며, 종류로는 DNA와 RNA가 있다.

### (1) 뉴클레오타이드

① 핵산의 단위체이다.
② 당에 인산과 염기가 결합한 형태로 인산 : 당 : 염기＝1 : 1 : 1로 결합한다.

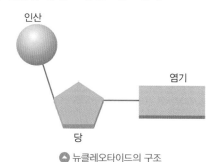

인산
염기
당

⬆ 뉴클레오타이드의 구조

### (2) 폴리뉴클레오타이드

① 한 뉴클레오타이드의 당과 다른 뉴클레오타이드의 인산이 규칙적으로 결합된 것이다.
② 많은 수의 뉴클레오타이드가 연결되어 만들어진 긴 사슬 모양의 가닥이다.

**✚ 헤모글로빈**

적혈구에 들어 있는 붉은 색소 단백질로, 4개의 글로빈 단백질이 결합되어 산소 운반 기능을 한다.

### (3) 핵산의 종류

① 핵산은 당의 종류에 따라 DNA와 RNA로 구분되고, 모두 폴리뉴클레오타이드
이다. <small>DNA와 RNA의 차이점을 잘 구분해 주세요.</small>

② DNA: 염기가 결합하여 두 가닥의 폴리뉴클레오타이드가 나선형으로 꼬여 있는
이중 나선 구조이다.

- 이중 나선의 DNA에서 한 가닥에 있는 염기는 마주
보는 다른 가닥의 염기와 결합할 때 A(아데닌)은
T(타이민)과만 결합하고, C(사이토신)은 G(구아닌)
과만 결합한다.

```
··· A C G G A T C ···
··· T G C C T A G ···
```

- 서로 짝이 되는 염기와 결합하는 특성을 상보 결합이라고 한다.
- DNA 이중 나선의 한 가닥의 염기 서열을 알면 다른 가닥의 염기 서열도 알 수
있다.

③ RNA: 하나의 폴리뉴클레오타이드로 되어 있고, DNA보다 분자 크기가 작다.

| 구분 | DNA | RNA |
|---|---|---|
| 기능 | 유전 정보의 저장 | 유전 정보의 전달, 단백질 합성에 관여 |
| 당 | 디옥시리보스 | 리보스 |
| 염기 | A(아데닌), G(구아닌), C(사이토신), T(타이민) | A(아데닌), G(구아닌), C(사이토신), U(유라실) |
| 구조 | • 두 가닥의 폴리뉴클레오타이드로 이루어진 이중 나선 구조[+]<br>• 염기의 상보 결합(A과 T, C과 G)<br><br>〈염기의 종류〉<br>타이민(T)<br>아데닌(A)<br>사이토신(C)<br>구아닌(G)<br><br>바깥쪽 골격은 당–인산–당–인산… 순서로 규칙적으로 결합되어 있다. | 한 가닥의 폴리뉴클레오타이드로 이루어짐<br><br>〈염기의 종류〉<br>유라실(U)<br>아데닌(A)<br>사이토신(C)<br>구아닌(G) |

**+ DNA의 이중 나선 구조**
두 가닥의 폴리뉴클레오타이드가 결합할 때 A과 T, G와 C이 항상 짝을 이룬다.

---

**쏙쏙 이해 더하기**  RNA의 종류

- mRNA: DNA의 유전 정보를 세포질로 전달한다.
- tRNA: mRNA에 저장된 정보에 따라 아미노산을 운반한다.
- rRNA: 단백질 합성을 담당하는 세포 소기관(리보솜)을 만든다.

### (4) DNA와 유전 정보의 저장

① 염기가 다른 4종류의 뉴클레오타이드가 다양한 순서로 결합하여 염기 서열이 달
라져 다양한 DNA가 형성된다.

② 그 결과 DNA에 생물의 특성을 결정하는 다양한 유전 정보를 저장할 수 있다.

# 01

제4장 신소재

# 우리 생활과 신소재

**이번 단원에서는** 물질의 물리적 성질을 알고 이를 이용한 신소재의 사례를 찾아 이해한다.

## 1 문명의 변화

### 1. 도구의 소재에 따른 변천

① 석기 시대: 돌을 갈거나 깨뜨려서 도구를 만들어 사용하였다.

② 청동기 시대: 주석과 구리를 녹여서 만든 청동을 사용하였다.

③ 철기 시대: 단단한 철로 농기구를 만들어 사용하였으며, 그 결과 농업 생산량이 증가하였다.

### 2. 신소재

① 기존에 있었던 소재의 단점을 보완하기 위해 화합물을 조성하거나 결합 구조를 변형하여 새로운 기능과 성질을 갖도록 만든 물질이다.

② 당시에는 사용하지 않았던 새로운 물질을 의미한다. **예** 청동기 시대의 신소재: 철

③ 물리적 성질과 신소재: 물리적 성질을 변화시켜 신소재를 만든다.

④ 물리적 성질: 측정 가능한 물질의 성질을 뜻한다. **예** 강도, 탄성, 비열, 녹는점과 끓는점, 전기 전도성 등

> **제4장 살펴보기**
>
> **신소재**
>
> 이번 장에서는 물리적 성질을 변화하여 만들어낸 신소재의 예를 알아보고, 각 신소재의 특징과 이용에 대해 학습합니다. 또한 생체 모방 기술을 이용한 예로 어떠한 것들이 있는지 학습합니다.

## 2 신소재  반도체의 종류를 잘 기억해 주세요.

### ⭐ 1. 물질의 전기적 성질에 따른 분류

**(1) 도체:** 전기 저항이 작아 전류가 잘 흐르는 물질이다. **예** 철, 구리, 알루미늄 등

**(2) 부도체(절연체):** 전기 저항이 커 전류가 잘 흐르지 않는 물질이다. **예** 고무, 나무, 유리 등

**(3) 반도체**

① 도체와 부도체의 중간 정도의 전기적 성질을 가지는 물질이다. **예** 규소, 저마늄 등

② 온도, 압력 등에 따라 전기 저항을 변화시킬 수 있다.

**참고** 규소(silicon): 지각에 두 번째로 많은 원소

---

**쏙쏙 이해 더하기** | 순수 반도체와 불순물 반도체

① **순수 반도체**: 규소, 저마늄 등

② **불순물 반도체**: 순수 반도체에 불순물을 첨가하여 전기 전도성을 좋게 한다.

- **p형 반도체**: 원자가 전자가 4개인 순수 반도체에 원자가 전자가 3개인 알루미늄, 붕소 등을 첨가한 반도체

- **n형 반도체**: 원자가 전자가 4개인 순수 반도체에 원자가 전자가 5개인 인, 비소 등을 첨가한 반도체

- **다이오드**: p−n 접합을 이용하여 만든 소자로, 전류를 한쪽 방향으로만 흐르게 하는 작용(정류 작용)을 한다.

- **발광 다이오드**: 전류가 흐를 때 빛을 방출하는 다이오드로, 전력 손실이 적고 수명이 길며, 크기가 작고 가볍다.

- **트랜지스터**: p−n 접합에 p형이나 n형 반도체를 추가, 증폭 작용 및 스위치 작용을 한다.

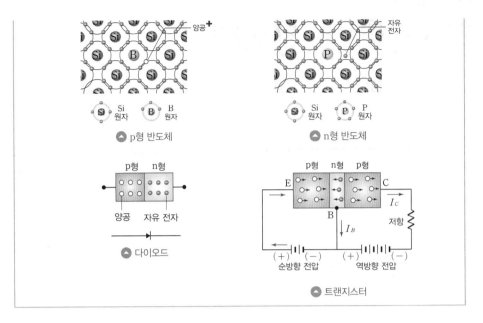

p형 반도체

n형 반도체

다이오드

트랜지스터

**＋양공**

전기가 들어가야 할 빈 자리로, 원자가 띠의 빈 자리를 차례로 채우면서 움직일 수 있다.

### (4) 액정

① 가늘고 긴 분자가 규칙적인 배열을 하고 있는 물질이다.

② 고체와 액체의 중간 상태의 물질이다.

③ 전압을 걸어 주면 액정 분자의 배열이 변한다.

④ LCD(액정 디스플레이): 액정을 이용해 얇게 만든 장치로, 편광판 사이에 액정을 넣어 만든다. 전력 소모가 적고, 두께를 얇게 만들 수 있다. 예 TV, 컴퓨터 모니터, 휴대 전화 등

## 2. 물질의 자기적 성질에 따른 분류

**(1) 강자성체:** 자석이 가까이 있으면 강하게 끌려오고 자기장이 이동하는 방향으로 강하게 자화되는 물체이다. 예 철, 니켈, 코발트 등

**(2) 상자성체:** 자석이 가까이 있으면 약하게 끌려오고 자기장이 이동하는 방향으로 약하게 자화되는 물체이다. 예 알루미늄, 주석, 종이 등

**(3) 반자성체:** 자기장이 이동하는 반대 방향으로 자화되는 물체이다. 예 구리, 유리 등

참고 물질의 자기적 성질을 이용 네오디뮴 자석은 철 원자 사이에 네오디뮴과 붕소를 넣어 만든 강한 자석으로, 하드 디스크, 강력 모터에 사용된다.

## 3. 물질의 전자기적 성질을 이용한 신소재

### ☆(1) 초전도 현상

① **초전도 현상:** 임계 온도 이하에서 전기 저항이 0이 되는 현상이다.

② **임계 온도:** 전기 저항이 0이 되는 온도이다(초전도 현상이 나타나는 온도).

### ☆(2) 초전도체: 초전도 현상이 나타나는 물질

① 초전도체의 특징

- 전기 저항이 0이기 때문에 열이 발생하지 않아 전력 손실이 없으며, 센 전류가 흐르기 때문에 강한 자기장을 만들 수 있다.

- 마이스너 효과: 초전도체가 외부의 자기장을 밀어내 초전도체 내부에 외부 자기장이 침투하지 못한다. 초전도체 위에 자석을 놓았을 때 자석이 그 위에 떠 있게 되는 효과를 말한다.

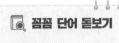

**꼼꼼 단어 돋보기**

● **자성체**
자화되는 성질을 가진 물체

● **자화**
자기력이 작용하는 자기장 속에 놓인 물체가 자석의 성질을 지니는 현상

② 초전도체의 이용: 자기 공명 영상 장치(MRI), 자기 부상 열차, 초전도 전력 케이블, 핵융합 장치 등이 있다.

## 4. 그래핀

(1) **그래핀**: 흑연에서 한 층만 분리해 낸 것으로, 탄소 원자가 벌집 모양으로 평면을 이루고 있는 구조

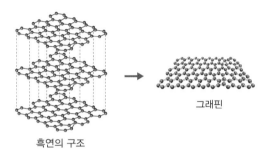

흑연의 구조      그래핀

### (2) 그래핀의 특징과 이용

① 특징
- 전기 전도성과 열 전도성이 좋고, 얇고 투명하며 휘거나 구부릴 수 있다.
- 강도가 크다.
- 대량 생산이 어렵고 비용이 많이 들며 전기적 성질을 변화시키기 어렵다.

② 이용: 휘어지는 디스플레이, 태양 전지, 자동차 외장재 등

---

**쏙쏙 이해 더하기**    **탄소의 다양한 결합 구조**

| 탄소 나노+튜브 | 풀러렌 |
| --- | --- |
| • 탄소 원자가 육각형 모양으로 결합하여 원통 모양의 관을 이룸<br>• 가볍고 강도, 전기 전도도, 열전도도가 매우 큼 | • 60개의 탄소 원자가 육각형과 오각형 모양으로 결합하여 공 모양을 이룸(분자식 $C_{60}$)<br>• 단단하며 초전도성을 나타냄 |

**➕ 나노 물질**
- 입자의 크기가 1~100nm인 물질로, nm 범위 내에서 원자나 분자를 조작하는 나노 기술을 이용하여 만든 물질이다.
- 탄소 나노 튜브, 풀러렌 등이 속한다.

# 02 자연을 모방하여 만든 신소재

**이번 단원에서는** 자연을 모방한 신소재를 조사하고 장단점을 이해한다.

## 1 생체 모방 기술 생명체의 특성을 잘 기억해 주세요.

① 생명체의 구조, 생명체가 만들어내는 물질, 진화를 통해 환경에 적응한 자연의 생명체를 모방하는 방법이다.
② 환경을 오염시키지 않고, 자원을 낭비하지 않는다.

**참고** 최근에는 나노 기술을 응용하여 생명체의 구조적 특성을 모방한 다양한 신소재가 개발되고 있다.

## 2 생체 모방 기술의 사례

| 생명체 | 모방 제품 | 특성 |
|---|---|---|
| 연잎 표면 | 코팅제 | 연잎 표면에 난 작고 수많은 돌기들이 물이 스며들지 않게 함 |
| 홍합의 족사 | 접착제 | 홍합의 족사는 바위에 단단히 붙어 자라는 성질이 있어 이를 접착제로 사용함 |
| 도꼬마리 열매 | 벨크로 테이프 | 가시 끝에 있는 작은 갈고리가 사람의 옷이나 동물의 털에 걸리면 잘 떨어지지 않는 성질을 이용함 |
| 상어 비늘 | 수영복 | 상어 주위에 미세 돌기들이 있어 물의 저항을 줄여주는 성질을 이용함 |
| 게코도마뱀 발바닥 | 게코 테이프 | 도마뱀 발바닥에 난 미세 섬모들이 있어 나무, 벽 등에 잘 붙고 떨어질 수 있음 |
| 박쥐 | 로봇 청소기 | 초음파를 통해 장애물의 위치를 파악해 장애물을 피해 이동하거나 먹이를 감지할 수 있음을 이용함 |
| 거미줄 | 방탄복 | 강도와 신축성이 뛰어남 |

오늘의 내 기분은
행복으로 정할래.

이론 쏙! 핵심 딱!

# 쏙딱 TEST

**I**

정답과 해설 **2**쪽

## 물질과 규칙성

01 물질의 생성

02 물질의 규칙성

03 자연의 구성 물질

04 신소재

01 다음 중 양성자 1개와 전자 1개로 구성된 수소($_1^1$H) 원자 모형은?    2019년 1회

①     ②

③     ④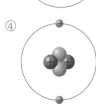

02 지구형 행성에 대한 설명으로 옳은 것만을 〈보기〉에서 모두 고른 것은?

**보기**

ㄱ. 반지름과 질량이 작다.
ㄴ. 밀도가 크다.
ㄷ. 주로 수소와 헬륨으로 이루어져 있다.

① ㄱ      ② ㄷ
③ ㄱ, ㄴ      ④ ㄴ, ㄷ

03 다음 설명에 해당하는 별의 진화 단계는?    2019년 1회

• 중력 수축하던 물질이 중심핵에 부딪쳐 폭발한다.
• 금, 납, 우라늄 등 철보다 무거운 원소가 생성된다.

① 원시성      ② 적색 거성
③ 주계열성      ④ 초신성 폭발

04 그래프는 지구에서 외부 은하 A, B까지의 거리에 따른 후퇴 속도를 나타낸 것이다. 이에 대한 설명으로 옳은 것만을 〈보기〉에서 모두 고른 것은? 2019년 1회

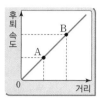

보기

ㄱ. 후퇴 속도는 A가 B보다 빠르다.
ㄴ. 지구와의 거리는 A가 B보다 멀다.
ㄷ. 거리가 먼 은하일수록 후퇴 속도가 빠르다.

① ㄱ
② ㄷ
③ ㄱ, ㄴ
④ ㄴ, ㄷ

05 다음 중 '거리가 먼 은하일수록 스펙트럼에 나타나는 적색 편이가 커진다.'는 허블의 관측이 의미하는 것은?
2019년 2회

① 우주가 수축하고 있다.
② 우주가 팽창하고 있다.
③ 우주 온도가 상승하고 있다.
④ 우주의 크기는 변함이 없다.

주목

06 그림은 우주의 진화 과정에서 헬륨 원자가 형성되는 과정을 나타낸 것이다. A에 해당하는 입자의 명칭은?
2018년 1회

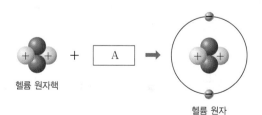

① 전자
② 쿼크
③ 양성자
④ 중성자

07 그림은 원자와 원자를 구성하는 입자들을 모형으로 나타낸 것이다. 다음 중 크기가 가장 작은 것은?
2018년 2회

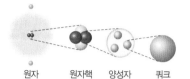

① 원자
② 쿼크
③ 양성자
④ 원자핵

08 다음 중 초신성 폭발 후 형성되며, 강한 중력으로 빛조차 빠져나가지 못하는 별의 진화 단계에 해당하는 것은?
2018년 2회

① 블랙홀
② 원시별
③ 주계열성
④ 적색 거성

09 다음 중 양성자를 구성하는 기본 입자는? 2017년 1회

① 쿼크
② 이온
③ 분자
④ 중성자

**10** 다음은 별의 진화 과정에서 발생하는 어떤 현상을 설명한 것이다. ㉠에 해당하는 것은? 2021년 1회

> 태양과 질량이 비슷한 별의 내부에서 중심부의 온도가 충분히 높아지면 수소 원자핵이 융합하여 헬륨 원자핵으로 바뀌는 ( ㉠ )이/가 발생한다.

① 빅뱅　　　　　　② 핵분열
③ 핵융합　　　　　④ 우주 배경 복사

**11** 다음은 멀어지는 여러 은하로부터 관측된 동일한 원소의 선 스펙트럼이다. 적색 편이 현상이 가장 크게 나타난 것은? 2017년 2회

① 보라색 ⟶ 빨간색

② 보라색 ⟶ 빨간색

③ 보라색 ⟶ 빨간색

④ 보라색 ⟶ 빨간색

**12** 그림은 빅뱅 우주론을 나타낸 것이다. 이에 대한 설명으로 옳은 것은? 2020년 1회

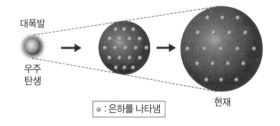

대폭발 / 우주 탄생 / 현재 / ● : 은하를 나타냄

① 우주는 팽창한다.
② 우주의 총 질량은 감소한다.
③ 우주 전체의 평균 밀도는 증가한다.
④ 우주 전체의 평균 온도는 높아진다.

**13** 다음 설명에 해당하는 것은? 2016년 2회

> • 우주는 한 점에서 폭발로 시작하여 지금까지 계속 팽창하고 있다.
> • 우주 배경 복사는 이 이론의 주요 증거 중 하나이다.

① 지동설　　　　　② 진화론
③ 대륙 이동설　　　④ 빅뱅 우주론

**14** 다음은 지구의 형성 과정을 순서 없이 나타낸 것이다. 순서를 바르게 나열한 것은?

> ㄱ. 원시 지구 생성
> ㄴ. 마그마 바다
> ㄷ. 맨틀과 핵의 분리
> ㄹ. 원시 지각과 바다의 형성

① ㄱ → ㄴ → ㄷ → ㄹ
② ㄱ → ㄷ → ㄹ → ㄴ
③ ㄴ → ㄱ → ㄷ → ㄹ
④ ㄷ → ㄱ → ㄹ → ㄴ

---

주제 2　　물질의 규칙성

**15** 그림은 몇 가지 원자의 전자 배치를 나타낸 것이다. 1족 원소끼리 옳게 짝지은 것은? 2020년 1회

① H, He　　　　　② H, Li
③ He, C　　　　　④ Li, C

**16** 다음 설명에 해당하는 물질은? 2019년 1회

> • 이 물질의 고체 상태는 드라이아이스이다.
> • 탄소 원자 1개와 산소 원자 2개가 결합된 물질이다.

① 수소      ② 오존
③ 이산화 탄소      ④ 폴리에틸렌

**17** 그림은 메테인($CH_4$)의 전자 배치를 나타낸 것이다. 이에 대한 설명으로 옳지 <u>않은</u> 것은? 2019년 1회

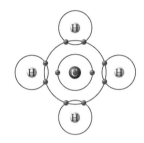

① 5원자 분자이다.
② 단일 결합이 있다.
③ 금속 결합 물질이다.
④ 공유 전자쌍은 4쌍이다.

주목
**18** 그림은 수소($H_2$)의 전자 배치를 나타낸 것이다. 이에 대한 설명으로 옳은 것은? 2019년 2회

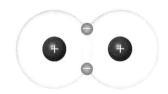

① 극성 분자이다.
② 2원자 분자이다.
③ 이온 결합 물질이다.
④ 공유 전자쌍은 4개이다.

**19** 다음에서 설명하는 특징을 가진 원소로 옳은 것은?

> • 전자를 잃고 양이온이 되기 쉽다.
> • 광택이 있으며, 열과 전기가 잘 통한다.

① 나트륨      ② 질소
③ 산소      ④ 탄소

**20** 그림은 이산화 탄소($CO_2$)의 전자 배치를 나타낸 것이다. 이에 대한 설명으로 옳은 것만을 〈보기〉에서 모두 고른 것은? 2018년 1회

> **보기**
>
> ㄱ. 3원자 분자이다.
> ㄴ. 이온 결합 물질이다.
> ㄷ. 공유 전자쌍은 총 4쌍이다.

① ㄱ      ② ㄴ
③ ㄱ, ㄷ      ④ ㄴ, ㄷ

**21** 그림은 물($H_2O$)의 전자 배치를 나타낸 것이다. 공유 전자쌍의 개수는? 2017년 1회

① 1개
② 2개
③ 3개
④ 8개

**빠른 정답 체크**

| 10 ③ | 11 ① | 12 ① | 13 ④ | 14 ① | 15 ② | 16 ③ |
|------|------|------|------|------|------|------|
| 17 ③ | 18 ② | 19 ① | 20 ③ | 21 ② | | |

**22** 그림은 주기율표의 일부를 나타낸 것이다. 임의의 원소 A~D 중 2주기 2족 원소는? 2021년 1회

| 족<br>주기 | 1 | 2 | | 17 | 18 |
|---|---|---|---|---|---|
| 1 | A | | | | |
| 2 | | B | | C | |
| 3 | | | | | D |

① A
② B
③ C
④ D

**23** 그림과 같이 원자들이 서로 전자를 내놓아 전자쌍을 만들어 공유하면서 형성되는 결합은? 2015년 1회

전자

① 핵융합
② 금속 결합
③ 공유 결합
④ 이온 결합

**24** 다음 중 분자 1개를 구성하는 원자 수가 가장 많은 것은? 2015년 2회

① 산소($O_2$)
② 수소($H_2$)
③ 질소($N_2$)
④ 암모니아($NH_3$)

**25** 다음에서 설명하는 결합으로 옳은 것은?

- 나트륨은 전자를 잃고 양이온이 된다.
- 염소는 전자를 얻어 음이온이 된다.
- 양이온과 음이온이 정전기적 인력으로 결합한다.

① 핵융합
② 이온 결합
③ 공유 결합
④ 금속 결합

## 주제 3  자연의 구성 물질

**26** 다음 ( ) 안에 들어갈 말로 옳은 것은?

지각은 암석으로 이루어져 있고 암석은 광물로 이루어져 있다. 특히, 광물은 주로 ( )와/과 규소로 이루어진 규산염 광물이 주를 이룬다.

① 수소
② 질소
③ 칼슘
④ 산소

**27** 다음 설명에 해당하는 물질은? 2019년 1회

- 세포막을 구성하는 물질 중 하나이다.
- 이 물질을 구성하는 기본 단위는 아미노산이다.

① 녹말
② 단백질
③ 비타민
④ 무기 염류

**28** 그림은 DNA의 구조 모형을 나타낸 것이다. 이에 대한 설명으로 옳지 <u>않은</u> 것은?　2019년 2회

① 이중 나선 구조이다.
② 염기 A는 G와 결합한다.
③ 기본 단위는 뉴클레오타이드이다.
④ 염기의 종류에는 A, C, G, T가 있다.

**29** 그림은 어떤 DNA의 일부를 나타낸 것이다. 이 DNA 2중 나선을 구성하는 염기 중 A의 비율이 30%일 때 T의 비율은? (단, 돌연변이는 없다.)　2018년 1회

① 10%
② 20%
③ 30%
④ 40%

**30** 다음 중 탄소 화합물과 단위체의 연결이 옳은 것은?

① 탄수화물 ― 포도당
② 중성 지방 ― 뉴클레오타이드
③ 단백질 ― 지방산, 글리세롤
④ 핵산 ― 아미노산

**31** 다음 중 우리 몸에서 에너지원으로 쓰이는 주 영양소는?　2018년 2회

① 물
② 비타민
③ 탄수화물
④ 무기 염류

**32** 그림은 규산염 광물의 기본 구조인 규산염 사면체를 나타낸 것이다. 규산염 사면체가 독립적으로 존재할 때 규소(Si) 원자 1개와 결합된 산소(O) 원자의 개수는?　2021년 1회

① 1개
② 2개
③ 3개
④ 4개

**빠른 정답 체크**

| 22 ② | 23 ③ | 24 ④ | 25 ② | 26 ④ | 27 ② | 28 ② |
|------|------|------|------|------|------|------|
| 29 ③ | 30 ① | 31 ③ | 32 ④ | | | |

**33** 그림은 사람의 몸을 구성하는 물질의 질량을 백분율로 나타낸 것이다. A에 해당하는 것은? 2017년 1회

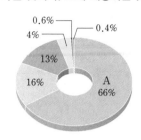

0.6%
4%
0.4%
13%
16%
A 66%

① 물
② 지방
③ 단백질
④ 탄수화물

**34** 다음 설명에 해당하는 것은? 2015년 1회

• 2중 나선 구조를 하고 있다.
• 유전 정보를 저장하고 있는 물질이다.

① ATP
② DNA
③ 세포막
④ 세포벽

**35** 다음 중 단백질에 대한 설명으로 옳지 <u>않은</u> 것은?

① 몸을 구성한다.
② 효소의 주성분이다.
③ 에너지원으로 사용된다.
④ 유전 정보를 저장한다.

---

주제 4 　신소재

**36** 다음 설명에 해당하는 반도체 소자는? 2019년 1회

• p형과 n형 반도체를 접합시킨 구조이다.
• 전류가 흐를 때 빛을 방출한다.

① 부도체
② 자성체
③ 초전도체
④ 발광 다이오드

주목

**37** 다음 중 그래핀에 대한 설명으로 옳지 <u>않은</u> 것은?

① 트랜지스터로 이용된다.
② 전기 전도성이 크다.
③ 열 전도성이 크다.
④ 탄소 원자들이 육각형으로 배열되어 평면을 이룬다.

**38** 다음 설명에 해당하는 물질의 구조 모형은? 2019년 1회

• 분자식이 $C_{60}$인 나노 물질이다.
• 오각형과 육각형 형태로 이루어진 축구공 모양이다.

①
②
③
④

**39** p형 반도체와 n형 반도체를 접합시킨 다이오드가 전류를 한쪽 방향으로만 흐르게 하는 작용은? 2019년 2회

① 정류 작용
② 만유인력 법칙
③ 강한 상호 작용
④ 작용 반작용 법칙

**40** 그림은 탄소 나노 튜브의 구조를 나타낸 것이다. 이에 대한 설명으로 옳지 <u>않은</u> 것은? 2019년 2회

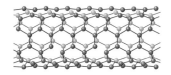

① 나노 물질이다.
② 철보다 단단하다.
③ 연필심으로 사용된다.
④ 구성 원소는 탄소(C)이다.

**41** 다음 설명에 해당하는 것은? 2018년 2회

• 도체와 부도체 사이의 전기적 특성을 갖는다.
• 도핑으로 형성된 전자와 양공에 의해 전기 전도가 생긴다.

① 동소체 ② 반도체
③ 절연체 ④ 강자성체

**42** 다음 설명에 해당하는 신소재는? 2018년 2회

• 탄소 원자가 육각형의 벌집 형태로 결합되어 튜브 모양을 한 물질이다.
• 열전도성이 구리보다 뛰어나다.

① 고무 ② 액정
③ 나일론 ④ 탄소 나노 튜브

**43** 다음 설명에 해당하는 것은? 2016년 2회

• 임계 온도 이하에서 전기 저항이 0이 되는 물체이다.
• 자기 부상 열차를 띄우는 데 이용된다.

① 다이오드 ② 초전도체
③ 고무 ④ 액정

**44** 다음 설명에 해당하는 것은? 2015년 2회

• 도체와 부도체의 중간 정도의 전기적 성질을 갖는다.
• 대표적인 예로 규소(Si)와 저마늄(Ge)이 있다.

① 고무 ② 구리
③ 나무 ④ 반도체

**45** 물의 저항을 줄여주는 수영복은 어떠한 자연을 모방한 것인가?

① 연잎 표면
② 도꼬마리
③ 홍합의 족사
④ 상어의 비늘

# 단원을 끝내는 엔드노트

## 01 물질의 생성

(1) **원소의 스펙트럼:** 원소에 따라 고유한 스펙트럼을 가지므로 우주의 별빛을 관찰하면 별의 구성 원소를 알 수 있다.

(2) **적색 편이:** 물체가 멀어질 때 파장이 긴 붉은색 쪽으로 흡수선이 이동 ➡ 외부 은하가 우리 은하로부터 멀어지고 있다.

(3) **허블 법칙:** 은하의 후퇴 속도($v$)는 거리($r$)에 비례한다. ➡ 우주가 팽창하고 있다.

(4) **빅뱅 우주론:** 우주는 모든 물질과 에너지가 모인 한 점에서 대폭발로 시작하였으며, 지금도 계속 팽창하고 있다.

(5) **원자의 형성:** 기본 입자 → 양성자와 중성자 → 원자핵 → 원자

(6) **빅뱅 우주론의 증거**

   ① 우주 배경 복사

   ② 수소와 헬륨의 질량비(3 : 1)

(7) **주계열성:** 별의 중심에서 수소 핵융합 반응이 이루어지면서 빛을 내는 별, 별의 진화 과정 중 가장 긴 시기

(8) **별의 진화**

   ① 질량이 태양 정도인 별의 진화: 주계열성 → 적색 거성 → 행성상 성운 → 백색 왜성

   ② 질량이 태양의 10배 이상인 별의 진화: 주계열성 → 초거성 → 초신성 폭발 → 중성자별, 블랙홀

(9) **태양계 형성:** 성운의 회전과 수축 → 원반 모양의 성운 형성 → 원시 태양과 미행성체의 형성 → 원시 행성 형성

(10) **지구형 행성과 목성형 행성**

| 지구형 행성(규산염 행성) | 목성형 행성(기체형 행성) |
| --- | --- |
| • 반지름과 질량이 작음<br>• 밀도가 큼<br>• 수성, 금성, 지구, 화성 | • 반지름과 질량이 큼<br>• 밀도가 작음<br>• 목성, 토성, 천왕성, 해왕성 |

(11) **지구의 형성 과정:** 미행성 충돌 → 마그마 바다 형성 → 맨틀과 핵 분리 → 원시 지각 형성 → 원시 바다 형성

(12) **지구의 원소 분포:** 지각을 이루는 주요 원소는 산소, 규소, 알루미늄, 철, 칼슘, 나트륨, 칼륨, 마그네슘 등

## 02 물질의 규칙성

(1) **오늘날의 주기율표:** 모즐리는 원자 번호 순서대로 원소를 나열하였다.

   ① **주기:** 가로줄, 1~7주기

   ② **족:** 세로줄, 1~18족, 같은 족의 원소는 화학적 성질이 비슷하다.

(2) **금속과 비금속**

   ① **금속:** 양이온이 되기 쉽고 대부분 고체이며, 전기 전도성이 있다.

   ② **비금속:** 음이온이 되기 쉽고 대부분 고체와 기체 형태로 존재하며, 전기 전도성이 없다.

(3) **알칼리 금속과 할로젠 원소**

   ① **알칼리 금속:** 1족 원소(수소 제외), 상온에서 고체, +1가 양이온이 되기 쉽다.

   ② **할로젠 원소:** 17족 원소, -1가 음이온이 되기 쉽다.

**(4) 이온 결합:** 양이온과 음이온의 정전기적 인력에 의한 결합

**(5) 공유 결합:** 비금속 원소의 원자들이 각각 전자를 내놓아 전자쌍을 공유하면서 이루어지는 화학 결합

## 03  자연의 구성 물질

**(1) 지각과 생명체의 구성 성분 비교**

① 지각은 규산염 광물로 이루어져 있으며, 규소와 산소로 이루어진 규산염 사면체이다.

② 생명체는 탄소 화합물(탄수화물, 단백질, 지질, 핵산 등)로 이루어져 있다.

**(2) 단백질**

① 단위체는 아미노산이다.

② 단백질은 에너지원으로 사용되며, 효소와 호르몬의 주성분이다.

**(3) 핵산:** 단위체는 뉴클레오타이드

| 구분 | DNA | RNA |
|------|-----|-----|
| 기능 | 유전 정보의 저장 | 유전 정보의 전달, 단백질 합성에 관여 |
| 당 | 디옥시리보스 | 리보스 |
| 염기 | A(아데닌), G(구아닌), C(사이토신), T(타이민) | A(아데닌), G(구아닌), C(사이토신), U(유라실) |
| 구조 | 두 가닥의 폴리뉴클레오타이드로 이루어진 이중 나선 구조 | 한 가닥의 폴리뉴클레오타이드로 이루어짐 |

## 04  신소재

**(1) 신소재:** 기존에 있었던 소재의 단점을 보완하기 위해 화합물의 조성이나 결합 구조를 변형하여 새로운 기능과 성질을 갖도록 만든 물질

**(2) 반도체:** 도체와 부도체의 중간 정도의 전기적 성질을 가지는 물질

**(3) 초전도체:** 임계 온도 이하에서 전기 저항이 0이 되는 현상을 나타내는 물질

**(4) 그래핀:** 흑연에서 한 층만 분리해 낸 것으로, 탄소 원자가 벌집 모양으로 평면을 이루고 있는 구조

**(5) 생체 모방 기술**

① 자연의 생명체를 모방하는 방법

② 연잎 표면, 홍합의 족사, 도꼬마리 열매, 상어 비늘 등

**단원을 닫으며** 생소한 개념으로 부담스럽게 느껴졌을지도 모르겠어요. 빅뱅 우주론과 주기율표, 단백질과 핵산의 정의를 잘 기억해 주시고, 신소재의 종류를 구분해 주세요.

# 시스템과 상호 작용

# 01

## 제1장 역학적 시스템

# 역학적 시스템

**이번 단원에서는** 중력을 이해하고, 자유 낙하하는 물체와 수평으로 던진 물체의 운동을 비교하여 이해한다.

## 1 역학적 시스템

### 1. 시스템(계)

① 각각의 구성 요소들이 일정 규칙에 따라 끊임없이 변화하며 상호 작용하면서 균형을 유지하는 체계이다.

② 시스템을 구성하는 요소가 또 작은 시스템을 이룰 수 있다. **예** 태양계 – 지구(지구계)

### 2. 역학적 시스템

힘이 작용하고 그 힘에 따라 물체들 사이에 상호 작용이 일어나면서 물체의 운동 상태 또는 모양이 변하여 지속성을 유지하는 체계

> **제1장 살펴보기**
>
> **역학적 시스템**
>
> 이번 장에서는 역학적 시스템의 의미와 중력, 중력이 지구 전체 시스템에 어떠한 영향을 주는지 알아보고 자유 낙하 운동과 수평으로 던진 물체의 운동을 비교하여 학습합니다. 또한 물체가 운동할 때 운동량과 충격량을 계산하고 그들의 관계를 학습합니다.

## 2 힘

### 1. 힘

(1) **힘**: 물체의 모양이나 운동 상태를 바꾸는 원인을 말한다.

(2) **단위**: $N$(뉴턴)

(3) **힘의 3요소**: 힘의 작용점, 힘의 방향, 힘의 크기

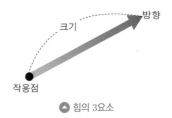

△ 힘의 3요소

> **참고** $1N$
>
> $1kg$의 질량을 가진 물체가 1초 동안 속력을 $1m/s$씩 가속시킬 때의 힘

### 쏙쏙 이해 더하기 | 합력 구하기

• **합력**: 여러 힘이 한 물체에 작용할 때 물체에 작용하고 있는 모든 힘을 합한 것이다.

• **합력 구하기**: 같은 방향일 경우 더해주고, 반대 방향일 경우 큰 힘에서 작은 힘을 빼준다.

### 2. 힘의 종류

(1) **전기력**: 전기를 띤 물체들 사이에서 작용하는 힘

(2) **자기력**: 자석과 자석, 자석과 쇠붙이 사이에서 작용하는 힘

(3) **마찰력**: 물체가 접촉하고 있을 때 그 물체가 운동하는 것을 방해하는 힘

(4) **탄성력**: 외부에서 힘을 주어 변형되었던 물체가 힘을 없앴을 때 처음 상태로 되돌아가려는 힘

(5) **중력**: 지구 중심 방향에서 작용하여 지구가 물체를 당기는 힘

> **참고** 우주에 존재하는 4가지 힘
>
> • 강한 상호 작용(강한 핵력, 강력): 원자핵 내에서 양성자와 중성자를 묶어 두는 힘
>
> • 약한 상호 작용(약한 핵력, 약력): 원자핵이 다른 원자핵으로 변할 때 관여하는 힘
>
> • 중력: 질량을 가진 두 물체 사이에 작용하는 힘
>
> • 전자기력: 전하 사이에 작용하는 힘
>
> • 4가지 힘의 강도 비교
> 강한 상호 작용 > 전자기력 > 약한 상호 작용 > 중력

## 3. 힘의 상호 작용

① 힘은 두 물체 사이에서 상호 작용을 일으킨다.

② 한 물체가 다른 물체에 힘을 작용하면 힘을 받은 물체도 힘을 가한 물체에 크기가 같고 방향이 반대인 힘을 작용한다.

## 3 중력

### 1. 중력

(1) **중력**: 질량이 있는 물체 사이에 상호 작용하는 힘으로, 지구 중심 방향으로 작용하여 지구가 물체를 당기는 힘을 말한다.

(2) **중력의 방향**: 지구 중심 방향으로 작용한다.

◐ 중력의 방향

(3) **중력의 크기**: 무게

① 물체에 작용하는 중력의 크기는 무게이다.

② 물체의 질량이 클수록, 지표면과의 거리가 가까울수록 중력의 크기가 크다.

$$무게(N) = 9.8 \times 질량(kg)$$

(4) **특징**

① 지구에서 떨어져 있어도 작용한다.

② 중력의 방향은 •연직 방향이다.

③ 모든 물체와 생명체에 중력은 계속 작용한다.

### 2. 중력이 지구 전체 시스템에 미치는 영향
중력이 지구 시스템에 미치는 영향과 생명 시스템에 미치는 영향을 비교하여 기억해 주세요.

(1) **지구 시스템**

① 상대적으로 무거운 기체들은 지구의 중력에 의해 지구를 벗어나지 못하고 대기의 성분이 된다.

② 중력에 의한 •대류 현상으로 구름, 저기압, 고기압, 바람 등이 생길 수 있다.

③ 달은 지구를 중심으로 공전하는데, 이때 달은 지구로부터 중력을 받게 된다.

### 꼼꼼 단어 돋보기

● 연직 방향
추를 실에 매달아 놓을 때 실이 가리키는 방향

● 대류 현상
온도가 높은 기체나 액체는 부피가 커지면서 상대적으로 밀도가 작아져 위쪽으로 이동하고, 온도가 낮은 기체나 액체는 부피가 작아지면서 밀도가 커져 아래쪽으로 이동하는 현상

**(2) 생명 시스템**

① 무거운 동물은 강한 근육과 튼튼한 골격으로 중력에 적응한다.

② 식물은 세포벽이 있어 무게를 지탱하며 높이 자랄 수 있다.

③ 식물에서 뿌리는 중력의 방향으로 자라게 되고, 줄기는 중력의 반대 방향으로 자라게 된다.

④ 귀의 전정 기관의 •이석이 중력 방향으로 움직이면서 몸의 균형과 평형을 유지한다.

## **4 중력이 작용하는 물체의 운동**

### ☆ **1. 자유 낙하 운동** 자유 낙하 운동과 수평 방향으로 던진 물체의 운동의 공통점과 차이점을 구분해 주세요.

공기의 저항과 마찰을 무시할 때 물체를 정지한 상태에서 놓으면, 중력을 받아 1초에 약 $9.8\,m/s$씩 속력이 증가하며 낙하하는 운동을 자유 낙하 운동이라고 한다.

**(1) 운동 방향:** 연직 방향으로 직선 운동을 하며 떨어진다.

**(2) 작용하는 힘:** 중력이 작용한다.

**(3) •속력:** 일정하게 증가한다. → 물체가 운동하는 방향으로 일정 크기의 중력이 작용하기 때문이다.

**(4) 중력 •가속도:** 중력에 의해 자유 낙하 운동을 하는 물체의 단위 시간당 속력 변화량을 말한다.

① 질량에 관계없이 속력이 1초에 약 $9.8\,m/s$씩 증가하는 것을 나타낸다.

② 크기: $9.8\,m/s^2$

| 0초 | 0 |
| 1초 | 9.8 m/s |
| 2초 | 19.6 m/s |
| 3초 | 29.4 m/s |
| 4초 | 39.2 m/s |
| 5초 | 49.0 m/s |

⬆ 자유 낙하하는 물체의 속력

**(5) 자유 낙하 운동의 속력−시간 그래프:** 기울기가 일정한 직선으로 나타난다.

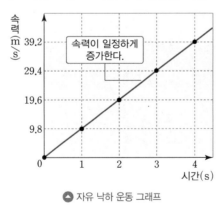

> 속력이 일정하게 증가한다.

⬆ 자유 낙하 운동 그래프

$$그래프의\ 기울기 = \frac{속력}{시간} = 중력\ 가속도$$

---

🔍 **꼼꼼 단어 돋보기**

● **이석**

귓속에 있는 작은 칼슘 덩어리

● **속력**

물체의 빠르기, 속력 $= \dfrac{거리}{시간}$

● **가속도**

단위 시간에 대한 속도 변화

### (6) 자유 낙하하는 물체의 질량과 속력의 관계

① 자유 낙하하는 물체의 중력 가속도는 질량에 관계없이 약 $9.8m/s^2$로 같다.

② 물체의 크기를 무시할 때 같은 높이에서 동시에 떨어뜨린 모든 물체는 질량에 관계없이 지면에 동시에 도달한다.

---

**쏙쏙 이해 더하기** | **깃털과 구슬의 자유 낙하 운동**

• **진공 중:** 깃털과 구슬을 같은 높이에서 동시에 떨어뜨렸을 때, 진공에서는 공기 저항이 없기 때문에, 중력 가속도가 같으므로 동시에 떨어진다.

• **공기 중:** 깃털이 구슬보다 공기 저항을 크게 받아 늦게 떨어진다.

⬆ 진공 중 ⬆ 공기 중

---

## 2. 수평 방향으로 던진 물체의 운동

공기 저항과 마찰을 무시할 때 수평으로 던진 공의 운동을 살펴보면 포물선을 그리면서 운동을 하게 되는데, 수평 방향으로는 등속 직선 운동[+]을 하고 연직 방향으로는 속도가 일정하게 빨라지는 자유 낙하 운동을 한다.

**➕ 등속 직선 운동**
속력이 일정하고 운동 방향이 일정한 운동

수평 방향은 등속 직선 운동

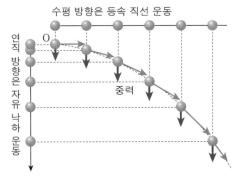

연직 방향은 자유 낙하 운동

중력

(1) **수평 방향:** 힘이 작용하지 않으므로 같은 시간 동안 이동한 거리가 같아 공의 속도가 일정하다.

① 등속 직선 운동을 한다.

② 단, 수평으로 던진 속력이 크면 수평 방향으로 더 멀리 날아간다.

(2) **연직 방향:** 중력이 작용하기 때문에 같은 시간 동안 이동한 거리가 증가하므로 공의 속력이 일정하게 증가한다. → 자유 낙하 운동

같은 높이에서 자유 낙하하는 물체와 수평 방향으로 던진 물체가 있을 때, 모두 수평 방향으로는 힘이 작용하지 않고, 연직 방향으로는 중력이 작용하기 때문에 동시에 지면에 도달한다.

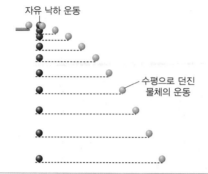

자유 낙하 운동

수평으로 던진 물체의 운동

① 뉴턴의 운동 제1법칙(관성 법칙)
  • 물체에 힘이 작용하지 않으면 정지해 있는 물체는 계속 정지하고, 운동하던 물체는 등속 직선 운동을 한다.
  • 질량이 클수록 관성이 크다.
② 뉴턴의 운동 제2법칙(가속도 법칙)
  • 물체의 가속도($a$)는 작용하는 힘($F$)에 비례하고, 질량($m$)에 반비례한다.
  • $F=ma$
③ 뉴턴의 운동 제3법칙(작용 반작용 법칙): 한 물체가 다른 물체에 작용(힘)을 가하면 힘을 받은 물체도 동시에 반작용(힘의 크기는 같고 방향이 반대인 힘)을 가한다.

제1장 역학적 시스템

# 운동과 충돌

**이번 단원에서는** 관성을 바탕으로 운동량과 충격량을 이해하며 생활 속 충돌에 의한 피해를 줄이는 방법을 알아본다.

## 1 관성

### ☆ 1. 관성

(1) **관성:** 물체가 현재의 운동 상태를 유지하려는 성질로, 물체에 힘이 작용하지 않으면 정지하고 있는 물체는 계속 정지하고, 운동하던 물체는 등속 직선 운동을 한다.

(2) **관성의 크기:** ●질량이 클수록 관성이 크다.

### 2. 관성의 예

① 달리던 버스가 정지하면 승객이 앞으로 넘어진다.
② 버스가 갑자기 출발하면 승객이 뒤로 넘어진다.

## 2 운동량과 충격량 운동량과 충격량의 공식을 꼭 기억해 주세요.

### ☆ 1. 운동량[+]

(1) **운동량:** 운동하는 물체의 운동 정도(운동의 양)를 나타내는 물리량이다.

(2) **운동량의 크기:** 질량이 클수록, 속도가 빠를수록 크다.

> 운동량($p$)=질량($m$)×속도($v$)

(3) **운동량의 방향:** 물체의 속도의 방향, 즉 운동 방향과 항상 같다.

**＋ 운동량의 단위**
$kg \cdot m/s$

### ☆ 2. 충격량[+]

(1) **충격량:** 물체가 충돌할 때 물체가 받은 충격의 정도를 나타내는 물리량이다.

(2) **충격량의 크기:** 힘이 클수록, 힘이 작용한 시간이 길수록 크다.

> 충격량($I$)=힘($F$)×시간($t$)

(3) **충격량의 방향:** 물체에 작용한 힘의 방향과 같다.

(4) **힘-시간 그래프:** 그래프 아랫 부분의 넓이는 물체가 받은 충격량의 크기를 나타낸다.

**＋ 충격량의 단위**
$N \cdot s$
'힘=질량($kg$)×가속도($m/s^2$)'가 되므로 $kg \cdot m/s^2$가 된다. '충격량=힘× 시간'이므로($kg \cdot m/s^2$)×s=$kg \cdot m/s$ 가 될 수 있으며 운동량 단위와 같다.

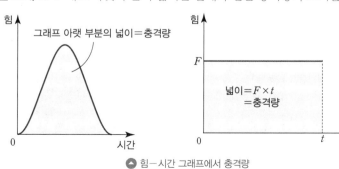

◎ 힘-시간 그래프에서 충격량

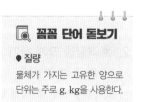

**🔍 꼼꼼 단어 돋보기**

● **질량**
물체가 가지는 고유한 양으로 단위는 주로 g, kg을 사용한다.

## 3 운동량과 충격량의 관계

참고 충격량의 단위($1N \cdot s$)
$=1kg \cdot m/s^2 \cdot s$
$=$운동량의 단위($1kg \cdot m/s$)

### 1. 운동량과 충격량의 관계

(1) 충격량은 운동량의 변화량과 같다.

> 물체가 받은 충격량=운동량의 변화량=나중 운동량-처음 운동량

**쏙쏙 이해 더하기** | **운동량과 충격량의 관계**

- 운동량($p$)=질량($m$)×속도($v$)
- 충격량($I$)=힘($F$)×시간($t$)
- 힘($F$)을 받아 운동하는 질량 $m$인 물체의 가속도가 $\frac{v-v_0}{t}$ 라고 가정할 때, $F=m(\frac{v-v_0}{t})$이다.
  그렇다면 $Ft=mv-mv_0$가 되므로, 충격량=운동량의 변화량이 된다.

(2) **운동 방향과 같은 방향으로 충격을 받을 경우**: 운동량이 증가한다.

(3) **운동 방향과 반대 방향으로 충격을 받을 경우**: 운동량이 감소한다.

(4) **두 물체가 충돌하는 경우**

참고 두 물체가 충돌할 때 서로 같은 크기의 힘이 반대 방향으로 작용한다.

① 서로 같은 크기의 힘이 반대 방향으로 작용하고 시간은 동일하다.

② 충돌하는 동안 충격량의 크기는 같고 방향은 반대이다.

③ 충격량과 운동량의 변화량이 같기 때문에 질량이 작을수록 속도가 더 빠르게 변한다.

충돌

(5) **힘-시간 그래프**: 충격량은 힘과 힘이 작용한 시간의 곱이므로, 힘-시간 그래프를 통해 충격량과 운동량의 변화량을 알 수 있다. 물체가 일정한 크기의 힘을 받을 때의 힘-시간 그래프를 보면, 그래프 아랫 부분의 넓이=힘×힘을 받은 시간=물체가 받은 충격량이다.

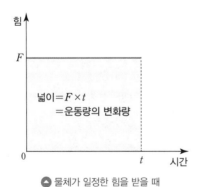

● 물체가 일정한 힘을 받을 때

### 2. 충격량을 크게 하기

① 힘을 크게 한다.

② 충돌 시간을 길게 한다.

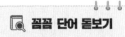

**꼼꼼 단어 돋보기**

● 가속도
단위 시간 동안의 속도 변화량

## **4** 충돌로 생기는 피해를 줄이는 방법 충돌로 생기는 피해를 줄이는 방법의 예를 기억해 주세요.

### 1. 충돌로 생기는 피해를 줄이는 방법

(1) 충격량이 같다고 가정할 때, 충돌 시간을 길게 한다. → 충돌 시간을 길게 하면 힘은 작아져 피해를 줄일 수 있다.

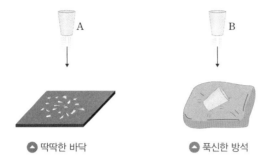

&#x1F53A; 딱딱한 바닥　　　　　　&#x1F53A; 푹신한 방석

 ① 딱딱한 바닥: 충돌 시간이 짧아 컵이 받는 힘이 커진다.
 ② 푹신한 방석: 충돌 시간이 길어 컵이 받는 힘이 작아진다.

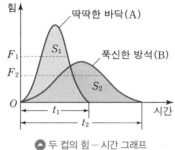

&#x1F53A; 두 컵의 힘 – 시간 그래프

 ③ 그래프 아래의 넓이가 같다. → 충격량이 같으므로 운동량의 변화량도 같다.
 ④ 충돌 시간이 길어질 때 컵이 받는 힘은 작아진다. → 방석의 경우가 더 안전하다.

(2) 관성으로 인한 움직임을 보호하여 피해를 줄인다.

 **예** 자동차의 안전띠, 놀이 기구의 안전바(안전띠) 등

### 2. 충돌에 대한 예방과 안전 장치

충돌에 대한 예방과 안전 장치는 대부분 충돌이 일어났을 때 충돌 시간을 길게 하여 충돌 때 받는 힘의 크기를 줄여 주는 역할을 한다.

(1) **자동차 에어백:** 충돌 시간을 길게 하여 충격을 줄인다.

(2) **공기가 충전된 포장재:** 외부에서 힘을 받는 시간을 길게 하여 충격을 줄인다.

(3) **야구공을 포수가 받을 때:** 손을 뒤쪽으로 빼면 힘이 작아져 충격을 줄인다.

(4) **낙법:** 유도에서 바닥에 떨어질 때 시간을 길게 하여 충격을 줄인다.

(5) **뜀틀:** 착지를 할 때 무릎을 구부려 충격을 줄인다.

# 01

# 지구 시스템

**이번 단원에서는** 지구 시스템을 이루고 있는 요소들을 이해한다.

**제2장 살펴보기**

**지구 시스템**
이번 장에서는 지구 시스템의 구성 요소인 기권·생물권·외권·지권·수권이 무엇인지 학습하고, 그들 사이의 상호 작용을 알아보며 에너지의 흐름과 물질 순환을 학습합니다. 또한 판 구조론을 바탕으로 지권의 변화를 해석하고 지구 시스템에 어떠한 영향을 주는지를 학습합니다.

## **1** 지구 시스템(지구계)

① 지권, 기권, 수권, 생물권, 외권으로 이루어져 있다.
② 각 권들은 서로 영향을 주고받으며 끊임없이 상호 작용하여 균형을 이루고 있다.

## **2** 지구 시스템(지구계)의 구성 요소

### **1. 지권**

단단한 지구의 겉면과 내부를 포함   지구 내부의 구조별 특징을 기억해 주세요.

**(1) 성분:** 철, 산소, 규소, 마그네슘 등

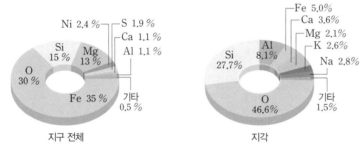

◎ 지구 전체와 지각의 구성 원소 질량비

**(2) 구조:** 구성 물질과 상태를 기준으로 지각, 맨틀, 외핵, 내핵으로 구분한다.

◎ 지구 내부 구조      ◎ 지각의 구조

**참고** 지구의 반지름: 약 6400km

**참고** 지구 내부를 조사하는 가장 효과적인 방법: 지진파 분석(지진파의 속도 변화)

**참고** 지각에서 내핵으로 갈수록 밀도가 높아지고, 온도와 압력이 상승한다.

| | |
|---|---|
| 지각 | • 지구의 가장 겉 부분으로 암석으로 이루어짐<br>• 대륙 지각과 해양 지각이 있음<br>• 두께: 대륙 지각(약 35km) > 해양 지각(약 5km)<br>• 밀도: 대륙 지각(약 2.7g/cm³) < 해양 지각(약 3.0g/cm³) |
| 맨틀 | 지권에서 큰 부피를 차지(약 80%), 유동성 고체로 대류가 일어남 |
| 핵 | • 철과 니켈 등의 무거운 물질로 이루어짐<br>• 외핵은 액체 상태이고, 내핵은 고체 상태<br>• 밀도가 가장 큼(내핵) |

**꼼꼼 단어 돋보기**

● **모호면(모호로비치치 불연속면)**
지각과 맨틀의 경계면(위로 높이 솟으면 모호면의 깊이도 깊다.)

**(3) 역할:** 생물이 살아갈 수 있는 서식처를 제공하고, 생물체들의 생명 활동에 필요한 여러 물질을 제공한다.

## ☆2. 기권

지표면~높이 약 1000km까지 지구를 둘러싸고 있는 대기층  기권의 구조별 특징을 기억해 주세요.

(1) **성분:** 질소, 산소, 아르곤, 이산화 탄소 등

(2) **구조:** 높이에 따른 기온 변화를 기준으로 아래쪽에서부터 위쪽으로 대류권, 성층권, 중간권, 열권으로 구분한다.

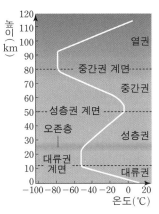

● 기권의 구성 성분                  ● 기권의 층상 구조

| 열권 | • 높이 약 80~1000km에 해당하는 영역<br>• 위로 올라갈수록 온도 상승<br>• 공기가 희박하여 낮과 밤의 기온차가 매우 큼<br>• 오로라 관측 |
|---|---|
| 중간권 | • 높이 약 50~80km에 해당하는 영역<br>• 위로 올라갈수록 온도 하강<br>• 대류 현상이 일어남<br>• 수증기가 거의 없어 기상 현상이 나타나지 않음<br>• 유성이 나타남 |
| 성층권 | • 높이 약 11~50km에 해당하는 영역<br>• 오존층이 존재하여 자외선을 흡수해 온도 상승<br>  (오존층이 생명체 보호)<br>• 대류 현상이 일어나지 않아 안정됨 |
| 대류권 | • 지표면에서 높이 약 11km까지의 영역<br>• 위로 올라갈수록 지표에서 방출하는 지구 복사 에너지가 적게 도달하여 온도 하강<br>• 대류 현상이 일어남<br>• 수증기가 있어 기상 현상이 나타남 |

(3) **역할**

① 온실 효과⁺가 일어나 지구의 온도를 일정하게 유지한다(보온).

② 산소를 공급하여 생물이 호흡할 수 있고, 이산화 탄소를 공급하여 식물이 광합성을 할 수 있다.

③ 대기의 순환으로 저위도의 남는 열을 고위도로 이동하여 위도별 에너지 불균형을 해소할 수 있다.

④ 외권에서 오는 자외선, X선, 우주선 등의 전자기파를 차단하여 지구 생명체를 보호한다.

⑤ 외권에서 지구로 떨어지는 유성체를 막아 지구 생명체를 보호한다.

**✚ 온실 효과**

대기 중의 온실 기체가 지표에서 방출되는 지구 복사 에너지를 흡수했다가 다시 지표로 재방출하여 지표를 따뜻하게 보온하는 효과

🔍 **꼼꼼 단어 돋보기**

● **오로라**

태양에서 오는 대전 입자들이 대기와 반응하여 빛을 내는 현상

● **대류 현상**

온도가 높은 기체나 액체는 부피가 커지면서 상대적으로 밀도가 작아져 위쪽으로 이동하고, 온도가 낮은 기체나 액체는 부피가 작아지면서 밀도가 커져 아래쪽으로 이동한다.

● **유성**

유성체가 대기와 마찰하여 밝은 빛을 내는 것으로 별똥별이라고도 한다.

## ⭐ 3. 수권

해수, 빙하, 지하수 등 지구상에 분포하는 물   수권의 구성을 기억해 주세요.

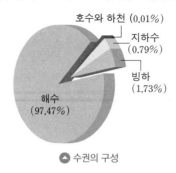

호수와 하천 (0.01%)
지하수 (0.79%)
빙하 (1.73%)
해수 (97.47%)

🔵 수권의 구성

### (1) 구성

① 해수(바닷물)가 약 97.5%로 대부분을 차지한다.

② 담수(육지의 물, 육수)는 약 2.5%로 빙하, 지하수, 호수와 하천이 속한다.

③ 해수 > 빙하 > 지하수 > 호수와 하천 등

### (2) 구조: 깊이에 따른 수온 분포에 따라 혼합층, 수온 약층, 심해층으로 구분한다.

| 혼합층 | • 태양 에너지에 의해 가열되어 온도가 높음<br>• 바람에 의해 혼합이 되어 수온이 일정함<br>• 바람이 강할수록 두껍게 나타남 |
|---|---|
| 수온 약층 | • 수심이 깊어질수록 수온이 급격히 낮아지는 층<br>• 매우 안정한 층<br>• 혼합층과 심해층 사이의 물질과 에너지 교환이 일어나지 않음 |
| 심해층 | • 태양 에너지가 거의 도달하지 못하여 수온이 낮음<br>• 온도 변화가 거의 없음 |

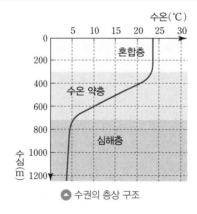

🔵 수권의 층상 구조

### (3) 역할

① 물은 비열이 크므로 에너지를 저장하여 지구의 온도를 일정하게 유지하는 데 중요한 역할을 한다.

② 생물에게 서식지를 제공하며 살아가는 데 필요한 물질을 공급한다.

③ 해수의 순환으로 저위도의 남는 열을 고위도로 전달해 에너지 평형에 중요한 역할을 한다.

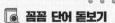

🔍 **꼼꼼 단어 돋보기**

● 비열

물질 1kg을 1℃ 높이는 데 필요한 열량

## 4. 생물권

지구상의 모든 생물과 그들이 거주하고 있는 공간

△ 생물권

**(1) 영역:** 지권, 수권, 기권에 걸쳐 분포하므로 공간적으로 겹친다.

**(2) 역할**

① 생명체의 광합성과 호흡을 통해 대기의 조성에 영향을 미친다.

② 풍화를 일으켜 지구의 표면을 변형시킨다.

③ 인간 활동이 활발해지면서 지구 시스템에 영향을 더 많이 준다.

## 5. 외권

기권 바깥의 영역

① 가장 중요한 에너지원은 태양 복사 에너지이다.

② 지구에 존재하는 자기장은 우주의 방사선과 •태양풍의 고에너지 입자를 차단하여 지구의 생명체를 보호한다.

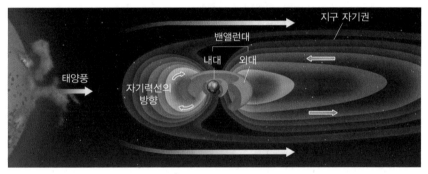

△ 지구 자기장의 모습

참고 태양 에너지의 약 $\frac{1}{20억}$이 지구에 도달한다. 태양 복사 에너지를 100%라 할 때 지구에 흡수되는 것이 70%이고, 반사되어 우주로 나가는 것이 30%가 된다.

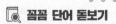

🔍 **꼼꼼 단어 돋보기**

● **태양풍**

태양에서 방출하는 대전 입자들의 흐름

# 02

# 지구 시스템과 상호 작용

**이번 단원에서는** 지구의 시스템을 유지하는 데 필요한 에너지원을 알아보고 지구 시스템의 상호 작용과 에너지의 흐름, 물질 순환을 이해한다.

## 1 지구 시스템의 에너지

### 1. 지구 시스템의 에너지원

지구 시스템의 에너지원 중에서 지구 환경 변화에 가장 큰 영향을 미치는 것은 태양 에너지이다(태양 에너지 > 지구 내부 에너지 > 조력 에너지).

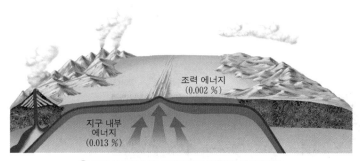

태양 에너지
(99.985 %)

조력 에너지
(0.002 %)

지구 내부
에너지
(0.013 %)

🔺 지구 시스템의 에너지원과 에너지양의 상대적 비율

**(1) 태양 에너지(태양 복사 에너지):** 태양에서 직접 전달되어 오는 에너지
① 에너지의 형성: 수소 핵융합 반응[+]
② 지구 시스템의 에너지원 중 가장 많은 양을 차지한다.
③ 지표와 대기에 흡수되어 기상 현상과 날씨 변화를 일으킨다.
④ 대기와 해수를 순환하게 한다.
⑤ 식물의 광합성을 일으켜 양분을 생성할 수 있게 한다.

**(2) 지구 내부 에너지:** 지구 내부에서 방출하는 열에너지
① 에너지의 형성: 지구 내부의 방사성 원소의 붕괴열[+]
② 맨틀의 대류에 의해 판이 움직이게 되고 지진과 화산 활동 같은 지각 변동이 일어난다.

**(3) 조력 에너지:** 달과 태양에 의한 인력으로 생기는 에너지
① 에너지의 형성: 달과 태양의 인력(달의 인력이 더 큼)
② 밀물과 썰물을 일으킨다.
③ 해수면의 높이 변화로 지형 변화에 영향을 준다.

### 2. 지구 시스템의 에너지 이동

**(1) 위도별 에너지 불균형:** 지구는 구형이기 때문에 위도에 따라 태양 복사 에너지의 양이 다르다.

**➕ 수소 핵융합 반응**
4개의 수소가 하나의 헬륨으로 융합하면서 에너지를 방출하는 반응

**➕ 방사성 원소**
원자 속의 원자핵이 불안정하여 스스로 붕괴가 일어나면서 방사선을 방출하는 원소

**🔍 꼼꼼 단어 돋보기**

● 조력
밀물과 썰물을 만드는 힘

① 저위도 지역: 단위 면적당 입사되는 태양 복사 에너지의 양이 많다.

> 흡수되는 태양 복사 에너지양 > 방출되는 지구 복사 에너지양 → 에너지 과잉

② 고위도 지역: 단위 면적당 입사되는 태양 복사 에너지의 양이 적다.

> 흡수되는 태양 복사 에너지양 < 방출되는 지구 복사 에너지양 → 에너지 부족

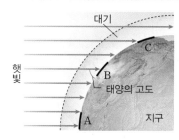

⬆ 위도별 태양 복사 에너지의 양(A>B>C)

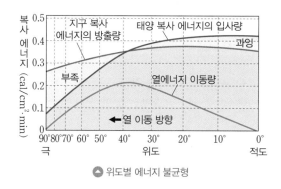

⬆ 위도별 에너지 불균형

(2) **에너지 평형**: 저위도의 남는 에너지를 대기와 해수의 순환으로 고위도에 전달하여 에너지 평형 상태를 유지한다.

## 2 지구 시스템의 상호 작용 각 권역의 특징을 잘 기억하여 상호 작용의 예를 구분해 봅시다.

### 1. 지구 시스템(지구계)의 ˙상호 작용
(1) 지권, 수권, 기권, 생물권 사이에서 끊임없이 상호 작용이 일어나며 그 과정에서 물질의 순환과 에너지의 이동이 일어난다.
(2) 한 권역에 변화가 일어나면 다른 권역에 영향을 미칠 수 있다.

### ☆2. 지구 시스템의 상호 작용 예
(1) **지권 – 수권**: 지진 해일의 발생
(2) **수권 – 생물권**: 바닷속에 사는 수중 생물들
(3) **기권 – 수권**: 물의 증발, 강수, 태풍
(4) **수권 – 지권**: 석회동굴, 해식 동굴
(5) **지권 – 생물권**: 대륙의 변화로 인한 생물들의 서식처 변화
(6) **지권 – 기권**: 화산 폭발로 인한 가스 배출
(7) **기권 – 생물권**: 생물의 호흡(산소 흡수, 이산화 탄소 방출), 식물의 광합성(이산화 탄소 흡수, 산소 방출)

⬆ 지구 시스템의 구성 요소와 상호 작용

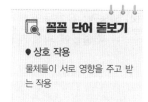

🔍 **꼼꼼 단어 돋보기**

● **상호 작용**
물체들이 서로 영향을 주고 받는 작용

## 3 지구 시스템의 물질 순환

### 1. 물의 순환

주로 태양 복사 에너지를 근원으로 물이 순환된다.

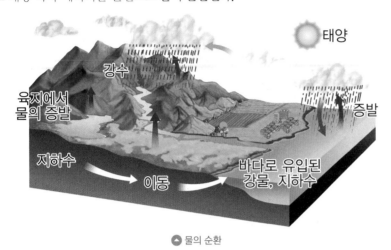

● 물의 순환

(1) 에너지의 불균형을 해소해 준다.
(2) 물이 증발할 때 열에너지를 흡수하여 수증기가 된 후 기권으로 이동한다.
(3) 수증기는 물방울로 응결할 때 열에너지를 방출하고, 구름이 만들어지며 비나 눈이 되어 지표면으로 이동한다.
(4) 지표면으로 온 물은 식물 뿌리에서 흡수되기도 하고, 지표를 따라 흐르거나 지하로 스며들어 바다로 흘러가면서 지표를 변화시킬 수 있다.

### 2. 탄소 순환

태양 복사 에너지나 지구 내부 에너지를 근원으로 탄소가 순환된다. 각 권역에서의 탄소의 형태를 바탕으로 순환을 이해하세요.

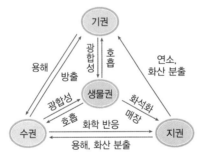

(1) **지권:** 연소나 화산 활동에서 나오는 이산화 탄소의 형태로 기권으로 이동하거나, 물에 녹아 수권으로 이동한다.
(2) **수권:** 대기 중으로 방출되어 기권으로 이동하거나 광합성을 통해 생물권으로 이동하며, 다른 물질과의 화학 반응으로 인해 침전하여 지권으로 이동한다.
(3) **기권:** 물에 녹아 수권으로, 광합성을 통해 생물권으로 이동한다.
(4) **생물권:** 유기물의 형태로 이동하거나 호흡을 통해 기권과 수권으로 이동하고, 사체나 배설물에 의해 지권으로 이동한다.

탄소는 지권, 수권, 기권, 생물권에 다양하게 존재하며, 각 권역을 순환한다.
- **지권**: 암석에는 탄산염(석회암), 화석 연료에는 탄화 수소 형태로 존재한다.
- **수권**: 탄산 이온, 탄산 수소 이온 형태로 존재한다.
- **기권**: 주로 이산화 탄소 형태로 존재한다.
- **생물권**: 유기물 형태(탄수화물, 지방, 단백질)로 존재한다.

## 3. 질소 순환

주로 태양 복사 에너지를 근원으로 질소가 순환된다.

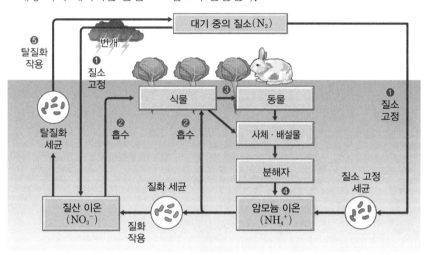

▲ 생태계에서의 질소 순환

❶ 질소 고정: 대기 중의 질소가 암모늄 이온이나 질산 이온으로 고정된다.
❷ 식물에 흡수: 암모늄 이온과 질산 이온은 식물에 흡수되어 단백질을 합성하는 데 사용된다.
❸ 식물에서 동물로 이동: 먹이 사슬을 통해 이동한다.
❹ 사체·배설물 분해: 분해자에 의해 암모늄 이온으로 분해된다.
❺ 탈질화 작용: 질산 이온의 일부는 탈질화 세균에 의해 질소 기체가 되어 대기 중으로 돌아간다.

(1) 질소는 반응이 활발하지는 않지만, 단백질의 구성 성분으로 생명체의 몸을 이루는 필수 구성 성분이다.
(2) **생태계에서의 질소 순환**: 대기 중의 질소는 질소 화합물로 고정된 후 생태계 내에서 순환된다.

참고 질소는 공기 중 약 $78\%$를 차지한다.

➕ 질소 화합물
질산 이온($NO_3^-$), 암모늄 이온($NH_4^+$) 등

제2장 지구 시스템

# 판 구조론과 지권의 변화

**이번 단원에서는** 판 구조론을 이해하고 그것을 바탕으로 지권의 변화를 이해한다.

## 1 변동대

### 1. 지진대와 화산대
(1) **지진대:** 지진이 자주 일어나는 지역이다.
(2) **화산대:** 화산 활동이 자주 일어나는 지역이다.
(3) 지진대와 화산대는 좁고 긴 띠 모양으로 나타나며 대체로 일치한다.

🔺 전 세계 지진대와 화산대의 분포**⁺**

### 2. 주요 지진대와 화산대
환태평양 지진대와 화산대, 알프스 – 히말라야 지진대와 화산대 등

### 3. 변동대
(1) 지각 변동(지진, 화산 활동 등)이 활발하게 일어나는 지역이다. **예** 지진대, 화산대 등
(2) 주로 대륙의 주변부에 나타나며 판의 경계와 변동대는 일치한다. → 판의 경계에서 지각 변동이 잘 일어난다.

**➕ 지진대와 화산대의 분포**
지진과 화산 활동이 대부분 판 경계에서 일어나기 때문에 지진대와 화산대는 대체로 일치하며, 특정 지역에서 좁고 긴 띠 모양으로 분포한다.

**참고** 불의 고리: 환태평양 화산대가 고리 모양이고, 전 세계 화산 활동의 대부분이 이곳에서 일어나 '불의 고리'라고 불린다.

## 2 판 구조론
지구의 표면은 약 10여 개의 판으로 이루어져 있으며, 판이 움직이면서 판의 경계에서 지진과 화산 활동과 같은 지각 변동이 일어난다는 이론이다.

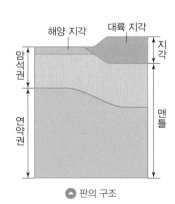

🔺 판의 구조

## 1. 판의 구조

(1) **암석권**: 지각과 상부 맨틀의 일부로 이루어져 있다.

    ① 두께는 약 100km이다.

    ② 판은 암석권의 조각을 말한다.

    ③ 대륙판과 해양판이 있다.

### 쏙쏙 이해 더하기    대륙판과 해양판

| 대륙판 | 해양판 |
|---|---|
| • 대륙 지각 포함<br>• 두꺼움, 밀도 작음<br>• 화강암질 암석 | • 해양 지각 포함<br>• 얇음, 밀도 큼<br>• 현무암질 암석 |

(2) **연약권**: 암석권의 아랫 부분이다.

    ① 지표면으로부터 지하 약 100~400km 부분에 해당한다.

    ② 유동성이 있고 맨틀 대류가 일어난다. → 판이 이동하는 원동력이다.

## 2. 판의 이동

(1) **판 이동의 원동력**

    ① 맨틀의 대류로 연약권 위에 떠 있는 판이 이동한다.

    ② 안쪽의 온도가 높은 맨틀 부분이 밀도가 작아져 상승하고, 이동하다 온도가 낮아
지면 밀도가 커져서 하강한다.

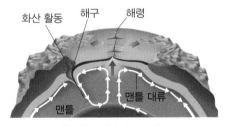

화산 활동    해구    해령

맨틀 대류

맨틀

🔼 맨틀의 대류와 판의 이동

(2) **전 세계 판의 분포**: 약 10여 개의 판으로 이루어져 있다.

🔼 판의 분포와 상대적인 이동 방향

(3) **판의 이동**

    ① 1년에 약 1~10cm 정도 이동하며, 판마다 이동하는 속도와 방향이 다르다.

    ② 판의 경계에서 판이 멀어지거나 가까워지거나 어긋난다.

## 1. 발산형 경계

맨틀이 대류하여 상승하고, 그 위의 판이 서로 멀어지는 경계이다.(새로운 판 생성)

| | |
|---|---|
| 해양판과 해양판 | • 해령 형성<br>• 새로운 해양 지각이 만들어짐<br>• 화산 활동, 천발 지진<br>(예) 대서양 중앙 해령, 동태평양 해령 |
| 대륙판과 대륙판 | • 열곡대 형성<br>• 화산 활동, 천발 지진<br>(예) 동아프리카 열곡대 |

## 2. 수렴형 경계

맨틀이 대류하여 하강하고, 그 위의 판이 서로 가까워지는 경계이다.(판 소멸)

| | | |
|---|---|---|
| 섭입형<br>경계 | 대륙판 - 해양판 | • 밀도가 큰 해양판이 대륙판 아래로 섭입함<br>• 해구, 호상 열도, 습곡 산맥 형성<br>• 화산 활동, 천발 지진~심발 지진 발생<br>(예) 일본 해구, 안데스 산맥 |
| | 해양판 - 해양판 | • 두 해양판 중 밀도가 큰 판이 섭입함<br>• 해구, 호상 열도 형성<br>• 화산 활동, 천발 지진~심발 지진 발생<br>(예) 마리아나 해구 |
| 충돌형<br>경계 | 대륙판 - 대륙판 | • 밀도가 거의 비슷하여 충돌이 일어나 습곡 산맥 형성<br>• 천발 지진~중발 지진 발생<br>• 화산 활동과 심발 지진이 거의 발생하지 않음<br>(예) 히말라야 산맥 |

## 3. 보존형 경계

판이 서로 반대 방향으로 이동하면서 어긋나는 경계이다.

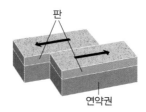

### 🔍 꼼꼼 단어 돋보기

● **해령**
대양에 위치한 큰 해저 산맥

● **천발 지진**
상대적으로 얕은 지하 70km 이내에서 발생하는 지진

● **열곡대**
대륙 지각이 확장되어 중심부에 V자 모양 골짜기인 열곡이 길게 이루어진 형태

● **섭입**
한 판이 다른 판 아래로 미끄러져 들어가는 현상

● **해구**
수심 깊은 해저의 골짜기

● **호상 열도**
호 모양으로 나열된 화산섬들

● **심발 지진**
상대적으로 깊은 곳인 지하 300km 이상에서 발생하는 지진

● **습곡 산맥**
거대한 산맥

● **중발 지진**
천발 지진과 심발 지진의 사이의 깊이인 지하 70~300km 사이에서 발생하는 지진

① 판과 판이 서로 어긋나면서 *변환 단층이 형성된다. 예 산안드레아스 단층
② 주로 해령과 해령 사이에서 변환 단층이 생성된다.
③ 천발 지진이 발생한다.
④ 마그마가 형성되지 않으므로 화산 활동이 거의 일어나지 않는다.

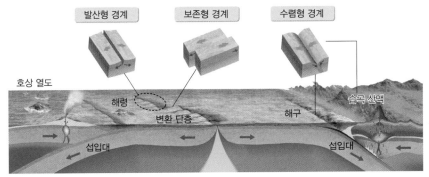

● 판의 경계에서 일어나는 지각 변동

**4 지권의 변화** 화산과 지진이 지구 시스템에 어떠한 영향을 주는지 기억해 주세요.

## 1. *화산 활동

화산 분출로 인한 에너지와 물질이 지구 환경에 영향을 미친다.

| | |
|---|---|
| 화산 활동에 의한 피해 | • 화산 가스: 수증기, 이산화 탄소, 질소, 이산화 황, 염소 등으로 기후에 영향을 줄 수 있고 산성비를 내리게 함<br>• 화산재: 햇빛을 차단하거나, 항공기 운항을 어렵게 할 수 있고, 식물의 광합성을 방해함<br>• 용암: 산불을 일으킬 수 있고, 도로나 여러 시설 등을 파괴할 수 있음 |
| 화산 활동의 영향과 이용 | • 지구의 기온이 변화할 수 있음<br>• 인명, 재산 피해로 사회적 문제가 생길 수 있음<br>• 식량 생산량 감소로 경제적 피해가 생길 수 있음<br>• 토양이 비옥해지거나 온천 개발 등 관광 자원으로 사용 가능함<br>• 지열을 난방에 사용할 수 있음 |

## 2. *지진

지진으로 인한 에너지 방출이 지구 환경에 영향을 미친다.

| | |
|---|---|
| 지진의 피해 | • 짧은 시간 동안 넓은 지역의 구조물을 파괴할 수 있음<br>• 인명 피해와 재산 피해를 일으킴 |
| 지진의 이용 | • 지진파를 이용하여 지구 내부의 구조와 물질 등을 예측할 수 있음<br>• 지진파로 석유, 천연가스 등의 지하자원의 매장 지역을 찾을 수 있음 |
| 지진의 대비 | 예측이 어려우므로 지진에 대비하여 건축을 설계하고, 지진 경보 시스템을 구축하며, 지진 발생 시 행동 요령을 알고 있어야 함 |

참고 화산 활동은 여러 피해도 주지만, 관광 자원 같은 좋은 점을 주기도 한다.

참고 지진파를 이용하여 지구 내부를 예측한다.

참고 진원과 진앙
• 진원: 지진이 발생한 근원 지점
• 진앙: 진원 위 지표

🔍 **꼼꼼 단어 돋보기**

● **변환 단층**
수평 이동 단층으로 두 판이 반대 방향으로 어긋나며 생성

● **화산**
지하에 있던 마그마가 지표 쪽으로 분출하는 현상

● **지진**
지하에서 단층이 생기거나 화산 활동이 일어날 때 땅이 흔들리는 현상

# 01

## 제3장 생명 시스템

# 세포

**이번 단원에서는** 생명 시스템의 기본 단위인 세포의 구성을 알고 세포막의 물질 이동 방식을 이해한다.

## 1 생명 시스템

### 1. 생명 시스템

기본 단위는 세포이며, 세포로 이루어진 생명체의 여러 요소가 서로 영향을 주고받으며 상호 작용하여 생명 활동을 하는 시스템

### 2. 생명 시스템의 구성 단계

세포 → 조직 → 기관 → 개체

(1) **세포:** 생명 시스템을 이루는 기본 구성 단위 **예** 적혈구, 표피 세포

(2) **조직:** 모양과 기능이 비슷한 세포들의 모임 **예** 상피 조직, 울타리 조직

(3) **기관:** 조직들이 모여 고유한 기능을 하는 모임 **예** 심장, 잎, 줄기

(4) **개체:** 기관들이 모여 이루어진 독립된 생명체 **예** 사람, 개, 민들레

> **쏙쏙 이해 더하기** │ **식물과 동물의 구성 단계**
>
> • **식물의 구성 단계:** 세포 → 조직 → 조직계 → 기관 → 개체
> • **동물의 구성 단계:** 세포 → 조직 → 기관 → 기관계 → 개체

## 2 세포   각 세포 소기관의 명칭과 역할을 기억해 주세요.

### ⭐ 1. 세포의 구조와 기능

**✚** 핵, 미토콘드리아, 엽록체
2중막 구조

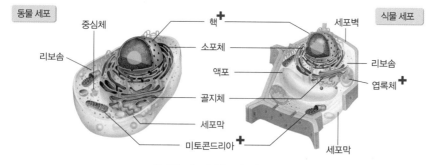

동물 세포 — 중심체, 리보솜, 핵, 소포체, 액포, 골지체, 세포막, 미토콘드리아

식물 세포 — 세포벽, 리보솜, 엽록체, 세포막

◑ 동물 세포와 식물 세포의 구조

| 핵 | 핵막으로 싸여 있고, DNA(유전 정보)가 있어 생명 활동의 중심이 됨 |
|---|---|
| 리보솜 | • 알갱이 모양<br>• 단백질 합성 |

| 소포체 | • 세포 내 물질 이동 통로 역할<br>• 리보솜에서 합성된 단백질을 세포 내 다른 부위로 운반 |
|---|---|
| 골지체 | 단백질이나 지질을 변형하여 운반하거나 세포의 바깥으로 분비 |
| 미토콘드리아 | • 세포 호흡이 일어나 생명 활동에 필요한 에너지(ATP)를 생산<br>• 자기 복제를 할 수 있음 |
| 엽록체[+] | • 빛에너지를 흡수하여 유기물을 합성하는 광합성을 함<br>• 식물 세포에만 있음 |
| 액포 | • 물, 색소, 노폐물 등을 저장<br>• 주로 성숙한 식물 세포에서 크게 발달 |
| 세포막 | • 세포 형태를 유지<br>• 세포의 안과 밖으로 물질 출입을 조절 |
| 세포벽[+] | • 식물 세포의 세포막 바깥에 있는 두껍고 단단한 막<br>• 세포를 보호하고 세포 모양을 유지<br>• 식물 세포에만 있음 |

[+] 엽록체, 세포벽
식물 세포에만 있는 구조

> **쏙쏙 이해 더하기**　**세포 소기관의 기능별 분류**
>
> • 단백질 합성과 관련된 소기관: 핵, 리보솜, 소포체, 골지체
> • 에너지 전환과 관련된 소기관: 미토콘드리아, 엽록체
> • 물질 출입을 조절하는 소기관: 세포막

## ☆3 세포막

### 1. 세포막의 구조

인지질 2중층에 막단백질이 박혀 있는 구조

| 인지질 2중층 | • 친수성 머리는 물과 접한 세포 양쪽 바깥을 향함<br>• 소수성 꼬리는 안쪽에서 서로 마주 보며 배열되어 인지질 2중층을 형성함 |
|---|---|
| 막단백질<br>(단백질) | • 인지질 2중층에 박혀 있음<br>• 물질 이동 통로 |

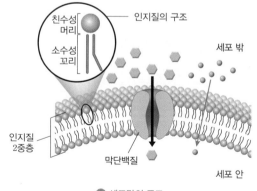

◎ 세포막의 구조

### 2. 세포막의 선택적 투과성

(1) 어떤 물질은 투과하고, 어떤 물질은 투과하지 않는 세포막의 성질이다.

(2) 물질의 크기, 종류, 특성에 따라 다르다.

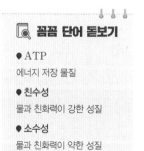

> **꼼꼼 단어 돋보기**
>
> ● ATP
> 에너지 저장 물질
>
> ● 친수성
> 물과 친화력이 강한 성질
>
> ● 소수성
> 물과 친화력이 약한 성질

## 3. 세포막을 통한 물질의 이동 <small>확산과 삼투를 정확하게 구분해 주세요.</small>

**(1) 확산⁺:** 물질이 고농도에서 저농도로 스스로 운동하여 퍼져 나가는 현상

① 확산은 분자의 크기가 작을수록, 온도가 높을수록, 농도 차가 클수록 빠르다.

② 세포막을 통한 확산: 세포 안과 밖의 농도 차에 따라 확산되고, 물질의 종류에 따라 확산하는 이동 방법이 다르다.

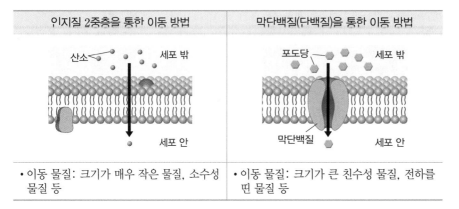

| 인지질 2중층을 통한 이동 방법 | 막단백질(단백질)을 통한 이동 방법 |
|---|---|
| • 이동 물질: 크기가 매우 작은 물질, 소수성 물질 등 | • 이동 물질: 크기가 큰 친수성 물질, 전하를 띤 물질 등 |

**➕ 확산의 예**
- 향수의 향기가 공기 중으로 퍼져 나가는 현상
- 물 속 잉크가 물 전체로 퍼져 나가는 현상

**(2) 삼투⁺:** 세포막을 경계로 농도가 낮은 용액에서 농도가 높은 용액으로 용매(물)가 이동하는 현상

**➕ 삼투의 예**
- 식물의 뿌리에서 물을 흡수할 때
- 배추를 소금물에 절일 때

### 쏙쏙 이해 더하기 | 식물 세포와 동물 세포의 삼투 현상

| 농도가 세포보다 높은 용액 (고장액) | | 농도가 세포와 같은 용액 (등장액) | | 농도가 세포보다 낮은 용액 (저장액) | |
|---|---|---|---|---|---|
| 동물 세포 | 식물 세포 | 동물 세포 | 식물 세포 | 동물 세포 | 식물 세포 |
| 세포 속 물이 빠져나가 세포가 쪼그라듦 | 세포 속 물이 빠져나가 세포막이 세포벽에서 분리됨 | 세포 안과 밖으로 이동하는 물의 양이 같아 부피 변화가 없고 원래의 모양을 유지함 | | 세포 안으로 물이 들어와 부풀어 오름 (터질 수 있음) | 세포 안으로 물이 들어와 팽창하지만 터지지 않음 |

# 02

**제3장** 생명 시스템

# 물질대사

**이번 단원에서는** 물질대사의 의미를 알고 효소의 특성을 이해한다.

## 1 물질대사

### 1. 물질대사

생명체 안에서 일어나는 모든 화학 반응으로, 생체 촉매인 효소가 이를 관여한다.

☆ **(1) 동화 작용과 이화 작용** 동화 작용과 이화 작용을 비교하여 정확하게 기억해 주세요.

| 구분 | 동화 작용 | 이화 작용 |
|---|---|---|
| 정의 | 저분자 물질이 합성하여 고분자 물질이 되는 반응 | 고분자 물질이 분해되어 저분자 물질이 되는 반응 |
| 에너지 출입 | 에너지를 흡수하는 흡열 반응 | 에너지를 방출하는 발열 반응 |
| 예 | 광합성, 단백질 합성 등 | 세포 호흡, 소화 등 |

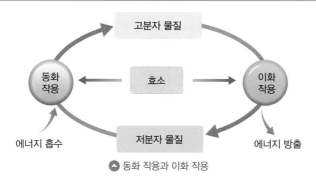

▲ 동화 작용과 이화 작용

### (2) 물질대사의 특징

① 에너지가 출입하기 때문에 에너지 대사라고도 한다.

② 단계별로 천천히 일어나며 효소에 의해 진행된다.

---

**쏙쏙 이해 더하기** | **생명체 밖에서 일어나는 화학 반응과 물질대사**

• **생명체 밖에서 일어나는 화학 반응:** 높은 온도와 압력이 필요하며, 다량의 에너지가 한꺼번에 방출되거나 흡수된다. **예** 연소

• **물질대사:** 생체 촉매인 효소가 관여하여 체온 정도의 낮은 온도(37℃)에서 단계적으로 에너지가 방출되거나 흡수된다. **예** 세포 호흡

---

📖 **꼼꼼 단어 돋보기**

● **광합성**
식물 세포의 엽록체에서 빛에너지를 흡수하여 포도당을 합성하는 과정

● **세포 호흡**
조직 세포에서 산소가 영양소를 분해하여 에너지를 생성하는 과정

## 2. 세포 호흡과 연소의 비교

| 구분 | 세포 호흡 | 연소 |
|---|---|---|
| 반응 온도 | 약 20~40℃ | 약 400℃ |
| 반응 속도 | 천천히 일어남<br>반응물 $C_6H_{12}O_6$, $H_2O$, $O_2$<br>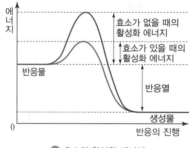<br>37℃<br>세포 호흡<br>생성물 $CO_2$, $H_2O$ | 빠르게 일어남<br>반응물 $C_6H_{12}O_6$, $O_2$<br>400℃ → 빛에너지 열에너지<br>연소 생성물 $CO_2$, $H_2O$ |
| 효소 | 필요함 | 불필요함 |
| 에너지 방출 | 서서히 방출 | 한꺼번에 방출 |

참고 세포 호흡은 물질대사이고, 연소는 일반적인 화학 반응이다.

## 2 효소  효소의 특징과 효소로 인한 활성화 에너지 그래프를 잘 기억해 주세요.

### ☆1. 효소
생명체 내에서 합성되는 것으로 물질대사를 촉진하는 물질(생체 촉매)
(1) 주성분은 단백질이다(온도가 높으면 성질이 변함).
(2) 활성화 에너지를 낮추어 물질대사의 반응 속도를 증가시킨다.
(3) 하나의 효소는 특정 반응물과만 결합한다.[+]
(4) 물질대사의 여러 단계 중 각 단계마다 작용 효소가 다르다.
(5) 반응 전후에 효소는 소모되거나 변하지 않고, 반응 후 생성물과 분리되고 재사용된다.

**✚ 효소의 기질 특이성**
하나의 효소는 특정 기질과만 반응한다.

### 2. 활성화 에너지
화학 반응이 일어날 때 공급해야 하는 최소한의 에너지
(1) **효소가 없을 때**: 활성화 에너지가 높기 때문에 반응의 속도가 느리다.
(2) **효소가 있을 때**: 활성화 에너지가 낮아지기 때문에 반응의 속도가 빠르다.

⬆ 효소와 활성화 에너지

### 3. 효소의 이용
(1) 발효 식품(된장, 김치, 식혜 등)
(2) 소화제(단백질, 탄수화물, 지방 분해)
(3) 생활하수나 공장 폐수 속의 오염 물질 제거
(4) 세제(단백질과 지방 분해 효소)나 치약(탄수화물의 분해 효소) 등

**🔍 꼼꼼 단어 돋보기**

● **촉매**
활성화 에너지에 변화를 주어 반응 속도에 영향을 주는 물질

# 03

# 유전 정보의 흐름

**이번 단원에서는** 유전자와 단백질을 이해하고 유전 정보의 흐름을 파악한다.

## 1 유전자와 단백질

### 1. 유전자

(1) **유전자**: 생물의 형질을 결정하는 단백질에 대한 ●유전 정보를 저장하고 있는 DNA의 특정 부분이다.

(2) **유전자와 DNA, 염색체**: 유전자는 DNA에 있고, DNA가 뭉쳐져 염색체를 형성하기 때문에 염색체에 유전자가 들어 있다고 볼 수 있다.

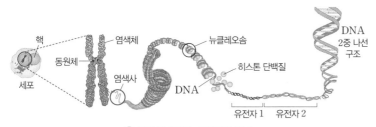

🔺 염색체, DNA, 유전자의 관계

### 2. 유전자와 단백질

(1) 유전자의 정보에 따라 단백질이 합성되고, 단백질에 의해 형질이 나타난다.

(2) 유전자에 이상이 있으면 단백질이 달라져서 유전 질환이 나타날 수 있다.

## 2 유전 정보의 흐름    복제와 전사는 핵에서 일어나고, 번역은 세포질에서 일어난다는 것을 기억해 주세요.

### ☆ 1. 유전 정보의 전달

(1) **생명 중심 원리**: DNA의 유전 정보를 RNA에 전달하고, RNA를 이용하여 단백질을 합성하는 유전 정보의 흐름이다.

$$DNA \xrightarrow{\text{전사}} RNA \xrightarrow{\text{번역}} 단백질$$

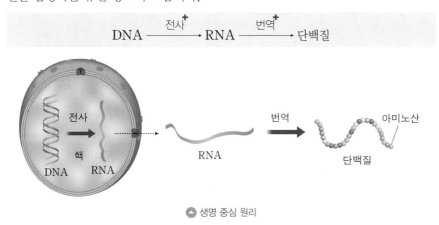

🔺 생명 중심 원리

**참고** 염색사와 염색체
염색사는 세포 분열 시 염색체로 응축되는데, 이는 DNA의 손상을 막기 위해서이다.

**╋ DNA**
• 유전 정보를 저장하며 당으로는 디옥시리보스를 가진다.
• 염기는 A(아데닌), G(구아닌), C(사이토신), T(타이민)이 있다.
• 구성 단위는 뉴클레오타이드이다.

**╋ RNA**
• 유전 정보를 전달하고 단백질 합성에 관여하며 당으로는 리보스를 가진다.
• 염기는 A(아데닌), G(구아닌), C(사이토신), U(유라실)이 있다.
• 구성 단위는 뉴클레오타이드이다.

**╋ 전사**
DNA의 유전 정보가 RNA로 전달되는 과정

**╋ 번역**
RNA의 유전 정보에 따라 단백질을 합성하는 과정

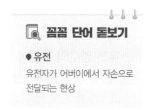

🔎 **꼼꼼 단어 돋보기**

● **유전**
유전자가 어버이에서 자손으로 전달되는 현상

**(2) 전사와 번역**

① DNA 복제: 핵 속에서 세포 분열 전에 DNA가 2배로 복제된다.

② 전사
  • DNA의 유전 정보를 RNA로 전달하는 과정이다.
  • DNA의 이중 나선 중 한쪽 가닥을 바탕으로 하여 상보적[+] 서열을 갖는 RNA가 합성되며 핵 속에서 일어난다.

③ 번역
  • RNA의 정보로부터 단백질이 합성되는 과정이다.
  • 전사된 RNA가 리보솜에 결합하고 RNA의 코돈[+]이 지정하는 아미노산이 리보솜으로 운반되어 아미노산 간에 펩타이드 결합[+]이 일어나 단백질이 합성된다. 세포질에서 일어난다.

**＋DNA와 RNA의 상보적 염기 관계**

| DNA | A | T | G | C |
|---|---|---|---|---|
| ↓ | ↓ | ↓ | ↓ | ↓ |
| RNA | U | A | C | G |

**＋코돈**

아미노산을 지정하는 RNA의 유전 정보로, RNA의 3개 염기

**＋펩타이드 결합**

한 아미노산의 카복실기와 다른 아미노산의 아미노기 사이에 물 분자가 빠져나오면서 일어나는 결합으로, 펩타이드 결합을 통해 폴리펩타이드를 형성하고, 폴리펩타이드가 복잡한 구조를 형성하여 단백질이 만들어진다.

**2. 유전 정보의 저장**

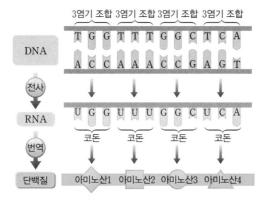

**(1)** DNA의 4개의 염기인 A(아데닌), T(타이민), C(사이토신), G(구아닌)이 다양한 순서로 배열하여 아미노산의 종류와 배열 순서가 결정되고, 그것으로 다양한 단백질이 형성된다.

**(2) 3염기 조합:** DNA에서 연속되고 있는 3개의 염기가 하나의 아미노산을 지정하는 암호가 된다.

---

> **쏙쏙 이해 더하기** ｜ **3염기 조합(유전 암호)**
>
> • 연속적으로 나타나는 3개의 염기가 1개의 아미노산을 지정한다.
> • 염기 4가지 중 3가지가 짝을 이루기 때문에 암호는 모두 $4^3=64$가지이다.
> • 64가지의 암호가 20가지의 아미노산으로 나타나므로 하나의 아미노산의 암호는 여러 가지이다.

---

**3. 형질의 발현**

단백질의 기능으로 생물의 형질이 결정된다.

**4. 유전자 이상과 유전 질환**

유전자를 이루는 DNA의 염기 서열에 이상이 생기면 단백질 이상에 의해 유전 질환이 발생한다. **예** 낫 모양 적혈구 빈혈증, 페닐케톤뇨증 등

**5. 유전 암호의 공통성**

지구상의 모든 생물에서 유전 암호가 사용되고 있는 것으로 보아 생물은 공통적 조상으로부터 진화했을 것이라고 추정할 수 있다.

우리는 모두 별이고, 반짝일 권리가 있다.

– 마릴린 먼로

이론 쏙! 핵심 딱!

# 쏙딱 TEST

## II 시스템과 상호 작용

**01** 다음에서 설명하는 힘으로 옳은 것은?

> • 지구 중심 방향으로 작용한다.
> • 지구가 물체를 당기는 힘을 말한다.

① 전기력        ② 자기력

③ 중력          ④ 마찰력

**02** 그래프는 수평면 위에 놓인 질량 2kg의 물체에 수평 방향으로 작용하는 힘을 시간에 따라 나타낸 것이다. 이 물체의 가속도 크기는? (단, 모든 마찰과 저항은 무시한다.)     2019년 1회

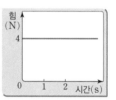

① $2m/s^2$        ② $3m/s^2$

③ $5m/s^2$        ④ $6m/s^2$

**03** 그림과 같이 수평면 위에 정지해 있는 1kg의 물체에 수평 방향으로 4N과 8N의 힘이 서로 반대 방향으로 작용한다면, 이 물체의 가속도 크기는? (단 모든 마찰과 저항은 무시한다.)     2019년 2회

① $4m/s^2$        ② $5m/s^2$

③ $6m/s^2$        ④ $7m/s^2$

04 그래프는 마찰이 없는 수평면에서 세 물체 A~C에 같은 크기의 힘을 가할 때, 시간에 따른 속도 변화를 나타낸 것이다. 다음 중 질량이 가장 큰 것은?　　2018년 2회

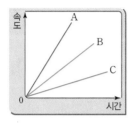

① A
② B
③ C
④ 모두 같다.

05 자연계에 존재하는 기본 힘 중에서 크기가 가장 큰 것은?　　2017년 1회

① 중력
② 전자기력
③ 강력(강한 상호 작용)
④ 약력(약한 상호 작용)

06 질량이 2kg인 물체를 마찰이 없는 수평면 위에 놓고, 수평 방향으로 일정한 힘을 작용하였다. 이 물체의 가속도가 $2m/s^2$일 때, 작용한 힘의 크기는?　　2016년 1회

① 3N
② 4N
③ 5N
④ 6N

07 그림과 같이 추를 실로 묶어 천장에 매달았을 때, 지구가 추를 당기는 힘에 대한 반작용은?　　2015년 1회

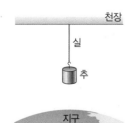

① 실이 추를 당기는 힘
② 실이 천장을 당기는 힘
③ 추가 실을 당기는 힘
④ 추가 지구를 당기는 힘

08 다음의 현상과 가장 관계있는 것은?

- 버스가 갑자기 출발하며 몸이 뒤로 쏠린다.
- 컵에 종이를 올리고 그 위에 동전을 올려놓았을 때 종이를 빠르게 튕기면, 종이는 빠지고 동전은 컵 안쪽으로 떨어진다.

① 관성
② 마찰력
③ 달의 공전
④ 지구의 자전

09 다음 중 자유 낙하 운동에 대한 설명으로 옳지 <u>않은</u> 것은?

① 진공 중에는 공기 저항력이 없다.
② 공기 중에서 깃털과 구슬 중 구슬이 먼저 떨어진다.
③ 진공 중에서 깃털과 구슬 중 구슬이 먼저 떨어진다.
④ 속력이 일정하게 증가하는 운동이다.

주목
10 공에 6N의 힘이 5초 동안 작용한 경우, 공에 작용한 충격량은?

① 10N·s
② 20N·s
③ 30N·s
④ 40N·s

**빠른 정답 체크**

01 ③　　02 ①　　03 ①　　04 ③　　05 ③　　06 ②　　07 ④
08 ①　　09 ③　　10 ③

11 그림은 대기권 기체 분포의 부피비를 나타낸 것이다. 사람의 호흡에 이용되기도 하는 기체 A는? 　2019년 1회

① 질소
② 산소
③ 아르곤
④ 이산화 탄소

12 그림은 콩과식물의 뿌리에서 일어나는 물질 A의 고정 과정의 일부를 나타낸 것이다. A에 해당하는 것은?

2019년 2회

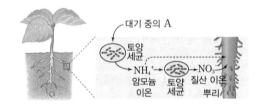

① 질소($N_2$)
② 산소($O_2$)
③ 수소($H_2$)
④ 이산화 탄소($CO_2$)

13 다음 중 지구계를 구성하는 수권과 기권의 상호 작용에 해당하는 것은? 　2019년 2회

① 바람이 불어 황사가 생긴다.
② 지하수에 의해 석회 동굴이 생긴다.
③ 해수면의 온도 상승으로 태풍이 생긴다.
④ 해안 침식 작용으로 동굴 지형이 생긴다.

주목
14 석회암이 지하수에 용해되어 석회 동굴이 생성되는 과정은 지구계의 어느 구성 요소 간의 상호 작용인가?

2018년 1회

① 기권 - 수권
② 수권 - 지권
③ 생물권 - 기권
④ 생물권 - 수권

15 그림은 어떤 물질 순환 과정의 일부를 나타낸 것이다. 다음 중 이와 같이 순환하는 것은? 　2018년 2회

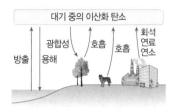

① 철
② 아연
③ 탄소
④ 마그네슘

16 그림은 지구계 수권의 구성비를 나타낸 것이다. 이에 대한 설명으로 옳은 것만을 〈보기〉에서 모두 고른 것은? 　2018년 2회

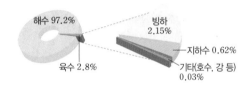

보기
ㄱ. 해수는 수권의 대부분을 차지한다.
ㄴ. 육수에서 가장 많은 양을 차지하는 것은 빙하이다.
ㄷ. 지하수는 해수에 포함된다.

① ㄱ
② ㄷ
③ ㄱ, ㄴ
④ ㄴ, ㄷ

17 지권에서 판의 구조와 운동에 대한 설명으로 옳은 것만을 〈보기〉에서 모두 고른 것은? 　2017년 1회

보기
ㄱ. 지구 표면은 여러 개의 판으로 되어 있다.
ㄴ. 판의 운동을 일으키는 원동력은 맨틀 대류이다.
ㄷ. 판과 판이 멀어지는 곳에서 습곡 산맥이 만들어진다.

① ㄱ
② ㄷ
③ ㄱ, ㄴ
④ ㄴ, ㄷ

**18** 우리나라 봄철에 나타나는 황사는 지구계의 지권과 어느 권역 사이의 상호 작용으로 발생하는가? 2017년 2회

① 기권
② 수권
③ 외권
④ 생물권

**19** 다음은 지구계에 일어나는 상호 작용의 예이다. 지구계의 어떤 권 사이의 상호 작용인가? 2016년 1회

> • 바람에 의하여 파도가 발생한다.
> • 해수 온도가 높아지면 수증기량이 증가하여 태풍이 강력해진다.

① 기권 - 외권
② 기권 - 수권
③ 수권 - 생물권
④ 생물권 - 지권

**20** 다음 중 지권의 구성 요소가 아닌 것은?

① 지각
② 외핵
③ 맨틀
④ 열권

**21** 그림은 지구에 도달하는 태양 복사 에너지를 위도별로 나타낸 것이다. 동일한 면적의 지표면에 도달하는 태양 복사 에너지의 양이 가장 적은 지역은? 2016년 1회

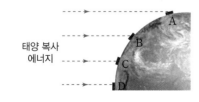

① A
② B
③ C
④ D

**22** 다음 설명에 해당하는 것은? 2016년 2회

> • 대기 중의 질소를 식물이 이용할 수 있는 형태의 질소 화합물로 바꾸는 과정이다.
> • 주로 뿌리혹박테리아와 같은 세균에 의해 일어난다.

① 소화
② 연소
③ 호흡
④ 질소 고정

**23** 생태계에서 일어나는 탄소 순환 과정 중, 생물이 대기 중으로 이산화 탄소를 배출하는 과정은? 2016년 2회

① 교배
② 증산
③ 호흡
④ 광합성

**24** 다음 설명에 해당하는 지구 시스템의 에너지원은? 2021년 1회

화산 폭발

> • 화산 활동을 일으킨다.
> • 지구 내부의 물질로부터 나오는 에너지이다.

① 조력 에너지
② 풍력 에너지
③ 바이오 에너지
④ 지구 내부 에너지

**25** 다음 설명에 해당하는 것은? 2016년 2회

> • 지권에서 판의 운동을 일으키는 원동력이다.
> • 습곡 산맥, 화산, 지진 등 지표면의 변화를 일으키는 원인이 된다.

① 내핵의 운동　　② 대기의 순환
③ 맨틀의 대류　　④ 해류의 순환

**26** 다음 설명에 해당하는 물질은? 2015년 1회

> • 암모니아 합성에 사용된다.
> • 반응성이 낮아 과자 봉지의 충전재로 사용된다.
> • 지구 대기 조성(부피비) 중 약 78%를 차지한다.

① 산소　　② 탄소
③ 질소　　④ 아르곤

**27** 다음 설명에 해당하는 지형은? 2015년 1회

> • 맨틀 대류의 상승부에 위치한다.
> • 마그마가 분출하여 새로운 해양 지각이 형성된다.

① 해구　　② 해령
③ 변환 단층　　④ 호상 열도

**28** 지구계에서 수권에 해당하는 것은? 2015년 2회

① 강물　　② 식물
③ 암석　　④ 질소

**29** 다음 설명에 해당하는 에너지는? 2015년 2회

> • 태양의 표면에서 방출된다.
> • 생명 활동에 이용되는 에너지의 근원이 된다.

① 위치 에너지　　② 탄성 에너지
③ 지구 복사 에너지　　④ 태양 복사 에너지

**30** 그림은 어떤 식물 세포의 구조를 나타낸 것이다. 세포 호흡으로 생명 활동에 필요한 에너지를 만드는 세포 소기관은? 2019년 1회

① 핵　　② 엽록체
③ 미토콘드리아　　④ 세포막

주목
**31** 그림은 생물의 단백질 합성 과정을 나타낸 것이다. 물질 (가)는? 2019년 1회

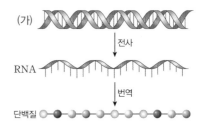

① DNA　　② 지방산
③ 글리세롤　　④ 탄수화물

**32** 그림은 세포막 구조를 나타낸 것이다. 이에 대한 설명으로 옳은 것만을 〈보기〉에서 모두 고른 것은? 2019년 2회

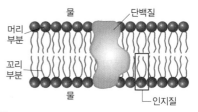

보기
> ㄱ. 주성분은 인지질과 단백질이다.
> ㄴ. 인지질의 머리 부분은 친수성이다.
> ㄷ. 세포막을 경계로 물질 출입이 일어난다.

① ㄱ　　② ㄱ, ㄴ
③ ㄴ, ㄷ　　④ ㄱ, ㄴ, ㄷ

**33** 다음은 생물체 내에서 일어나는 물질대사 과정을 나타낸 것이다. (가)와 (나)에 해당하는 것은? 　2019년 2회

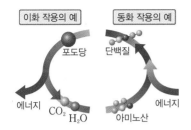

• 아미노산이 결합하여 단백질로 되는 과정에서 에너지가 　(가)　 된다.
• 포도당이 물과 이산화 탄소로 　(나)　 되는 과정은 이화 작용이다.

|  | (가) | (나) |  | (가) | (나) |
|---|---|---|---|---|---|
| ① | 흡수 | 분해 | ② | 흡수 | 합성 |
| ③ | 방출 | 분해 | ④ | 방출 | 합성 |

**34** 다음 설명에 해당하는 것은? 　2020년 1회

• 염색사가 응축된 형태이다.
• 유전 정보를 저장하는 DNA를 포함한다.

① 항체　　② 효소　　③ 세포막　　④ 염색체

**35** 그림의 과정 A, B는 물질대사를 나타낸 것이다. 이에 대한 설명으로 옳은 것은? 　2017년 1회

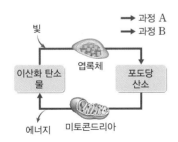

① A는 호흡이다.
② B는 광합성이다.
③ A는 유기물을 합성하는 동화 작용이다.
④ B는 동물에서만 일어난다.

**36** 그림은 동물 세포의 일부를 나타낸 것이다. 다음 설명에 해당하는 세포 소기관 A는? 　2017년 2회

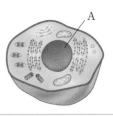

• DNA가 들어 있다.
• 2중막으로 되어 있다.

① 핵　　　　　　② 골지체
③ 리보솜　　　　④ 소포체

**37** 다음 설명에 해당하는 것은? 　2016년 1회

• 세포를 싸고 있는 막으로 물질의 출입을 조절한다.
• 인지질 2중층과 단백질 등으로 구성되어 있다.

① 핵　　　　　　② 세포막
③ 엽록체　　　　④ 미토콘드리아

**38** 다음은 사람의 유전 정보 흐름을 나타낸 것이다. (가)에 해당하는 물질은? 　2016년 2회

복제 ⟲ DNA —전사→ RNA —번역→ (가)

① 물　　　　　　② 단백질
③ 비타민　　　　④ 무기염류

### 빠른 정답 체크

| 25 ③ | 26 ③ | 27 ② | 28 ① | 29 ④ | 30 ③ | 31 ① |
|---|---|---|---|---|---|---|
| 32 ④ | 33 ① | 34 ④ | 35 ③ | 36 ① | 37 ② | 38 ② |

## 단원을 끝내는
# 엔드노트

## 01 역학적 시스템

**(1) 역학적 시스템**: 힘이 작용하고 그 힘에 따라 물체들 사이에 상호 작용이 일어나면서 물체의 운동 상태 또는 모양이 변하여 지속성을 유지하는 체계

**(2) 힘**: 물체의 모양을 바꾸거나 운동 상태를 바꾸는 원인(단위: N)

**(3) 중력**: 질량이 있는 물체 사이에 상호 작용하는 힘, 보통 지구가 물체를 당기는 힘을 의미

**(4) 중력이 작용하는 물체의 운동**
  ① 자유 낙하 운동: 공기의 저항과 마찰을 무시할 때, 물체를 정지한 상태에서 놓으면 중력을 받아 1초에 약 9.8 m/s씩 속력 증가
  ② 수평 방향으로 던진 물체의 운동: 수평 방향은 등속 직선 운동, 연직 방향은 자유 낙하 운동

**(5) 뉴턴의 운동 법칙**
  ① 뉴턴의 운동 제1법칙(관성 법칙): 물체에 힘이 작용하지 않으면 정지해 있는 물체는 계속 정지하고, 운동하던 물체는 등속 직선 운동을 함
  ② 뉴턴의 운동 제2법칙(가속도 법칙): 물체의 가속도($a$)는 작용하는 힘($F$)에 비례하고 질량 ($m$)에 반비례 → $F = ma$
  ③ 뉴턴의 운동 제3법칙 (작용 반작용 법칙): 한 물체가 다른 물체에 작용(힘)을 가하면 힘을 받은 물체도 동시에 반작용(힘의 크기는 같고 방향이 반대인 힘)을 가함

**(6) 운동량과 충격량**
  ① 운동량($p$) = 질량($m$) × 속도($v$)  [단위: kg·m/s]
  ② 충격량($I$) = 힘($F$) × 시간($t$)  [단위: N·s]
  ③ 물체가 받은 충격량 = 운동량의 변화량 = 나중 운동량 - 처음 운동량

**(7) 충돌로 생기는 피해를 줄이는 방법**: 충격량이 같다고 가정할 때, 충돌 시간을 길게 하면 힘은 작아져 피해를 줄일 수 있음

## 02 지구 시스템

**(1) 지구 시스템(지구계)**: 지권, 기권, 수권, 생물권, 외권으로 이루어져 있으며 서로 상호 작용을 함
  ① 지권: 지각, 맨틀, 외핵, 내핵으로 구분
  ② 기권: 지표면~높이 약 1000 km까지 지구를 둘러싸고 있는 대기층으로, 높이에 따른 기온 변화를 기준으로 대류권, 성층권, 중간권, 열권으로 구분
  ③ 수권
    • 지구상에 분포하는 물로, 해수 > 빙하 > 지하 > 호수와 하천 등
    • 깊이에 따른 수온 분포에 따라 혼합층, 수온 약층, 심해층으로 구분
  ④ 생물권: 지구상의 모든 생물과 그들이 거주하고 있는 공간
  ⑤ 외권: 대기권 바깥의 영역

**(2) 지구 시스템의 에너지원**: 태양 복사 에너지(가장 많은 양), 지구 내부 에너지, 조력 에너지

**(3) 지구 시스템(지구계)의 상호 작용:** 지권, 수권, 기권, 생물권 사이에서 끊임없이 상호 작용을 하며 물질과 에너지의 이동이 일어남

**(4) 물의 순환:** 주로 태양 복사 에너지를 근원으로 함

**(5) 변동대:** 지각 변동(지진, 화산 등)이 자주 활발하게 일어나는 지역으로 주로 판의 경계와 일치

**(6) 판구조론:** 지구의 표면이 약 10여 개의 판으로 이루어져 있으며, 판이 움직이면서 판의 경계에서 지각 변동이 일어난다는 이론
→ 판 이동의 원동력: 맨틀의 대류

**(7) 판의 경계**

① **발산형 경계:** 맨틀이 대류하여 상승하고, 그 위의 판이 서로 멀어짐(새로운 판 생성), 해령, 열곡대 등

② **수렴형 경계:** 맨틀이 대류하여 하강하고, 그 위의 판이 서로 가까워짐(판 소멸), 해구, 습곡 산맥 등

③ **보존형 경계:** 판이 서로 어긋남, 변환 단층 등

## 03 생명 시스템

**(1) 생명 시스템:** 기본 단위는 세포이며, 세포로 이루어진 생명체의 여러 요소가 서로 영향을 주고받으며 상호 작용하여 생명 활동을 하는 시스템

**(2) 생명 시스템의 구성 단계:** 세포 → 조직 → 기관 → 개체

**(3) 세포의 구조:** 핵, 리보솜, 소포체, 골지체, 미토콘드리아, 엽록체, 액포, 세포막, 세포벽 등

**(4) 세포막:** 인지질 2중층에 막단백질이 박혀 있는 구조

**(5) 물질대사**

① **동화 작용:** 저분자 물질이 합성하여 고분자 물질이 되는 반응 예 광합성, 단백질 합성 등

② **이화 작용:** 고분자 물질이 분해되어 저분자 물질이 되는 반응 예 세포 호흡, 소화 등

**(6) 효소:** 생명체 내에서 합성되는 것으로 물질대사를 촉진하는 물질(생체 촉매)

**(7) 유전 정보의 전달**

• 생명 중심 원리: DNA의 유전 정보를 RNA에 전달하고, RNA를 이용하여 단백질을 합성하는 유전 정보의 흐름

$$DNA \xrightarrow{\text{전사}} RNA \xrightarrow{\text{번역}} 단백질$$

• 전사: DNA의 유전 정보를 RNA로 전달하는 과정

• 번역: RNA의 정보로부터 단백질이 합성되는 과정

**(8) 3염기 조합:** DNA에서 연속되고 있는 3개의 염기가 하나의 아미노산을 지정하는 암호가 됨

**단원을 닫으며** 각 시스템의 구성 요소를 개별적으로 익히기보다는 각 시스템의 구성 요소들 사이의 연관성 위주로 이해해 주시면 되겠습니다.

# III

# 변화와 다양성

# 01

# 산소의 이동에 따른 산화 환원 반응

**이번 단원에서는** 산소의 이동에 따른 산화와 환원에 대해 이해한다.

## 1 산소의 이동에 따른 산화 환원 반응의 정의

산화되는 물질과 환원되는 물질을 구분하세요.

### ☆ 1. 산화

물질이 •산소를 얻는 반응 **예** 숯이 산화되어 이산화 탄소가 된다.

$$C + O_2 \longrightarrow CO_2$$
산화

### ☆ 2. 환원

물질이 산소를 잃는 반응 **예** •철광석에 있는 산화 철(Ⅲ)이 •코크스와 반응하여 철이 된다.

$$2Fe_2O_3 + 3C \longrightarrow 4Fe + 3CO_2$$
환원

### ☆ 3. 산화 환원의 동시성

산소를 포함한 물질이 산소를 잃으면 산소를 포함하지 않은 물질이 그 산소를 얻기 때문에 산화와 환원은 동시에 일어난다. **예** 산화 구리(Ⅱ)를 숯과 함께 가열하면 구리가 된다.

$$2CuO + C \longrightarrow 2Cu + CO_2$$
산화
환원

### 4. 구리의 산화 환원 반응

**(1) 구리의 산화:** 도가니에 구리 가루를 넣고 충분히 가열하고 식히면, 붉은색의 구리가 산소와 결합하여 검은색의 산화 구리(Ⅱ)가 된다.

$$2Cu + O_2 \longrightarrow 2CuO$$
붉은색       검은색
산소를 얻음(산화)

구리 가루
(Cu)

**(2) 산화 구리(Ⅱ)의 환원:** 검은색의 산화 구리(Ⅱ)와 탄소를 섞어 가열하면, 다시 붉은색 구리가 된다.

산소를 잃음(환원)
$$2CuO + C \longrightarrow 2Cu + CO_2$$
검은색      붉은색
산소를 얻음(산화)

---

**제1장 살펴보기**

**산화 환원 반응**

이번 장에서는 산소의 이동에 따른 산화 환원 반응과 전자의 이동에 따른 산화 환원을 이해하고, 광합성·호흡·연소 등 화학 반응을 통해 산화와 환원을 이해하며, 생활 속 산화 환원 반응을 알아봅니다.

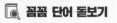

### 🔍 꼼꼼 단어 돋보기

**● 산소**
상온에서 기체이며, 생물의 호흡에 사용된다. 다른 원소와 반응을 잘한다.

**● 철광석**
철을 포함한 광석

**● 코크스**
석탄을 가공한 연료로 주로 탄소로 이루어진다.

이때 생성된 이산화 탄소는 ●석회수에 반응하여 탄산 칼슘이 생성되기 때문에, 석회수가 뿌옇게 흐려진다.

$$CO_2 + Ca(OH)_2 \longrightarrow CaCO_3(흰색 앙금) + H_2O$$

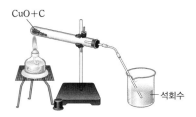

## 쏙쏙 이해 더하기 | 구리판의 산화 환원 반응

① 구리판을 겉불꽃에 넣을 때
- 붉은색의 구리판이 검은색으로 변한다.
- 겉불꽃에는 산소가 충분하기 때문에 구리가 산화되어 산화 구리(Ⅱ)로 변한다.

$$\overset{\overset{\text{(산화)}}{\frown}}{2Cu + O_2 \longrightarrow 2CuO}$$
구리    산소    산화 구리(Ⅱ)

② 구리판의 가열된 부분을 속불꽃에 넣을 때
- 검은색으로 변한 구리판이 다시 붉은색으로 변한다.
- 속불꽃에 존재하는 탄소와 반응하여 산화 구리(Ⅱ)가 환원되어 구리가 되고, 탄소는 산화되어 이산화 탄소가 된다.

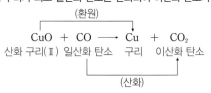

산화 구리(Ⅱ) 탄소    구리    이산화 탄소

- 속불꽃에는 산소가 많지 않아 불완전 연소가 일어나므로 일산화 탄소가 존재할 수 있고, 일산화 탄소와 산화 구리(Ⅱ)가 반응하게 된다.
- 산화 구리(Ⅱ)는 환원되어 구리가 되고 일산화 탄소는 산화되어 이산화 탄소가 된다.

$$\overset{\overset{\text{(환원)}}{\frown}}{CuO + CO \longrightarrow Cu + CO_2}$$
산화 구리(Ⅱ) 일산화 탄소  구리   이산화 탄소
(산화)

**＋겉불꽃**
산소 공급이 많은 불꽃의 가장 자리 부분으로, 거의 완전 연소가 일어난다.

**＋속불꽃**
산소가 충분히 공급되지 않아 불완전하게 연소가 일어나는 부분

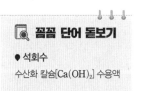

## 꼼꼼 단어 돋보기

● 석회수
수산화 칼슘[Ca(OH)$_2$] 수용액

제1장 산화 환원 반응

# 전자의 이동에 따른 산화 환원 반응

**이번 단원에서는** 전자의 이동에 따른 산화와 환원에 대해 이해하며 산소가 관여하지 않는 산화 환원 반응을 표현할 수 있다.

## 1 전자의 이동에 따른 산화 환원 반응의 정의
전자의 이동에 대한 산화 환원 반응의 예를 기억해 주세요.

### 1. 산화 환원 반응
(1) **산화**: 물질이 전자를 잃는 반응 **예** $Cu \longrightarrow Cu^{2+} + 2e^-$
(2) **환원**: 물질이 전자를 얻는 반응 **예** $2Ag^+ + 2e^- \longrightarrow 2Ag$

### 2. 산화 환원의 동시성
잃은 전자 수 = 얻은 전자 수

한 물질이 전자를 잃고 산화될 때 다른 물질은
이 전자를 얻어 환원되기 때문에 산화와 환원
은 동시에 일어난다.

$$\overset{\text{환원}}{Cu + 2Ag^+ \longrightarrow Cu^{2+} + 2Ag}$$
산화

### 3. 질산 은 수용액과 구리의 산화 환원 반응
(1) 질산 은($AgNO_3$) 수용액에 구리(Cu) 선을 넣게 되면 구리 선 표면에 은(Ag)이 •석
출된다.
(2) 구리는 전자를 잃고 구리 이온으로 산화되어 용액의 색이 푸른색으로 변한다.
(3) 은 이온은 전자를 얻어 은으로 환원되어 구리 선 표면에 은이 석출된다.

$$\overset{\text{환원}}{Cu + 2Ag^+ \longrightarrow Cu^{2+} + 2Ag}$$
산화

---

**쏙쏙 이해 더하기** **금속과 비금속의 반응**

• 금속은 전자를 잃고 산화되어 양이온이 된다.
• 비금속은 전자를 얻어 환원되어 음이온이 된다.

$$\overset{\text{환원}}{2Na + Cl_2 \longrightarrow 2NaCl(2Na^+ + 2Cl^-)}$$
산화

---

**쏙쏙 이해 더하기** **금속과 산의 반응**

• 마그네슘, 아연과 같이 수소보다 반응성이 큰 금속을 산의 수용액
에 넣으면, 금속은 전자를 잃어 산화되어 양이온이 되면서 용액 속
으로 녹아들어 가고, 수소 이온은 전자를 얻어 수소로 환원된다.
• 즉, 금속과 산이 만날 때 수소 기체가 발생하는 경우, 금속은 산화
되고 수소 이온은 환원된다.
• 단, 수소보다 반응성이 작은 금속이라면 수소 이온과 반응하지 않
는다.

$$\overset{\text{환원}}{Mg + 2HCl \longrightarrow MgCl_2 + H_2}$$
산화

$$\overset{\text{산화}}{Zn + 2H^+ \longrightarrow Zn^{2+} + H_2}$$
환원

**참고** 구리와 구리 이온의 색
• 구리: 붉은색
• 구리 이온: 푸른색

**참고** 산화와 환원 정리

|  | 산화 | 환원 |
|---|---|---|
| 산소 | +(얻음) | −(잃음) |
| 전자 | −(잃음) | +(얻음) |

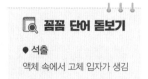

🔍 **꼼꼼 단어 돋보기**

● **석출**
액체 속에서 고체 입자가 생김

# 03 여러 산화 환원 반응

**이번 단원에서는** 생활 속 산화 환원 반응을 이해한다.

## ☆1 광합성과 호흡  여러 가지 산화 환원의 예를 기억해 주세요.

### 1. 광합성
(1) 이산화 탄소와 물을 이용해 녹색 식물의 세포 소기관인 엽록체에서 빛에너지를 흡수하여 포도당을 합성하고 산소를 생성하는 반응을 말한다.
(2) 이산화 탄소는 환원되고, 물은 산화된다.

$$\underset{\text{환원}}{\underbrace{6CO_2 + 12H_2O}} \xrightarrow{\text{빛에너지}} \overset{\text{산화}}{\overbrace{C_6H_{12}O_6 + 6H_2O + 6O_2}}$$

### 2. 호흡
(1) 포도당과 물, 산소가 세포 소기관인 미토콘드리아에서 반응하여 물과 이산화 탄소를 만들고 생명 활동에 필요한 에너지를 얻는 반응을 말한다.
(2) 포도당은 산화되고, 산소는 환원된다.

$$\underset{\text{산화}}{\underbrace{C_6H_{12}O_6 + 6H_2O + 6O_2}} \longrightarrow \overset{\text{환원}}{\overbrace{6CO_2 + 12H_2O}} + \text{에너지}$$

> **참고** 광합성의 영향
> 주로 메테인, 암모니아로 이루어진 원시 지구의 대기가 광합성으로 인해 산소 농도가 증가하여 오존층이 생성되었고, 오존층에서 태양의 자외선을 차단(흡수)하여 물속에서 생활하던 생물이 육지로 올라와 생활하게 되면서 많은 동식물이 출현하게 되었다.

> **참고** 호흡의 영향
> 산소 호흡은 무산소 호흡에 비해 많은 에너지를 내어 생존에 유리하기 때문에, 생물의 수와 종류가 늘어나게 되었다.

### 쏙쏙 이해 더하기  광합성과 호흡

| 구분 | 광합성 | 호흡 |
|---|---|---|
| 일어나는 장소 | 엽록체 | 미토콘드리아 |
| 반응 물질 | 이산화 탄소, 물 | 포도당, 물, 산소 |
| 생성 물질 | 포도당, 물, 산소 | 이산화 탄소, 물 |
| 기체 출입 | 이산화 탄소 흡수, 산소 방출 | 산소 흡수, 이산화 탄소 방출 |
| 에너지 출입 | 에너지 흡수 | 에너지 방출 |

▲ 광합성  ▲ 호흡

## 2 연소

### 1. 연소

산소와 물질이 빠르게 반응하여 열과 빛을 내는 현상

#### (1) 숯의 연소

① 숯의 주성분은 탄소이다.

② 탄소와 산소가 만나 산화되어 이산화 탄소가 생성된다.

$$C + O_2 \longrightarrow CO_2$$
산화

참고 연소의 영향
• 음식을 익혀 먹어 전염병을 예방
• 난방
• 화석 연료의 사용으로 산업혁명이 가능

#### (2) 화석 연료(천연 가스)의 연소

① 천연 가스의 주성분인 메테인의 탄소가 산화되어 이산화 탄소를 생성한다.

② 산소는 전자를 얻어 환원되어 물을 생성한다.

$$CH_4 + 2O_2 \longrightarrow CO_2 + 2H_2O$$
환원
산화

참고 연소 생성물을 확인하는 방법
• 물: 푸른색 염화 코발트 종이 → 붉은색
• 이산화 탄소: 석회수가 뿌옇게 흐려짐

## 3 철의 제련과 부식

### 1. 철의 제련

산화 철(Ⅲ)로 이루어진 철광석에서 순수한 철을 얻는 과정

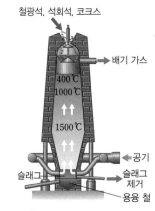

철광석, 석회석, 코크스

배기 가스

400℃
1000℃

1500℃

공기

슬래그

슬래그 제거

용융 철

▲ 용광로에서 철의 제련

＋철

자석에 잘 붙고 녹슬기 쉽다. 지각을 구성하는 금속 원소 중 하나로 광물을 제련하여 얻을 수 있으며, 현재 가장 많이 사용하는 금속이다.

참고 철 제련의 영향
• 단단한 철로 철제 농기구를 사용하여 농업의 발전이 일어났다.
• 건축, 운송 수단 등을 더 튼튼하게 만들 수 있다.

(1) 철광석, 석회석, 코크스를 용광로에 넣고 뜨거운 공기를 넣는다.

(2) 코크스가 산화된다(불완전 연소).

$$2C + O_2 \longrightarrow 2CO$$
산화

(3) 일산화 탄소가 철광석과 반응하여 철광석이 환원된다.

$$Fe_2O_3 + 3CO \longrightarrow 2Fe + 3CO_2$$
산화
환원

(4) 석회석은 열분해되고 이때 만들어진 산화 칼슘이 철광석의 불순물인 이산화 규소와 반응하여 슬래그($CaSiO_3$)가 되면서 철과 분리되어 제거된다.

$$CaCO_3 \longrightarrow CaO + CO_2 \qquad SiO_2 + CaO \longrightarrow CaSiO_3$$

🔍 꼼꼼 단어 돋보기

● 화석 연료
동식물의 유해가 땅속에 묻혀 산소 공급이 어려워진 상태로 오랫동안 열과 압력을 받아 만들어진 에너지 자원이다. 주성분은 탄소와 수소이며 석탄, 석유, 천연 가스가 있다.

● 제련
광석에 포함되어 있는 순수한 금속을 얻는 과정이다.

● 슬래그
찌꺼기

## ☆ 2. 철의 부식

### (1) 철의 부식

$$4Fe + 3O_2 \longrightarrow 2Fe_2O_3$$

환원 / 산화

① 철이 공기 중의 산소와 반응하여 산화되는 현상이다.
② 철은 전자를 잃고 산화되고, 산소는 전자를 얻어 환원된다.
③ 붉은색의 녹인 산화 철(Ⅲ)($Fe_2O_3$)이 생성된다.
④ 전기 전도성을 잃고 강도가 약해지는 등 성질이 변한다.

### (2) 철의 부식에 영향을 미치는 것: 물, 산소, •전해질

### (3) 철의 부식을 막는 방법

① 물과 산소의 차단: 기름칠, 페인트 칠, •도금 등
② 철의 성질 변화: •합금
③ 금속의 반응성: 음극화 보호 ➕

> **+ 금속의 반응성**
> • 금속의 반응성: 금속이 전자를 잃고 산화되어 양이온이 되려는 성질
> • K > Ca > Na > Mg > Al > Zn > Fe > Ni > Sn > Pb > H > Cu > Hg > Ag > Pt > Au

> **+ 음극화 보호**
> 철이 있다고 가정할 때 철보다 반응성이 큰 금속을 두면 반응성이 큰 금속이 먼저 산화되어 철은 부식되지 않고 보호될 수 있다.

---

> **쏙쏙 이해 더하기** | **산화제와 환원제**
>
> • **산화제**: 자신은 환원되지만 다른 물질을 산화시키는 물질
> • **환원제**: 자신은 산화되지만, 다른 물질을 환원시키는 물질

---

## 4 생활 속 산화 환원 반응

**1. 철 가루를 이용한 손난로** 손난로 속 철이 산화 철이 되며 열을 생성한다.

**2. 표백제** 세탁할 때 표백제는 산화 환원 반응이 일어나 누런 옷을 하얗게 만들 수 있다.

**3. 사과의 갈변** 깎아놓은 사과가 갈색으로 변한다.

**4. 과산화 수소수 소독** 상처에 과산화 수소수를 바르면 과산화 수소가 분해되는 산화 환원 반응에 의해 산소 기체가 생성되어 상처가 소독된다.

**5. 반딧불이의 불빛** 반딧불이는 몸속 물질(루시페린)이 산화되어 빛이 생긴다.

**6. 청자의 색** 청자를 구울 때 유약이나 흙의 철 성분이 불에서 일산화 탄소와 반응하여 고려 청자의 비취색이 나타난다.

**7. 수돗물 소독** 염소는 물에 녹아 하이포염소산을 형성하는데, 이것이 환원되면서 단백질을 산화시키고 이를 통해 미생물의 증식을 억제하여 수돗물을 소독한다.

> 🔍 **꼼꼼 단어 돋보기**
>
> ● **전해질**
> 물 등에 녹아 전류를 흐를 수 있게 하는 물질
>
> ● **도금**
> 물질의 표면에 금속을 얇게 입히는 것
>
> ● **합금**
> 금속에 다른 원소를 첨가한 것

# 01

# 산과 염기

**이번 단원에서는** 산과 염기의 공통적 성질을 이해한다.

**제2장 살펴보기**

**산과 염기**
이번 장에서는 산과 염기의 특성을 각각 이해하고 지시약으로 산과 염기를 구분하는 방법을 학습하며, 산과 염기가 반응하여 물이 생성되는 중화 반응이 일어날 때 어떠한 변화가 일어나는지 학습합니다.

**1 산** 산의 공통적 성질을 구분하세요.

## 1. 산
(1) **산**: 수용액 상태에서 수소 이온($H^+$)을 내놓는 물질이다.
(2) **종류**: 염산($HCl$), 아세트산($CH_3COOH$), 질산($HNO_3$), 황산($H_2SO_4$), 탄산($H_2CO_3$) 등이 있다.

염화 이온
($Cl^-$)

수소 이온
($H^+$)

🔵 염산의 이온화 모형

## 2. 산이 공통적인 성질을 나타내는 이유
(1) **산의 이온화**: 산이 물에 녹으면 수소 이온과 음이온으로 ●이온화가 된다.

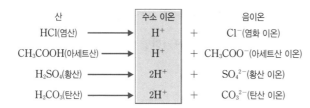

| 산 | 수소 이온 | | 음이온 |
|---|---|---|---|
| HCl(염산) → | $H^+$ | + | $Cl^-$(염화 이온) |
| CH₃COOH(아세트산) → | $H^+$ | + | $CH_3COO^-$(아세트산 이온) |
| H₂SO₄(황산) → | $2H^+$ | + | $SO_4{}^{2-}$(황산 이온) |
| H₂CO₃(탄산) → | $2H^+$ | + | $CO_3{}^{2-}$(탄산 이온) |

(2) **공통성**: 이온화하여 공통적으로 수소 이온을 내놓기 때문에 공통적인 성질(산성)을 나타낸다.
(3) **특이성**: 이온화하여 내놓는 음이온이 다르기 때문에 산마다 독특한 성질을 갖는다.

⭐ **3. 산성**
(1) 대체로 신맛이다.
(2) 수용액에서 전류가 흐른다(이온이 존재).
(3) 금속과 반응하여 수소 기체가 발생한다(단, 수소보다 산화되기 쉬운 금속일 경우).
(4) 탄산 칼슘과 반응하여 이산화 탄소가 생성된다.
(5) 푸른색 리트머스 종이가 붉은색으로 변한다.
(6) 페놀프탈레인 용액은 색이 변하지 않는다.

## 4. 일상 속의 산
탄산 음료, 식초, 과일 주스, 김치 등

**참고** 수용액 속의 양이온은 (−)극 쪽, 음이온은 (+)극 쪽으로 이동하여 전류가 흐른다.

**참고**
• 전해질: 물에 녹아 양이온, 음이온이 존재하여 전류가 흐르는 물질
• 비전해질: 물에 녹기는 하지만, 이온화가 되지 않아 전류가 흐르지 않는 물질

**참고** 석회석, 대리석, 조개 껍데기 등은 탄산 칼슘이 주성분이다.

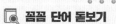 **꼼꼼 단어 돋보기**

● **이온화**
물에 녹아 물질이 양이온과 음이온으로 나뉘는 현상

대기 중에 있는 이산화 탄소가 바닷물에 녹아 탄산($H_2CO_3$)을 생성하기 때문에, 수소 이온과 탄산수소 이온이 많아진다. 이때 수소 이온이 바닷속의 조개나 산호의 석회질 성분을 녹여 조개나 산호의 개체 수가 줄어들게 된다. 또 수소 이온의 증가로 바닷물의 pH는 낮아진다.

## **2** 염기   <sub>염기의 공통적 성질을 구분하세요.</sub>

### 1. 염기

(1) **염기**: 수용액 상태에서 수산화 이온($OH^-$)을 내놓는 물질이다.
(2) **종류**: 수산화 나트륨(NaOH), 수산화 칼륨(KOH), 수산화 칼슘[Ca(OH)$_2$], 수산화 바륨[Ba(OH)$_2$], 암모니아(NH$_3$)등이 있다.

나트륨 이온
($Na^+$)

수산화 이온
($OH^-$)

◎ 수산화 나트륨 수용액의 이온화 모형

**참고** 암모니아($NH_3$)가 물($H_2O$)에 녹게 되면 수산화 암모늄 수용액($NH_4OH$)이 된다.
$$NH_3 + H_2O \rightarrow NH_4OH$$
$$\rightarrow NH_4^+ + OH^-$$

### 2. 염기가 공통적인 성질을 나타내는 이유

(1) **염기의 이온화**: 염기가 물에 녹으면 양이온과 수산화 이온으로 이온화가 된다.

| 염기 | 양이온 | 수산화 이온 |
|---|---|---|
| NaOH(수산화 나트륨) ⟶ | $Na^+$(나트륨 이온) + | $OH^-$ |
| KOH(수산화 칼륨) ⟶ | $K^+$(칼륨 이온) + | $OH^-$ |
| Ca(OH)$_2$(수산화 칼슘) ⟶ | $Ca^{2+}$(칼슘 이온) + | $2OH^-$ |
| Ba(OH)$_2$(수산화 바륨) ⟶ | $Ba^{2+}$(바륨 이온) + | $2OH^-$ |
| NH$_3$(암모니아) + $H_2O$ ⟶ | $NH_4^+$(암모늄 이온) + | $OH^-$ |

(2) **공통성**: 이온화하여 공통적으로 수산화 이온을 내놓기 때문에 공통적인 성질(염기성)을 나타낸다.
(3) **특이성**: 이온화하여 내놓는 양이온이 다르기 때문에 염기마다 독특한 성질을 갖는다.

### ☆3. 염기성

(1) 대체로 쓴맛이다.
(2) 수용액에서 전류가 흐른다(이온이 존재).
(3) 금속과 거의 반응하지 않는다.
(4) 단백질을 녹이기 때문에 손으로 만지면 미끈거린다.
(5) 탄산 칼슘과 반응하지 않는다.
(6) 붉은색 리트머스 종이가 푸른색으로 변한다.
(7) 페놀프탈레인 용액을 만나면 붉은색으로 변한다.

### 4. 일상 속의 염기

비누, 베이킹 파우더, 치약 등

## **3** 지시약과 pH

### 1. 지시약

산성과 염기성에서 다른 색을 나타내어 수용액의 •액성을 판단할 수 있는 물질

### ☆2. 액성에 따른 지시약의 변화

| 구분 | 산성 | 중성 | 염기성 |
|---|---|---|---|
| 리트머스 종이 | 푸른색 → 붉은색 | — | 붉은색 → 푸른색 |
| 메틸 오렌지 용액 | 붉은색 | 노란색 | 노란색 |
| 페놀프탈레인 용액 | 무색 | 무색 | 붉은색 |
| BTB 용액 | 노란색 | 초록색 | 파란색 |

**쏙쏙 이해 더하기** | 산성과 염기성의 이온 확인

① 산성 이온의 확인

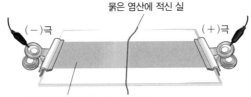

묽은 염산에 적신 실

(−)극        (+)극

질산 칼륨 수용액에 적신 푸른색 리트머스 종이

• 푸른색 리트머스를 질산 칼륨 수용액에 적신 후, 묽은 염산(HCl)에 적신 실을 가운데에 올려두고 전류를 흐르게 한다.
• 실에서 (−)극 쪽으로 붉게 변한다. → 수소 이온($H^+$)이 이동하기 때문이다.

② 염기성 이온의 확인

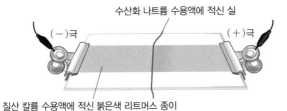

수산화 나트륨 수용액에 적신 실

(−)극        (+)극

질산 칼륨 수용액에 적신 붉은색 리트머스 종이

• 붉은색 리트머스를 질산 칼륨 수용액에 적신 후, 수산화 나트륨(NaOH) 수용액에 적신 실을 가운데에 올려두고 전류를 흐르게 한다.
• 실에서 (+)극 쪽으로 푸르게 변한다. → 수산화 이온($OH^-$)이 이동하기 때문이다.

### 3. pH

(1) pH: 수용액에 들어 있는 수소 이온($H^+$)의 농도 지수

(2) pH와 수소 이온의 농도
   ① pH의 숫자가 클수록 수소 이온의 농도가 작다.
   ② pH의 숫자가 작을수록 수소 이온의 농도가 크다.

(3) pH 값의 범위와 용액의 성질(25℃)
   ① pH < 7 : 산성
   ② pH = 7 : 중성
   ③ pH > 7 : 염기성

참고 산과 염기의 세기
• 강한 산: 수용액에서 대부분 이온화되어 수소 이온을 많이 내놓는다.
• 약한 산: 수용액에서 일부만 이온화되어 수소 이온을 조금 내놓는다.
• 강한 염기: 수용액에서 대부분 이온화되어 수산화 이온을 많이 내놓는다.
• 약한 염기: 수용액에서 일부만 이온화되어 수산화 이온을 조금 내놓는다.

참고 전류의 세기
• 강한 산>약한 산
• 강한 염기>약한 염기

참고 금속과의 반응 정도
강한 산>약한 산

📖 **꼼꼼 단어 돋보기**

● 액성
용액의 성질을 말하며 산성, 중성, 염기성으로 나눌 수 있다.

# 02 중화 반응

제2장 산과 염기

이번 단원에서는 산과 염기가 반응하는 중화 반응이 무엇인지 알고 우리 생활 속 중화 반응의 예를 이해한다.

## 1 중화 반응
앞에서 배운 산화 환원 반응과 중화 반응을 구분해 주세요.

### ☆1. 중화 반응
산과 염기가 반응하여 물과 •염이 만들어지는 반응

$$산 + 염기 \longrightarrow 물 + 염 + •중화열$$

### 2. 중화 반응의 화학 반응식[+]

(1) **알짜 이온**: 실제로 반응에 참여한 이온

(2) **구경꾼 이온**: 반응에 참여하지 않고 용액에 남아 있는 이온

(3) **알짜 이온 반응식**: 반응에 실제로 참여한 이온만으로 나타낸 화학 반응식으로, 중화 반응에서 수소 이온과 수산화 이온은 1 : 1의 개수비로 반응하여 물이 생성된다.

$$H^+ + OH^- \longrightarrow H_2O$$

**✚ 화학 반응식**

화학 반응을 식으로 써서 나타낸 것이다. 이때 반응 전과 반응 후에 원자의 종류와 수는 같아야 한다.

### 3. 중화 반응의 예

묽은 염산          수산화 나트륨 수용액          혼합 용액

🔵 묽은 염산(HCl)과 수산화 나트륨(NaOH) 수용액의 반응

(1) **산과 염기의 이온화**
 ① $HCl \longrightarrow H^+ + Cl^-$
 ② $NaOH \longrightarrow Na^+ + OH^-$

(2) **전체 반응식**: $HCl + NaOH \longrightarrow H_2O + NaCl$

(3) **알짜 이온 반응식**: $H^+ + OH^- \longrightarrow H_2O$

### ☆4. 중화 반응에서 일어나는 변화

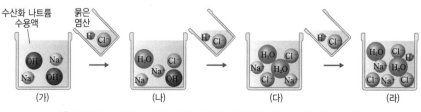

수산화 나트륨 수용액   묽은 염산

(가)          (나)          (다)          (라)

🔵 일정량의 수산화 나트륨 수용액이 있을 때 묽은 염산을 조금씩 가하는 경우

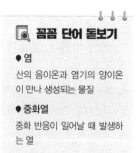

🔍 **꼼꼼 단어 돋보기**

● **염**
산의 음이온과 염기의 양이온이 만나 생성되는 물질

● **중화열**
중화 반응이 일어날 때 발생하는 열

## (1) 액성⁺ 변화

| 구분 | (가) | (나) | (다) | (라) |
|---|---|---|---|---|
| 수소 이온의 수 | 0 | 0 | 0 | 1 |
| 수산화 이온의 수 | 2 | 1 | 0 | 0 |
| 액성 | 염기성 | 염기성 | 중성 | 산성 |

**＋ 액성**
- 수소 이온 > 수산화 이온: 산성
- 수소 이온 = 수산화 이온: 중성
- 수소 이온 < 수산화 이온: 염기성

## (2) 이온 수 변화

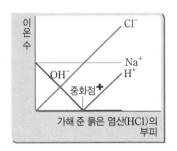

① $Na^+$: 반응에 참여하지 않으므로 처음부터 끝까지 이온 수 변화가 없다.

② $OH^-$: 처음에 있었으나 들어온 $H^+$와 반응하여 점점 수가 줄어들고, 완전히 중화된 후에는 없다.

③ $H^+$: 처음에 없었고 넣어주어도 $OH^-$와 반응하기 때문에 쭉 없다가, 더 이상 반응할 $OH^-$가 없어지면 증가한다.

④ $Cl^-$: 처음에 없었고 넣어주어도 반응에 참여하지 않기 때문에 계속 증가한다.

**＋ 중화점**
수소 이온과 수산화 이온이 모두 반응하는 지점

## (3) 온도 변화

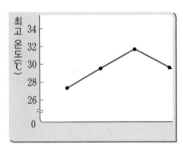

① 중화 반응이 일어나면서 중화열이 발생하게 되고 온도가 올라간다.

② 완전히 중화되었을 때의 온도가 가장 높다.⁺

**＋ 중화점 찾기**
- 중화점에서 중화열이 많이 발생해 온도가 가장 높다.
- 액성이 변하기 때문에 지시약의 색이 변할 수 있다.

## ☆2 우리 생활 속 중화 반응의 예

산성 물질이 원인일 때에는 염기성 물질로, 염기성 물질이 원인일 때에는 산성 물질로 중화시킨다.

**1. 생선 비린내 없애기** 생선 비린내의 원인인 염기성 물질을 없애기 위해 레몬즙을 사용한다.

**2. 벌레 물렸을 때** 벌레에 물리면 암모니아수를 사용한다.

**3. 제산제** 위산이 많이 나오면 제산제를 먹는다.

**4. 토양의 산성화 방지** 토양이 산성화되었을 때 석회 가루를 뿌린다.

**5. 치약** 입안 산성 물질을 염기성 물질이 들어 있는 치약으로 중화시킨다.

# 01

# 지질 시대와 화석

**이번 단원에서는** 화석의 생성을 이해하고 화석을 통해 지질 시대의 환경과 생물의 특성을 알아본다.

## 1 지질 시대

### 1. 지질 시대
약 46억 년 전 지구가 탄생한 후부터 지금까지의 시간

### 2. 지질 시대의 구분 기준
(1) 생물계의 큰 변화(표준 화석)
(2) 대규모 지각 변동(부정합)⁺

### 3. 지질 시대 구분
선캄브리아 시대, 고생대, 중생대, 신생대

## 2 화석

### 1. 화석
(1) 과거 지질 시대에 살았던 생물들의 유해나 흔적 같은 것이 지층 속에 남아 있는 것
(2) 주로 퇴적암에서 발견된다. **예** 뼈, 발자국, 배설물, 알 등

### 2. 화석의 생성 조건
(1) 개체 수가 많고, 단단한 부분이 있어야 한다.
(2) 되도록 지각 변동을 받지 않아야 한다.
(3) 빨리 묻혀서 화석화 작용을 받아야 한다.

### 3. 화석을 통해 알 수 있는 것　지질 시대를 대표하는 화석을 꼭 기억해 주세요.
과거에 살았던 생물의 종류, 생물이 살았던 환경, 생물의 진화 과정 등을 알 수 있다.

★(1) 생물이 살았던 시대와 환경

| 구분 | 표준 화석 | | 시상 화석 | |
|---|---|---|---|---|
| 정의 | 지층이 생성된 시대를 알려줌 | | 지층이 생성된 환경을 알려줌 | |
| 조건 | 넓은 지역, 짧은 시간 동안 분포 | | 좁은 지역, 오랜 시간 동안 분포 | |
| 예 | 고생대 | 삼엽충　필석　갑주어　방추충 | 따뜻하고 습한 육지 | 고사리 |
| | 중생대 | 암모나이트　시조새　공룡 | 따뜻하고 얕은 바다 | 산호 |
| | | | 얕은 바다나 개펄 | 조개 |

| | | | |
|---|---|---|---|
| 신생대 | 화폐석　매머드 | 강수량이 많고 습한 육지 | 활엽수 |
| | | 강수량이 적고 습도가 낮은 육지 | 침엽수 |

(2) **지층의 생성 순서:** 화석을 통해 지층의 생성 시기를 추정할 수 있다.

(3) **과거의 수륙 분포[+]**

① 생물의 화석으로 과거 육지와 바다의 위치를 알 수 있다.

② 멀리 떨어진 화석을 비교해 과거 대륙의 분포와 이동을 알 수 있다.

(4) **생물의 진화 증거:** 화석을 통해 생물이 진화된 모습을 알 수 있다.

**[+] 화석을 통해 알 수 있는 과거의 수륙 분포**

· 육지 환경: 고사리, 공룡, 매머드, 침엽수 등의 화석이 발견되면 그 지층은 과거에 육지 환경이었다고 판단할 수 있다.

· 바다 환경: 산호, 삼엽충, 갑주어, 암모나이트 등의 화석이 발견되면 그 지층은 과거에 바다 환경이었다고 판단할 수 있다.

---

**쏙쏙 이해 더하기 | 생물의 진화 증거**

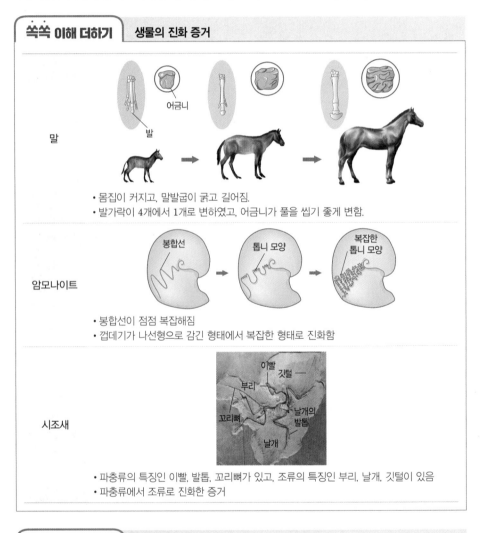

**말**

· 몸집이 커지고, 말발굽이 굵고 길어짐.
· 발가락이 4개에서 1개로 변하였고, 어금니가 풀을 씹기 좋게 변함.

**암모나이트**

· 봉합선이 점점 복잡해짐
· 껍데기가 나선형으로 감긴 형태에서 복잡한 형태로 진화함

**시조새**

· 파충류의 특징인 이빨, 발톱, 꼬리뼈가 있고, 조류의 특징인 부리, 날개, 깃털이 있음
· 파충류에서 조류로 진화한 증거

---

**쏙쏙 이해 더하기 | 화석이 생성되는 과정**

· 생물의 유해가 퇴적물에 묻힌다.
· 연한 부분은 썩어 없어지고, 단단한 부분이 남게 되거나 광물질 등으로 채워지면서 화석이 된다.
· 발굴을 통해 화석을 찾아내거나 지층이 침식되어 지표에 드러난다.

## 3 지질 시대의 특징　지질 시대별 나타나는 대표적인 특징을 꼭 구분해야 합니다.

### 1. 선캄브리아 시대: 약 46억 년 전 ~ 약 5억 4천만 년 전, 지질 시대 중 가장 긴 기간

**(1) 환경**

① 오존층이 없어 강한 자외선을 피해 식물들은 서식지가 바다로 제한되었다.

② 남세균이 광합성을 하여 산소 농도가 증가하였다.

**(2) 생물**

① 최초의 단세포 생물이 출현하였다(바다에서 서식).

② 남세균에 의해 독특한 퇴적 구조인 스트로마톨라이트가 만들어졌다(가장 오래된 화석).

　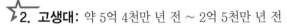 오스트레일리아의 에디아카라 동물군 화석

### ☆ 2. 고생대: 약 5억 4천만 년 전 ~ 2억 5천만 년 전

**(1) 환경**

① 산소가 증가하여 오존층이 형성되었고, 자외선이 차단되어 육지에 생물이 살기 시작하였다.

② 기후가 온난하였고 중기와 말기에 빙하기가 찾아왔다(말기에 생물의 대멸종).

**(2) 생물⁺**

① 뼈와 단단한 껍질을 가진 해양 생물들이 번성하였다.

② 해양 무척추동물(삼엽충, •완족류, 필석, 방추충)이 번성하였다.

③ 어류인 갑주어가 번성하였다.

④ 양서류가 번성하였다.

⑤ 양치식물이 나타났다.

**(3) 수륙 분포:** •판게아 형성

### ☆ 3. 중생대: 약 2억 5천만 년 전 ~ 약 6천 6백만 년 전

**(1) 환경:** 화산 활동이 많이 일어나 온실 기체 농도가 증가하여 온난하였다.⁺

**(2) 생물⁺**

① 암모나이트, 파충류(공룡 등)가 번성하였다.

② 겉씨식물이 번성하였다.

**(3) 수륙 분포:** 판게아 분리

### ☆ 4. 신생대: 약 6천 6백만 년 전~ 현재

**(1) 환경:** 초기에는 온난한 기후였지만 후기에 •빙하기(4번)와 •간빙기(3번)가 반복되었다.

**(2) 생물⁺**

① 포유류가 번성하였으며, 인류의 조상이 최초로 출현하였다.

② 화폐석, 매머드, 속씨식물 등이 번성하였다.

**(3) 수륙 분포:** 히말라야 산맥과 알프스 산맥이 만들어지고 현재와 비슷한 수륙 분포가 되었다.

**참고**

• 오존: 대기 중의 산소 분자($O_2$)가 햇빛에 의해 분해되어 산소 원자(O)가 되고, 이 원자가 산소 분자($O_2$)와 결합하여 오존($O_3$)이 된다.

• 오존층: 대기 중 오존($O_3$)의 농도가 높은 곳으로, 생물에 유해한 태양의 자외선을 흡수하여 생물을 보호해 주는 역할을 한다.

**참고** 동물·식물의 진화 순서

• 동물: 무척추 동물 → 어류 → 양서류 → 파충류 → 조류·포유류

• 식물: 양치식물 → 겉씨식물 → 속씨식물

**+ 고생대의 생물**

삼엽충　필석　갑주어　방추충

**+ 중생대의 생물**

암모나이트　공룡

**+ 신생대의 생물**

화폐석　매머드

**+ 대기의 진화**

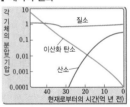

**꼼꼼 단어 돋보기**

● 완족류
조개같이 생긴 무척추동물

● 판게아
모든 대륙이 하나로 뭉쳐 이루어진 거대한 대륙

● 빙하기
빙하가 발달했던 시기

● 간빙기
빙하기와 빙하기 사이에 비교적 온난한 시기

# 02

# 대멸종

이번 단원에서는 지질 시대에 일어난 대멸종의 원인을 파악하고 생태계에 미치는 영향을 이해한다.

## 1 대멸종

### 1. 대멸종
(1) **대멸종**: 지구의 환경 변화에 적응하지 못한 생물이 비슷한 시대에 한꺼번에 멸종하는 것을 의미한다.
(2) 지금까지 지구에는 다섯 번의 대멸종이 있었다.

### ☆2. 대멸종의 원인
운석 충돌, 기후 변화, 화산 폭발, 대륙의 이동 등 급격하고 넓은 범위에 일어나는 지구의 변화로 인해 대멸종이 일어났다.

### 3. 5번의 대멸종
(1) **1차 대멸종(고생대 중기)**
① 빙하의 확장으로 인한 해수면의 하강과 기온 하강으로, 완족류, 삼엽충 등 바다 생물들이 큰 피해를 받았다.
② 1차 대멸종 이후 광합성 생물들이 공급한 산소가 대기에 쌓이면서 오존층이 형성되기 시작했다.

(2) **2차 대멸종(고생대 중기)**
① 해양의 무산소화, 기온의 하강, 운석의 충돌 등이 원인으로 추정된다.
② 갑주어 등의 초기 어류들과 산호들이 대부분 멸종하였다.
③ 2차 대멸종 이후 기후가 온난해지면서 육지에 숲이 생기기 시작했다.

(3) **3차 대멸종(고생대 말기)**
① 시베리아 거대 용암층의 대규모 화산 폭발로 인한 온난화, 대기의 산소 감소, 강수량 감소, 운석 충돌이 원인으로 추정되는 가장 큰 규모의 대멸종이다.
② 해양 생물군 대부분이 멸종하였다.

(4) **4차 대멸종(중생대 초기)**
① 판게아가 분리하면서 일어난 화산 활동과 기후의 변동으로 완족류나 해양 파충류가 멸종하였다.
② 일부 파충류가 포유류로 진화하였다.

(5) **5차 대멸종(중생대 말기)**
① 운석의 충돌과 대규모의 화산 폭발로 기온이 하강하여 공룡이 사라졌다.
② 속씨식물이 번성하고, 포유류가 번성하였다.

> **꼼꼼 단어 돋보기**
>
> ● 운석
> 대기 중으로 들어온 유성이 다 타지 않고 땅에 떨어진 것

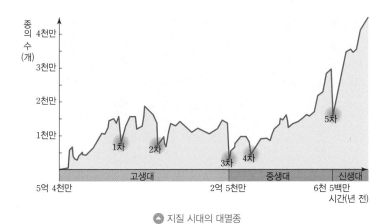

▲ 지질 시대의 대멸종

## 2 생물 다양성

### 1. 대멸종 이후 일어난 생태계의 변화

(1) 여러 영향 때문에 생물이 살아가는 서식 환경의 변화가 일어나 멸종이 일어난 것으로 추정된다.

(2) 이 중 살아남은 생물은 다양한 종으로 분화될 수 있고, 새로운 생태계를 이루게 된다.

**쏙쏙 이해 더하기** | **대멸종의 원인에 대한 여러 가설**

• **해양의 무산소설**: 넓은 범위의 바다에서 적조가 발생하거나 해양에서의 심층 순환이 일어나지 않으면 바닷물의 산소 농도가 감소하여 대멸종이 발생할 수 있다는 가설
• **운석 충돌설**: 우주의 작은 천체가 지구에 충돌하면서 먼지가 발생할 수 있고 이러한 먼지가 지구 전체를 덮으므로 지구에 도달하는 태양 복사 에너지가 줄어들어 지구 평균 기온이 낮아지면서 멸종이 일어날 수 있다는 가설
• **화산 폭발설**: 큰 규모의 화산이 폭발하며 화산재, 화산 가스 등에 의해 지구 생태계에 영향을 미치며 멸종이 발생할 수 있다는 가설

**✚ 해양의 심층 순환**

해수의 밀도 차이에 따라 깊은 바닷속에서 일어나는 순환

### 2. 생물 다양성

급격하게 변한 새로운 환경에 적응한 생물은 다양한 종으로 진화하여 생물 다양성이 증가하였다.

# 01

## 진화

**이번 단원에서는** 변이와 생물의 진화를 자연 선택설과 관련하여 이해한다.

### 1 진화

#### 1. 진화
(1) 공통된 조상으로부터 변이가 일어나 유전적 다양성이 증가하는 과정 → 진화로 인해 새로운 종이 나타난다.
(2) 진화가 이루어진 결과 생물 종이 다양해진다.

#### ☆ 2. 변이
(1) **변이**: 같은 종 내에서 나타나는 서로 다른 특징, •형질의 차이

> 예 달팽이의 무늬 차이, 얼룩말의 털 무늬 차이, 무당벌레의 무늬 차이, 사람의 피부색 차이 등

(2) 변이는 개체마다 유전자가 조금씩 다르기 때문에 나타난다.

#### 3. 진화와 변이
변이가 여러 세대에 전달되며 진화가 일어날 수 있다.

| **쏙쏙 이해 더하기** | 유전적 변이와 비유전적 변이 |
|---|---|
| 유전적 변이 | • 유전 정보의 차이로 인해 나타나므로 자손에게 유전됨(진화의 원동력)<br>• 유성 생식: 부모로부터 유전자를 각각 반반씩 물려받아 다양한 유전자를 갖는 자손이 태어나면서 유전적 변이가 다양해질 수 있음<br>• 돌연변이: 전에 없던 유전자가 만들어지고 생존에 유리하면 자연 선택될 수 있음<br>• 일반적인 변이는 유전적 변이를 말함 |
| 비유전적 변이 | 환경의 차이로 나타나므로 자손에게 유전되지 않음 |

### ☆ 2 자연 선택설

#### 1. 용불용설과 자연 선택설
(1) **용불용설과 자연 선택설에 따른 기린의 진화 과정**

| 구분 | 용불용설(라마르크) | 자연 선택설(다윈)✛ |
|---|---|---|
| 내용 | 많이 사용하여 발달한 기관이 자손에게 유전되고 진화함(획득 형질✛) | 유전적으로 다양한 개체가 있고 환경에 유리한 개체가 살아남아 자손을 남기며 진화가 일어남 |
| 과정 | • 원래의 기린은 목이 짧았음<br>• 높이 있는 먹이를 먹기 위해 목을 늘였음<br>• 기린의 목이 길어졌음 | • 목의 길이가 다양한 기린들이 있었음<br>• 높이 있는 먹이를 먹을 수 있는 긴 목의 기린이 많이 살아 남게 됨<br>• 기린의 목이 길어졌음 |

---

**제4장 살펴보기**

**진화와 생물 다양성**

이번 장에서는 진화와 변이에 대해 알아보고 자연 선택의 원리를 바탕으로 하여 여러 예를 학습합니다. 또한 생태계 생물 다양성의 뜻을 이해하고 생물 다양성의 중요성을 학습합니다.

---

✛ **획득 형질**

생물 개체가 환경에 적응하고 살아가면서 갖게 되는 형질로, 후천적이다.

✛ **다윈의 진화론의 영향**

과학, 사회, 문학 등 모든 분야에 영향을 주었다. 특히 경쟁이 바탕이 되는 자본주의 사회에 영향을 주었다.

---

📖 **꼼꼼 단어 돋보기**

● **형질**

부모에게 받은 유전자에 의해 결정되는 여러 특징

## (2) 용불용설과 자연 선택설의 한계

| 용불용설 | 획득 형질은 유전되지 않음 |
|---|---|
| 자연 선택설 | 발표 당시 유전적으로 다양한 개체들이 일어날 수 있는 변이의 원인을 설명하지 못하였고, 부모의 형질이 어떻게 자손에게 유전되는지 그 원리를 설명하지 못하였음 |

## 2. 자연 선택설 자연 선택이 일어나는 과정을 기억해 주세요.

다양한 개체들 중 환경에 적응한 개체가 자연 선택되어 자손을 남기게 됨 → 오랜 기간 누적되다 보면 새로운 종으로 분화 → 생물의 진화

### (1) 자연 선택의 과정

> 과잉 생산 → 변이 → 생존 경쟁 → 자연 선택 → 진화

① 과잉 생산: 많은 수의 자손이 만들어진다.

② 변이: 같은 부모에게서 형질이 다른 개체가 태어나게 된다.

③ 생존 경쟁: 먹이, 서식지 등에 대한 경쟁이 일어난다.

④ 자연 선택: 환경에 적응하는 개체가 자연 선택되어 더 많은 자손을 남긴다.

⑤ 진화: 자연 선택된 개체가 유전되면서 오랜 기간 동안 누적되다 보면 기존의 종과 차이가 있는 진화가 일어난다.

### (2) 핀치의 자연 선택: 대륙에서 한 종류의 핀치가 갈라파고스 군도로 이주한 이후 먹이 종류에 따라 다른 부리 모양을 갖게 되었다.

① 진화 과정: 같은 종의 핀치가 갈라파고스의 각 섬에 흩어짐 → 각 섬의 환경이 달라 먹이가 다름 → 먹이에 따라 환경에 맞는 부리를 가짐

② 오랜 기간 동안 환경에 적응하여 여러 모양의 부리로 진화가 일어났다.

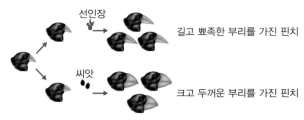

🔺 먹이에 따른 핀치의 부리 모양

### (3) 항생제 내성 세균의 자연 선택: 모든 세균은 항생제에 내성이 없었다.

① 일부 세균에 돌연변이가 일어나 항생제에 내성을 갖게 되었다(변이).

② 항생제를 사용하게 되면 살아가기에 유리한 항생제 내성 세균이 많이 증식하여 자손에게 유전자가 전달되었다(자연 선택).

③ 항생제 내성 세균이 증가되었다(생물의 진화).

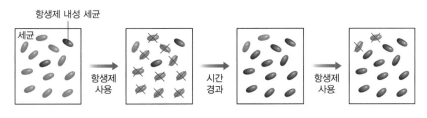

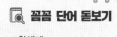

> ### 🔍 꼼꼼 단어 돋보기
>
> ● 항생제
> 세균의 성장을 억제하거나 죽이는 물질
>
> ● 내성
> 약물을 계속 사용하게 되면 효과가 줄어드는 현상

**(4) 낫 모양 적혈구 빈혈증의 자연 선택:**˙말라리아가 발생하는 지역의 사람들은 대부분 말라리아에 걸렸다.

① 낫 모양 적혈구 빈혈증⁺을 가진 사람은 말라리아에 걸리지 않았다.

② 말라리아가 많이 발생하는 지역에는 낫 모양 적혈구 빈혈증을 가진 사람이 상대적으로 많다.

✚ 낫 모양 적혈구 빈혈증
헤모글로빈 유전자의 돌연변이에 의해 나타난다.

🔺 정상 적혈구     🔺 낫 모양 적혈구

**쏙쏙 이해 더하기 ┃ 낫 모양 적혈구 빈혈증과 말라리아**

- 말라리아가 많이 발생하는 아프리카에서는 낫 모양 적혈구의 유전자 빈도가 높게 나타난다.
- 이것은 낫 모양 적혈구 유전자를 가진 사람이 그렇지 않은 사람보다 생존에 더 유리하여 높은 비율로 살아 남는 자연 선택이 일어났기 때문이다.
- 아프리카에서는 낫 모양 적혈구를 가진 사람의 수가 증가하는 방향으로 진화하였다.

## 3. 다양한 생물들

최초의 생명체가 지구에 나타난 후에 다양한 유전적 변이와 자연 선택으로 인해 현재는 다양한 생물이 나타나 살아가고 있다.

**쏙쏙 이해 더하기 ┃ 지구의 생명체 출현에 대한 가설**

- **화학 진화설:** 원시 지구의 대기를 이루고 있었던 무기물이 화학 반응을 하여 간단한 유기물이 생성되었고, 간단한 유기물로부터 복잡한 유기물이 만들어지면서 생명체가 탄생했을 것이라는 가설이다.
- **심해 열수구설:**˙심해 열수구의 주변은 온도가 매우 높고 메테인과 암모니아가 풍부하여 유기물이 생성되기에 적합하기 때문에 심해 열수구에서 최초의 생명체가 탄생했을 것이라는 가설이다.
- **외계 유입설:** 우주에서 떨어진 운석에 있었던 유기물에 의해 지구의 생명체가 탄생했을 것이라는 가설이다.

🔍 **꼼꼼 단어 돋보기**

● 말라리아
말라리아 병원충을 가진 모기에 물려 감염되는 전염병

● 심해 열수구
깊은 바닷속의 마그마에 의해 뜨거워진 바닷물이 나오는 곳

# 02 생물 다양성과 보전

**이번 단원에서는** 유전적 다양성·종 다양성·생태계 다양성을 각각 이해하고, 생물 다양성을 보전하는 방안을 살펴본다.

## ☆1 생물 다양성
생태계 다양성, 종 다양성, 유전적 다양성을 구분할 수 있어야 해요.

### 1. 생물 다양성 ✛
일정 생태계 안에 살고 있는 생물의 다양한 정도를 의미한다.

#### (1) 생태계 다양성
① 어느 지역에 존재하는 생태계의 다양한 정도를 의미한다.
② 비생물적 요인에 영향을 받는다.
예 습지, 삼림, 강, 갯벌 등 다양한 생태계가 존재

#### (2) 종 다양성
① 어느 생태계에 존재하는 생물 종의 다양한 정도를 의미한다.
② 종이 다양하면 먹이 그물이 복잡하여 생태계 평형이 안정을 이룬다.
예 개구리, 참나무, 고슴도치 등 다양한 종이 존재

#### (3) 유전적 다양성
① 같은 종에서 유전자가 다양하여 나타나는 형질의 다양한 정도를 의미한다.
② 환경이 변할 때 유전적 다양성이 높으면 살아남을 확률이 높다.
예 같은 종의 달팽이의 다른 껍데기 무늬와 색, 같은 종의 얼룩말의 다른 털 줄무늬 등

### 2. 생물 다양성과 생태계
(1) 유전적 다양성이 높으면 종 다양성이 높을 수 있고, 종 다양성이 높으면 생태계 다양성이 높을 수 있다.
(2) 유전적 다양성, 종 다양성, 생태계 다양성 모두 생물 다양성 ✛ 유지에 중요하다.

## ☆2 생물 다양성의 중요성
생물 다양성의 중요성에 어떤 것이 있는지 기억해 주세요.

### 1. 생물 다양성의 중요성: 종 다양성이 높을 때 생태계 평형을 유지한다.

| 종 다양성이 높을 때 | 종 다양성이 낮을 때 |
| --- | --- |
| | |
| 한 종이 사라지더라도 다른 종을 먹이로 할 수 있기 때문에 생태계 평형이 유지됨 | 한 종이 사라지면 대체할 것이 없어 생태계 평형이 깨짐 |

**✛ 생물 다양성**
생물 다양성은 유전적 다양성, 종 다양성, 생태계 다양성을 모두 포함하는 개념이다.

**참고** 유전적 다양성, 종 다양성, 생태계 다양성은 독립적이라기보다 서로 연관되어 있다.

**✛ 생물 다양성**
종이 많고 고르게 분포할수록 생물 다양성이 높다.

### 🔍 꼼꼼 단어 돋보기

● 종
생물을 구분하는 기본 단위로, 자연 상태에서 교배하여 생식 능력이 있는 자손을 낳을 수 있는 무리

## 2. 생물 다양성과 생물 자원

(1) 다양한 생물 자원을 생물로부터 얻을 수 있다.
    ① 식량: 벼, 콩, 옥수수 등
    ② 의복: 목화, 누에고치 등
    ③ 의약품: 항생제(푸른곰팡이),[+] 아스피린(버드나무 껍질),[+] 항암제(주목 열매) 등

(2) 여가활동과 관광을 할 수 있는 장소를 제공한다.

**✚ 항생제**
푸른곰팡이에서 추출한 페니실린을
이용하여 항생제를 만들었다.

**✚ 아스피린**
버드나무 껍질에서 추출한 물질을 이
용하여 진통제를 만들었다.

## 3 생물 다양성의 감소

### 1. 생물 다양성의 감소 원인

(1) **서식지 파괴**: 도로 개발, 삼림의 벌채, •서식지 단편화 등
(2) **•남획과 불법 •포획**: 생물을 과하게 많이 잡는 남획이나 불법 포획으로 생물이 멸종
    될 수 있다.
(3) **•외래종 도입**: 외래종은 천적이 없어 토착종이 위협을 받을 수 있다.
(4) **환경 오염**: 농약 사용, 폐수 무단 배출 등으로 환경이 오염되어 생물이 죽을 수 있다.

### 2. 생물 다양성을 보전하는 방안

(1) 재활용, 에너지 절약, 친환경 제품의 사용 등
(2) •생태 통로 설치
(3) 국립 공원 지정, •종자 은행 운영, 멸종 위기종의 복원 등
(4) 생물 다양성 국제 협약 등

⬆ 생태 통로

🔍 **꼼꼼 단어 돋보기**

● **서식지 단편화**
도로 같은 것을 설치하면서 서
식지가 나누어지는 것

● **남획**
과하게 많이 잡는 것

● **포획**
동물들을 잡는 것

● **외래종**
다른 지역에서 새롭게 들어온
생물 예 배스, 뉴트리아 등

● **생태 통로**
생물들이 이동할 수 있도록 설
치해 놓은 통로

● **종자 은행**
종자를 저장하여 품종을 보존
하는 것

꿈을 계속 간직하고 있으면
반드시 실현할 때가 온다.

– 괴테(Johann Wolfgang von Goethe)

이론 쏙! 핵심 딱!

# 쏙딱 TEST

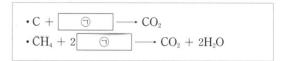

**주제 1**　**산화 환원 반응**

**01** 다음은 숯(C)과 메테인($CH_4$)의 연소를 나타낸 화학 반응식이다. ㉠에 공통으로 들어가는 물질은? 2019년 2회

$$\cdot C + \boxed{\quad ㉠ \quad} \longrightarrow CO_2$$
$$\cdot CH_4 + 2\boxed{\quad ㉠ \quad} \longrightarrow CO_2 + 2H_2O$$

① Ar　　　　　　② $H_2$

③ $O_2$　　　　　　④ $N_2$

**02** 다음 설명에 해당하는 광물 자원은? 2017년 2회

- 현재 인간이 가장 많이 사용하는 금속이다.
- 공기 중에서 습기에 의해 부식이 잘 일어난다.

① 금　　　　　　② 철

③ 황　　　　　　④ 흑연

**03** 다음 설명에 해당하는 것은? 2016년 1회

- 물질이 산소와 결합하는 것이다.
- 나무가 타는 것, 철이 녹스는 것이 이에 해당한다.

① 산화　　　　　② 환원

③ 핵분열　　　　④ 핵융합

**04** 다음은 메테인($CH_4$)이 연소하는 화학 반응식이다. (가)에 해당하는 것은?　　2016년 1회

$$CH_4 + 2O_2 \longrightarrow (가) + 2H_2O$$

① $N_2$　　　　　　② He
③ $CO_2$　　　　　④ $NH_3$

**05** 다음은 광합성과 세포 호흡 과정이다. (가)와 (나)에 해당하는 것은?　　2016년 1회

• 광합성: 이산화 탄소 + 물 $\longrightarrow$ 포도당 + (가)
• 세포 호흡: 포도당 + 산소 $\longrightarrow$ (나) + 물

| | (가) | (나) |
|---|---|---|
| ① | 헬륨 | 염소 |
| ② | 질소 | 암모니아 |
| ③ | 산소 | 이산화 탄소 |
| ④ | 메테인 | 수소 |

**06** 다음은 기권에서 생물권으로 탄소가 이동하는 반응 중 하나를 나타낸 것이다. 이에 대한 설명으로 옳지 <u>않은</u> 것은?　　2015년 1회

$$이산화 탄소 + 물 \xrightarrow{\text{빛에너지}} 포도당 + 산소$$

① 엽록체에서 일어난다.
② 포도당을 분해하는 반응이다.
③ 빛에너지가 화학 에너지로 전환된다.
④ 이산화 탄소를 소모하고 산소를 방출한다.

**07** 다음은 식물의 광합성 반응을 나타낸 것이다. 이에 대한 설명으로 옳은 것만을 〈보기〉에서 모두 고른 것은?　　2015년 2회

$$물 + 이산화 탄소 \xrightarrow{\text{빛에너지}} 포도당 + 산소$$

**보기**

ㄱ. 포도당이 생성된다.
ㄴ. 미토콘드리아에서 일어난다.
ㄷ. 빛에너지를 흡수하여 일어난다.

① ㄱ　　　　　　② ㄴ
③ ㄱ, ㄷ　　　　④ ㄴ, ㄷ

**08** 다음은 세포 호흡과 연소 반응의 예를 나타낸 것이다. (　)에 공통으로 들어갈 물질은?　　2015년 2회

• 세포 호흡: 포도당 + (　) $\longrightarrow$ 이산화 탄소 + 물
• 연소: 에탄올 + (　) $\longrightarrow$ 이산화 탄소 + 물

① 산소　　　　　　② 수소
③ 염소　　　　　　④ 질소

**빠른 정답 체크**

01 ③　　02 ②　　03 ①　　04 ③　　05 ③　　06 ②　　07 ③
08 ①

**09** 다음 중 산화 환원 반응의 예가 <u>아닌</u> 것은?

① 호흡이 일어난다.
② 철이 녹슨다.
③ 숯의 연소가 일어난다.
④ 생선에 레몬즙을 뿌린다.

주목

**10** 다음 중 산소($O_2$)가 반응물로 참여하는 화학 변화가 <u>아닌</u> 것은? **2018년 1회**

① 얼음이 녹는다.
② 부탄 가스가 연소된다.
③ 철제 농기구가 녹슨다.
④ 깎아놓은 사과가 갈변한다.

**11** 다음과 같은 에너지 전환 과정이 일어나는 식물 세포의 세포 소기관은? **2018년 1회**

| 태양의 빛에너지 | → | 포도당의 화학 에너지 |

① 핵                ② 액포
③ 세포막            ④ 엽록체

주목

**12** 다음은 염산(HCl)과 수산화 나트륨(NaOH) 수용액의 중화 반응을 나타낸 화학 반응식이다. ㉠에 해당하는 물질은? **2021년 1회**

$$HCl + NaOH \longrightarrow \boxed{㉠} + NaCl$$

① $H_2O$           ② KCl
③ KOH             ④ $HNO_3$

주제 2 　산과 염기

**13** 다음 중 산이 <u>아닌</u> 것은?

① 염산(HCl)
② 수산화 나트륨(NaOH)
③ 아세트산($CH_3COOH$)
④ 질산($HNO_3$)

**14** 산이 나타내는 공통적인 성질로 옳은 것만을 〈보기〉에서 모두 고른 것은?

보기

ㄱ. 대부분 신맛이 난다.
ㄴ. 푸른색 리트머스 종이를 붉게 한다.
ㄷ. 단백질을 녹인다.

① ㄱ                ② ㄷ
③ ㄱ, ㄴ            ④ ㄴ, ㄷ

**15** 중화 반응에서 수소 이온($H^+$)과 수산화 이온($OH^-$)이 반응하는 비율로 옳은 것은?

① 1 : 1            ② 1 : 2
③ 1 : 3            ④ 1 : 5

**16** 염기성 물질을 〈보기〉에서 모두 고른 것은?

ㄱ. 탄산 칼슘과 반응하여 이산화 탄소가 생성되었다.
ㄴ. 붉은색 리트머스 종이가 푸르게 변하였다.
ㄷ. 페놀프탈레인 용액을 떨어뜨렸더니 붉은색으로 변하였다.

① ㄱ
② ㄷ
③ ㄱ, ㄴ
④ ㄴ, ㄷ

**17** 다음 중 산이 공통적 성질을 내놓는 것과 관련 있는 이온은?

① 수소 이온($H^+$)
② 염화 이온 ($Cl^-$)
③ 질산 이온 ($NO_3^-$)
④ 황산 이온 ($SO_4^{2-}$)

**18** 다음 중 산성인 물질은?

① pH가 2인 레몬
② pH가 7인 증류수
③ pH가 9인 베이킹파우더
④ pH가 12인 암모니아수

**19** 산과 염기의 중화 반응이 일어날 때의 온도 변화로 옳은 것은?

① 온도가 변하지 않는다.
② 중화 반응이 일어날 때 온도가 낮아진다.
③ 중화 반응이 일어날 때 온도가 높아진다.
④ 중화 반응이 일어날 때 온도가 낮아졌다가 높아진다.

**20** 다음과 가장 관련 있는 것으로 옳은 것은?

• 위산이 많이 나오면 제산제를 먹는다.
• 비누로 머리를 감고 헹굴 때 식초 탄 물에 헹군다.

① 지구 온난화
② 온실 효과
③ 대류권
④ 중화 반응

**주제 3** **지질 시대의 환경과 생물**

**21** 화석 생성에 좋은 조건이 아닌 것은?

① 개체 수가 많아야 한다.
② 단단한 부분이 없어야 한다.
③ 지각 변동을 적게 받아야 한다.
④ 생물체가 빨리 퇴적물에 묻혀 보존되어야 한다.

**빠른 정답 체크**

| 09 ④ | 10 ① | 11 ④ | 12 ① | 13 ② | 14 ③ | 15 ① |
| 16 ④ | 17 ① | 18 ① | 19 ③ | 20 ④ | 21 ② | |

**22** 다음 중 신생대에 해당하는 것은? **2019년 2회**

① 오존층이 만들어졌다.
② 지질 시대 중 가장 길다.
③ 화폐석과 매머드가 번성하였다.
④ 육상으로 생명체가 진출하였다.

**23** 다음 설명에 해당하는 물질은? **2018년 1회**

- 현재 지구 대기의 성분 중 가장 많다.
- 원자 2개가 3중 결합을 이루고 있다.

① 수소($H_2$)
② 질소($N_2$)
③ 수증기($H_2O$)
④ 아르곤($Ar$)

**24** 그림은 지구의 나이에 따른 대기 중 산소량을 나타낸 것이다. 광합성을 하는 생물에 의해 대기 중 산소량이 급격히 증가한 시기는? **2018년 1회**

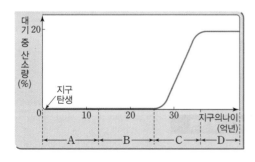

① A
② B
③ C
④ D

**25** 다음 중 생존 기간이 길고 특정한 환경에서 생활하여 생물이 살았던 당시의 환경을 알려주는 시상 화석은? **2018년 2회**

① 고사리
② 삼엽충
③ 화폐석
④ 암모나이트

**26** 다음 설명에 해당하는 지질 시대는? **2017년 1회**

- 대기권에 오존층이 형성되면서 바다에서 생활하던 생물들이 육상으로 진출하였다.
- 삼엽충과 양치식물이 번성하였다.

① 선캄브리아대
② 고생대
③ 중생대
④ 신생대

**27** 다음 설명에 해당하는 것은? **2017년 2회**

- 지질 시대에 살았고 생존 기간이 짧으며 분포 면적이 넓은 생물의 유해이다.
- 지층이 생성된 시대를 알려주는 화석이다.
- 고생대의 삼엽충, 중생대의 공룡 등이 예이다.

① 건열
② 사층리
③ 시상 화석
④ 표준 화석

**28** 다음 설명에 해당하는 지질 시대는? **2016년 1회**

- 최초의 인류가 출현하였다.
- 매머드와 화폐석이 표준 화석이다.

① 선캄브리아대      ② 고생대
③ 중생대      ④ 신생대

**29** 다음 설명에 해당하는 지질 시대는? **2016년 2회**

- 지질 시대 중 가장 길다.
- 원시 생물이 최초로 출현한 시대이며, 대표적인 화석으로 스트로마톨라이트가 있다.

① 선캄브리아대      ② 고생대
③ 중생대      ④ 신생대

**30** 다음 설명에 해당하는 지질 시대는? **2015년 2회**

- 공룡과 암모나이트의 화석이 표준 화석이다.
- 트라이아스기, 쥐라기, 백악기로 나뉜다.

① 선캄브리아대      ② 고생대
③ 중생대      ④ 신생대

**31** 다음에서 설명하는 것과 가장 관련이 있는 것은?

지구상에서 거의 비슷한 시간대에 많은 생물 종들이 한꺼번에 멸종되는 사건을 말한다.

① 적색 편이      ② 산호
③ 대멸종      ④ 자유 낙하 운동

**32** 다음은 식물의 번성을 순서 없이 나타낸 것이다. 지질 시대 동안 식물의 번성을 순서대로 옳게 나열한 것은?

ㄱ. 양치식물      ㄴ. 겉씨식물      ㄷ. 속씨식물

① ㄱ → ㄴ → ㄷ      ② ㄱ → ㄷ → ㄴ
③ ㄷ → ㄴ → ㄱ      ④ ㄴ → ㄱ → ㄷ

**빠른 정답 체크**

| 22 ③ | 23 ② | 24 ③ | 25 ① | 26 ② | 27 ④ | 28 ④ |
| 29 ① | 30 ③ | 31 ③ | 32 ① | | | |

**33** 다음 ( ) 안에 공통으로 들어갈 말로 옳은 것은?

> 같은 종의 개체 사이에서 나타나는 형질의 차이를 ( )이라고 한다. ( )의 예로는 달팽이의 무늬 차이나 사람의 피부색 차이 등이 있다.

① 쌀알 무늬　　　　② 흑점
③ 변이　　　　　　④ 적응

**34** 다음은 자연 선택에 의한 진화 과정을 나타낸 것이다. 순서대로 나열한 것은?

> ㄱ. 변이　　　　ㄴ. 생존 경쟁
> ㄷ. 자연 선택　　ㄹ. 생물 진화

① ㄱ → ㄴ → ㄷ → ㄹ
② ㄴ → ㄱ → ㄷ → ㄹ
③ ㄹ → ㄱ → ㄴ → ㄷ
④ ㄹ → ㄱ → ㄷ → ㄴ

**35** ㉠에 들어갈 말로 가장 적절한 것은?　　　2020년 1회

> 생태계, 생물 종, 생물의 유전자가 다양하게 존재하는 것을 ( ㉠ )이라고 한다. 종자 은행의 설립은 이를 보전하기 위한 방법 중 하나이다.

① 외래종　　　　　② 먹이 사슬
③ 생물 다양성　　　④ 생태계 교란 종

**36** 다음 설명에 해당하는 것은?　　　2019년 1회

> • 세균을 죽이거나 생장을 억제시키는 물질이다.
> • 페니실린이 이에 속한다.

① 소화제　　　　　② 항생제
③ 해열제　　　　　④ 신경 안정제

주목
**37** 일정한 지역 내에 살고 있는 생물 종의 다양한 정도를 나타낸 것은?　　　2021년 1회

① 개체 수　　　　　② 소비자
③ 영양 단계　　　　④ 종 다양성

**38** 갈라파고스 군도의 핀치의 부리 모양이 다른 가장 큰 원인은?

① 온도의 차이　　　② 먹이의 차이
③ 습도의 차이　　　④ 토양의 차이

**39** 생물 다양성의 감소 원인이 아닌 것은?

① 서식지 파괴　　② 환경 오염
③ 외래종 도입　　④ 생태 통로

**40** 다음 중 생물 다양성을 보전하는 방법으로 옳지 않은 것은?

① 외래종 도입　　② 서식지 보호
③ 국제 협약　　④ 종자 은행 운영

**빠른 정답 체크**

33 ③　34 ①　35 ③　36 ②　37 ④　38 ②　39 ④
40 ①

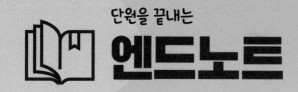

## 01 산화 환원 반응

**(1) 산소와 전자의 이동에 따른 산화 환원 반응**

| 구분 | 산소의 이동 | 전자의 이동 |
|------|------------|------------|
| 산화 | 물질이 산소를 얻는 반응 | 물질이 전자를 잃는 반응 |
| 환원 | 물질이 산소를 잃는 반응 | 물질이 전자를 얻는 반응 |

**(2) 산화 환원의 동시성:** 산화 환원은 동시에 일어남

**(3) 여러 산화 환원 반응:** 광합성과 호흡, 연소, 철의 부식 등

**(4) 생활 속 산화 환원 작용:** 손난로 속 철이 산화 철이 되며 열 발생, 세탁할 때 표백제를 넣어 누런 옷을 희얗게 만듦, 깎아놓은 사과의 갈변, 상처에 과산화 수소수로 소독 등

## 02 산과 염기

**(1) 산:** 수용액 상태에서 수소 이온($H^+$)을 내놓는 물질 **예** 염산($HCl$), 아세트산($CH_3COOH$), 질산($HNO_3$) 등

　① **산의 공통적인 성질**

　　㉠ 대체로 신맛이며 수용액에서 전류가 흐름(이온이 존재)

　　㉡ 금속과 반응하여 수소 기체가 발생하며, 탄산 칼슘과 반응하여 이산화 탄소를 생성

　　㉢ 푸른색 리트머스 종이 → 붉은색으로 변함

　　㉣ 페놀프탈레인 용액의 색이 변하지 않음

　② **일상 속의 산:** 탄산 음료, 식초, 과일 주스, 김치 등

**(2) 염기:** 수용액 상태에서 수산화 이온($OH^-$)을 내놓는 물질 **예** 수산화 나트륨($NaOH$), 수산화 칼륨($KOH$), 암모니아($NH_3$) 등

　① **염기의 공통적인 성질**

　　㉠ 대체로 쓴맛이며 수용액에서 전류가 흐름(이온이 존재)

　　㉡ 단백질을 녹이기 때문에 손으로 만지면 미끈거림

　　㉢ 붉은색 리트머스 종이 → 푸른색으로 변함

　　㉣ 페놀프탈레인 용액을 만나면 붉은색으로 변함

　② **일상 속의 염기:** 비누, 베이킹 파우더, 치약 등

**(3) 지시약:** 용액의 액성에 따라 색이 달라지므로 용액의 액성을 확인하는 데 사용

　　**예** 리트머스 종이, 페놀프탈레인 용액, 메틸 오렌지 용액, BTB 용액

**(4) 중화 반응:** 산과 염기가 반응하여 물과 염이 만들어지는 반응(산 + 염기 → 물 + 염 + 중화열)

　① **알짜 이온 반응식:** $H^+ + OH^- \rightarrow H_2O$

　② **우리 생활 속 중화 반응의 예:** 생선의 비린내를 없앨 때 레몬즙을 사용, 위산이 많이 나오면 제산제를 먹음

# Ⅲ 변화와 다양성

## 03 지질 시대의 환경과 생물

### (1) 화석

| 구분 | 표준 화석 | 시상 화석 |
|---|---|---|
| 정의 | 지층이 생성된 시대를 알려줌 | 지층이 생성된 환경을 알려줌 |
| 조건 | 넓은 지역, 짧은 시간 동안 분포 | 좁은 지역, 오랜 시간 동안 분포 |
| 예 | • **고생대**: 삼엽충, 필석, 갑주어, 방추충 등<br>• **중생대**: 암모나이트, 시조새, 공룡 등<br>• **신생대**: 화폐석, 매머드 등 | • **따뜻하고 습한 육지**: 고사리<br>• **따뜻하고 얕은 바다**: 산호<br>• **수심 얕은 바다나 개펄**: 조개 |

### (2) 지질 시대의 특징

① 선캄브리아 시대

ㄱ 오존층이 없어 강한 자외선을 피해 식물들은 서식지가 바다로 제한되며, 남세균이 광합성을 하여 산소 농도 증가

ㄴ 스트로마톨라이트가 만들어짐(가장 오래된 화석)

② 고생대

ㄱ 오존층이 형성되었고 자외선이 차단되어 육지에 생물이 살기 시작

ㄴ 양서류, 삼엽충, 완족류, 필석, 갑주어, 양치식물 등

③ **중생대**: 기후가 온난하며, 암모나이트, 파충류(공룡 등)가 번성, 겉씨식물 번성

④ **신생대**: 후기에 빙하기(4번)와 간빙기(3번)가 반복, 포유류 번성, 인류의 조상 최초 출현, 화폐석, 매머드, 속씨식물 번성

### (3) 대멸종: 5번의 대멸종이 있었음, 급격하고 넓은 범위에 일어나는 지구의 변화가 원인

## 04 진화와 생물 다양성

(1) **진화**: 공통된 조상으로부터 변이가 일어나 유전적 다양성이 증가하는 과정(진화로 인해 생물 종 다양해짐)

(2) **변이**: 같은 종 내에서 서로 다른 특징이 나타남

(3) **자연 선택설**: 유전적으로 다양한 개체 중 환경에 유리한 개체가 살아남아 자연 선택되어 자손을 남기며 진화가 일어남

(4) **생물 다양성**: 일정 생태계 안에 살고 있는 생물의 다양한 정도로, 유전적 다양성, 종 다양성, 생태계 다양성이 있음

(5) **생물 다양성의 중요성**: 종 다양성이 높을 때 생태계 평형을 유지함, 다양한 생물 자원을 생물로부터 얻을 수 있음

(6) **생물 다양성의 감소 원인**: 서식지 파괴, 남획과 불법 포획, 외래종 도입, 환경 오염 등

(7) **생물 다양성 보전 방안**: 재활용, 에너지 절약, 생태 통로 설치, 국립 공원 지정, 종자 은행 운영, 생물 다양성 국제 협약 등

**단원을 닫으며**
산화 환원 반응, 산과 염기는 많이 헷갈리는 부분이므로 잘 구분해 주시고, 출제율이 높은 각 지질 시대의 특징과 생물 다양성의 감소 원인 부분 등은 꼭 체크해 주세요.

# 환경과 에너지

# 01 제1장 생태계와 환경
# 생물과 환경

**이번 단원에서는** 생태계가 무엇으로 이루어져 있는지 구성 요소를 파악하고 생물과 환경의 관계를 이해한다.

## 1 생태계

### 1. 생태계
생물적 요인과 비생물적 요인이 서로 영향을 주고받으며 유지되는 하나의 체계

| 개체 | 각각의 생물체 |
|------|--------------|
| 개체군 | 일정한 지역에 함께 생활하고 있는 같은 종의 생물들의 무리 |
| 군집 | 일정 지역에 모여 살아가는 개체군의 무리 |
| 생태계 | 군집을 구성하는 각 개체군이 다른 개체군이나 여러 환경과 영향을 주고받으면서 살아가고 있는 체계 |

### 2. 생태계의 구성 요소   생물적 요인과 비생물적 요인을 각각 구분해 주세요.
**(1) 생물적 요인:** 생태계의 모든 생물을 역할에 따라 구분한다.

| 생산자 | • 빛에너지를 이용해 광합성을 하여 무기물을 유기물로 합성함<br>• 녹색 식물, 식물성 플랑크톤 등 |
|--------|-----------------------------------------------------|
| 소비자 | • 다른 생물을 섭취하여 유기물을 얻어 생물 사이에서 에너지의 흐름이 일어나도록 함<br>• 사슴, 호랑이 등 |
| 분해자 | • 죽은 생물의 사체나 배설물을 분해하여 환경으로 되돌려 보내며 물질 순환을 하게 함<br>• 버섯, 곰팡이, 세균 등 |

**(2) 비생물적 요인**
① 빛, 공기, 물, 토양, 온도 등으로 비생물적 환경 요인이라고도 한다.
② 생물이 살아갈 수 있도록 환경을 제공한다.

### 3. 생물적 요인과 비생물적 요인의 상호 작용
**(1) 작용:** 비생물적 요인이 생물적 요인(생물 형태·생활 방식 등)에 영향을 주는 것이다.
**(2) 반작용:** 생물이 살아가면서 생물적 요인이 비생물적 요인에 영향을 주는 것이다.
**(3) 상호 작용:** 생물적 요인의 생물들이 서로 영향을 주고받는다.

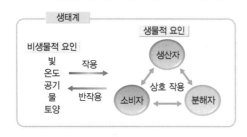

### 제1장 살펴보기
**생태계와 환경**
이번 장에서는 생태계의 구성 요소를 이해하고 생물적 요인과 비생물적 요인의 상호 작용을 학습하여 생물과 환경의 관계를 파악합니다. 또한 생태계의 먹이 관계를 이해하며 생태계 평형에 대해 학습합니다.

**[참고]**
개체군은 하나의 종으로 구성되고, 군집은 여러 종으로 구성된다.

**[참고]**
• 1차 소비자: 초식 동물로 생산자를 먹는다.
• 2차·3차 소비자: 육식 동물로 2차 소비자는 1차 소비자를, 3차 소비자는 2차 소비자를 먹이로 한다.

### 🔍 꼼꼼 단어 돋보기
**● 종**
생물을 분류하는 가장 기본적 단위로, 자연 상태에서 교배하여 생식 능력이 있는 자손을 낳을 수 있는 무리
**● 플랑크톤**
물속의 작은 생물들

## ☆ 2 생물과 환경의 관계 각 환경 중 어느 것에 적응한 현상인지 구분해서 기억해 주세요.

생물과 환경은 서로 영향을 주고받고 생물은 주어진 환경에 적응하며 살아간다.

### 1. 빛과 생물

(1) **빛의 세기와 생물**: 강한 빛에 유리한 식물과 약한 빛에 유리한 식물이 있다.
  ① 빛을 많이 받는 곳: 잎의 •울타리 조직이 발달하여 광합성이 활발하게 일어나고 잎이 두껍다.
  ② 빛을 적게 받는 곳: 빛을 잘 흡수하기 위해 잎이 얇고 넓다.

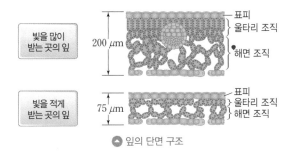

⬆ 잎의 단면 구조

(2) **빛의 파장과 생물**: 투과되는 빛의 파장과 양이 다르기 때문에 수심에 따라 •해조류 분포가 다르다.
  ① **적색광**: 파장이 길어 수심이 얕은 곳까지 투과한다. → 적색광으로 광합성하는 녹조류⁺가 주로 분포한다.
  ② **청색광**: 파장이 짧아 수심이 깊은 곳까지 투과한다. → 청색광으로 광합성하는 홍조류⁺가 주로 분포한다.

**➕ 녹조류**
해캄, 파래 등

**➕ 홍조류**
김, 우뭇가사리 등

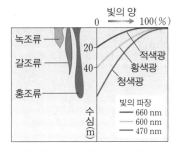

⬆ 빛의 파장에 따른 해조류의 분포

(3) •**일조 시간과 생물**
  ① 식물
   • 붓꽃은 일조 시간이 길어질 때 꽃이 핀다(주로 봄, 초여름).
   • 코스모스는 일조 시간이 짧아질 때 꽃이 핀다(주로 가을).
  ② 동물
   • 새는 일조 시간이 길어질 때 주로 알을 낳는다(주로 봄).
   • 송어와 노루는 일조 시간이 짧아질 때 번식을 한다(주로 가을).
   • 곤충은 낮의 길이가 짧아지면 겨울잠을 잔다.

**🔍 꼼꼼 단어 돋보기**

● **울타리 조직**
엽록체가 있는 세포들이 빽빽한 조직

● **해면 조직**
엽록체가 있는 세포들이 엉성한 조직

● **해조류**
바다의 조류로, 물속에 살고 뿌리, 줄기, 잎이 구분되지 않으며 대부분 광합성을 함

● **일조 시간**
태양 빛이 구름, 안개 등에 가려지지 않고 지상에 내리쬐는 시간

## 2. 온도와 생물

생물은 물질대사가 일어나고 이 물질대사에는 효소가 관여하는데, 효소는 일정 온도 범위에서 작용하므로 생물은 온도의 영향을 받는다.

### (1) 식물

① 느티나무는 온도가 낮아지면 추위를 견디기 위해서 잎을 떨군다.
② 동백나무는 ˙잎의 큐티클층이 두꺼워 잎이 떨어지지 않고 겨울을 보낸다.

### (2) 동물

① ˙변온 동물: 개구리나 뱀 같은 동물은 겨울에 겨울잠을 잔다.
② ˙정온 동물
- 추운 지방: 주로 몸이 털로 덮여 있고, 피하 지방을 축적하여 몸집이 크다. 말단 부를 작게 하여 열이 빠져나가는 것을 막는다.
- 더운 지방: 몸집이 작고, 말단부가 커서 열을 많이 방출하도록 한다.

## 3. 공기와 생물

(1) 공기에는 질소, 산소, 이산화 탄소 등이 포함되어 있다.
(2) 호흡에 산소가 필요하며 광합성에 이산화 탄소가 필요하다.
(3) 높은 고산 지대는 산소가 희박하다.  ▸ 고신 지대 사람들의 혈액 속에는 ˙적혈구 수 가 많아 산소의 운반이 효율적으로 일어난다.

## 4. 물과 생물

물은 생물체를 구성하는 성분 중 가장 많은 부분을 차지하며, 물질대사에 필요한 물질이다.

### (1) 식물

① 대부분의 육상 식물은 뿌리, 줄기, 잎이 발달되어 있지만, 물에 사는 식물은 관다발이나 뿌리가 잘 발달되지 않는다.
② 건조한 사막의 식물은 물을 흡수하기 위해 뿌리가 깊숙이 뻗어 있고, 줄기에 물을 저장하며 잎이 가시로 변해 수분이 증발되는 것을 줄인다.
　**예** 선인장, 알로에

### (2) 동물

① 곤충은 표면이 ˙키틴질로 되어 있어 물이 손실되는 것을 막는다.
② 뱀과 같은 파충류는 표면이 비늘로 되어 있어 물의 손실을 막는다.
③ 알은 단단한 껍데기로 되어 있어 물의 손실을 막는다.

## 5. 토양과 생물

(1) 토양은 수많은 생물의 서식지이다.
(2) 토양 속에 있는 미생물은 생물의 사체나 배설물을 분해하여 물질을 순환시킨다.
(3) 토양 속에는 식물의 양분으로 이용되는 것과 세균의 서식에 영향을 주는 것이 있다.
(4) 토양이 위치한 깊이에 따라 공기를 포함하고 있는 양이 다르고, 그에 따라 분포하는 세균의 종류도 다르다.

### 🔍 꼼꼼 단어 돋보기

● **잎의 큐티클층**
잎의 가장 바깥에서 세포 표면을 덮는 구조

● **변온 동물**
주변의 온도 변화에 의해 체온이 변하는 동물

● **정온 동물**
주변의 온도 변화가 있어도 체온을 일정하게 유지하는 동물

● **적혈구**
혈액 속 세포 성분으로 산소를 운반한다.

● **키틴질**
갑각류나 곤충의 외피에 분포하는 단단한 피부를 형성하는 물질

# 02 생태계 평형

**이번 단원에서는** 먹이 사슬과 먹이 그물을 구분하고 생태계의 평형 과정을 이해한다.

## 1 먹이 관계

### ☆ 1. 먹이 관계

(1) **먹이 사슬:** 생산자에서 최종 소비자까지 먹고 먹히는 먹이 관계를 의미한다.

(2) **먹이 그물:** 먹이 사슬이 얽혀 복잡하게 그물 모양을 이룬다.

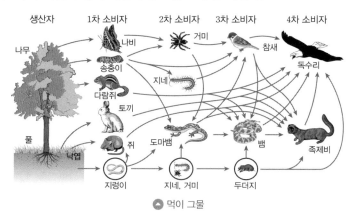

▲ 먹이 그물

### 2. 에너지 흐름

태양 에너지 → 화학 에너지(유기물) → 생활 에너지 → 열에너지(방출)

(1) 근원이 되는 에너지는 태양 에너지이다.

(2) 태양에서 오는 빛에너지를 이용하여 광합성을 하고 유기물에 화학 에너지 형태로 저장한다.

(3) 유기물 속 화학 에너지는 생태계의 생물적 요인(생산자, 소비자, 분해자)의 활동에 사용되며, 사용하고 남은 에너지는 열에너지로 방출된다.

### 3. 생태 피라미드

(1) 각 영양 단계의 개체 수, 생물량, 에너지양을 하위 영양 단계에서 상위 영양 단계로 쌓아올린 것이다.

(2) 상위 영양 단계로 갈수록 줄어드는 피라미드 모양을 나타낸다.

| 영양 단계 | 개체 수 피라미드 (개체 수/m²) | 생물량 피라미드 (g/m²) | 에너지 피라미드 (kcal/m²·일) |
|---|---|---|---|
| 3차 소비자 | 15 | 0.1 | 0.1 |
| 2차 소비자 | 100 | 0.66 | 1.2 |
| 1차 소비자 | $1.5 \times 10^4$ | 1.25 | 26.8 |
| 생산자 | $7.2 \times 10^{10}$ | 17.7 | 280 |

**참고** 생태계 안에서 물질은 순환하지만, 에너지는 순환하지 않는다.

**참고** 먹이 사슬이 일어나면서 상위 영양 단계로 이동할수록 에너지가 사용되고 에너지양은 점점 감소한다.

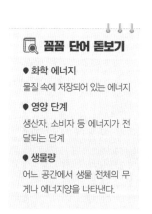

### 📖 꼼꼼 단어 돋보기

● **화학 에너지**
물질 속에 저장되어 있는 에너지

● **영양 단계**
생산자, 소비자 등 에너지가 전달되는 단계

● **생물량**
어느 공간에서 생물 전체의 무게나 에너지양을 나타낸다.

## 2 생태계 평형

### 1. 생태계 평형

(1) 생태계에서 생물 군집의 종류, 개체 수, 물질의 양, 에너지의 흐름 등이 거의 변하지 않고 안정적으로 유지되는 상태를 말한다.

(2) 먹이 그물이 복잡하고 생물의 종이 다양할수록 생태계 평형이 잘 유지된다.

### 2. 생태계 평형이 유지되는 원리

(1) 먹이 그물이 복잡하고 생물의 종이 다양하여 안정된 생태계는 일시적으로 평형이 깨지더라도 처음의 평형 상태를 회복하는 능력이 있다.

(2) 생태계 평형이 유지되는 원리

① 안정된 생태계에서 일시적으로 교란이 일어나 생태계가 파괴된다(1차 소비자 일시 증가).

② 1차 소비자의 먹이가 되는 생산자는 감소하고, 1차 소비자를 먹는 2차 소비자는 증가한다.

③ 2차 소비자의 증가와 생산자의 감소로 1차 소비자가 감소한다.

④ 이에 따라 2차 소비자가 감소하고 생산자가 증가하여 생태계의 평형이 회복된다.

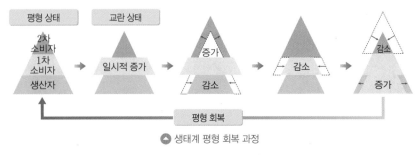

🔺 생태계 평형 회복 과정

---

**쏙쏙 이해 더하기** | **먹이 그물과 생태계 평형**

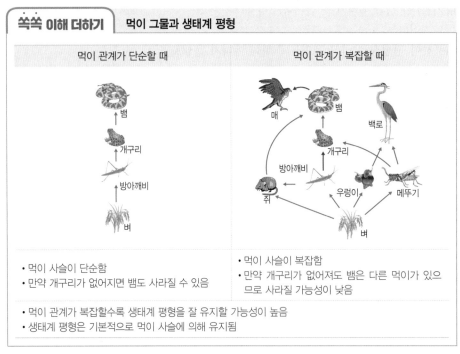

| 먹이 관계가 단순할 때 | 먹이 관계가 복잡할 때 |
|---|---|
| • 먹이 사슬이 단순함<br>• 만약 개구리가 없어지면 뱀도 사라질 수 있음 | • 먹이 사슬이 복잡함<br>• 만약 개구리가 없어져도 뱀은 다른 먹이가 있으므로 사라질 가능성이 낮음 |

• 먹이 관계가 복잡할수록 생태계 평형을 잘 유지할 가능성이 높음
• 생태계 평형은 기본적으로 먹이 사슬에 의해 유지됨

🔖 **꼼꼼 단어 돋보기**

● 교란
생태계의 평형을 깨뜨릴 수 있는 모든 상황

참고 생태계를 보존하려는 이유: 인간에게 필요한 자원(의식주에 필요한 것, 의약품 등)과 공간을 제공해준다.

## 3 환경의 변화와 생태계(환경 변화가 생태계 평형에 미치는 영향)

생태계는 일시적으로 평형이 깨지더라도 처음의 상태로 회복하는 능력이 있으나 평형의 유지에 한계가 있고, 그 한계를 넘는 환경의 변화가 일어나게 되면 생태계 평형이 회복되기 어려울 수 있다.

### 1. 생태계 평형을 깨는 요인

**(1) 자연적 환경 변화:** 산사태, 홍수, 지진, 화산 폭발 등

**(2) 인간의 활동으로 인한 변화**
① 무분별한 개발과 환경 오염
② 농약 살포
③ 지구 온난화
④ 남획, 불법 포획, 외래종 도입 등

### 2. 생태계의 보전을 위한 노력

**(1)** 무분별한 개발을 막아 서식지를 보호하고 생태 통로를 설치한다.
**(2)** 멸종 위기종을 지정하여 관리한다.
**(3)** 하천 복원 사업을 실시한다.
**(4)** 열섬 현상을 막기 위해 건물 위에 옥상 정원을 가꾸거나 도시에 숲, 공원 등을 조성하고 바람길을 확보한다.
**(5)** 환경과 관련된 법률을 제정한다.

◆ 옥상 정원

**꼼꼼 단어 돋보기**

● 열섬 현상
도심지가 다른 지역보다 온도가 높은 현상

● 바람길
공기가 이동하는 길

# 01

# 기후 변화

**이번 단원에서는** 기후 변화를 연구하는 방법과 기후 변화가 일어나는 원인을 이해한다.

## 1 기후 변화

어느 지역에서 오랜 기간에 걸쳐 진행되고 있는 *기후의 변화

### 1. 기후 변화를 알아보는 방법

**(1) 나무의 나이테 연구**
   ① *나이테의 간격(밀도와 두께)을 조사하여 과거 기온과 강수량을 알 수 있다.
   ② 기온이 높고 강수량이 많으면, 나이테는 생장 속도가 빨라 폭이 넓어지고 밀도가 작아진다.

**(2) *빙하 코어 연구:** 빙하 코어 속 줄무늬를 통해 빙하의 생성 시기를 알 수 있고, 빙하 속 작은 공기 방울로 당시 대기 조성을 알 수 있다.

**(3) 지층의 퇴적물 연구:** 퇴적층에 포함된 화석이나 미생물을 이용해 환경과 기후를 파악할 수 있다.

### 2. 기후 변화 요인

**(1) 내적 요인**
   ① 화산 활동으로 인한 화산 가스나 화산재 등이 기후를 변화시킨다.
   ② 대륙의 이동이나 빙하 면적의 변화로 지표의 *반사율이 달라진다.
   ③ 온실 기체의 증가로 온실 효과가 증가된다.

**(2) 외적 요인**
   ① 태양 활동의 변화로 태양 에너지양이 달라져 기후 변화를 일으킨다.
   ② 지구 자전축의 기울기와 방향이 달라져 기후 변화를 일으킨다.

---

### 쏙쏙 이해 더하기 | 과거 지구의 평균 기온 변화

| 선캄브리아 시대 | 고생대 | 중생대 | 신생대 |
|---|---|---|---|

평균 기온 (℃)
25
17
10

| 추움 | 따뜻함 | 추움 | 따뜻함 | 추움 | 따뜻함 | 추움 | 따뜻함 | 추움 |
|---|---|---|---|---|---|---|---|---|

38억   5.41억   2.52억   0.66억
시간(년 전)

지질 시대 동안 기온이 온난했던 시기와 한랭했던 시기가 반복해서 나타났다.

---

**➕ 온실 기체**

온실 기체는 온실 효과를 일으키는 기체를 말하며 수증기, 이산화 탄소, 메테인 등이 있다. 오늘날 화석 연료의 사용 증가로 대기 중 이산화 탄소의 농도가 증가한다.

**🔍 꼼꼼 단어 돋보기**

● **기후**
오랜 기간에 걸쳐 나타나는 평균적 대기 상태

● **나이테**
나무의 줄기를 가로로 자를 때 보이는 동심원의 테

● **빙하 코어**
빙하에 구멍을 뚫어 파낸 원기둥 모양의 얼음 기둥

● **반사율**
지구로 들어오는 태양 복사 에너지 중에서 반사되는 에너지 비율

## 2 지구 온난화

### 1. 지구의 복사 평형

흡수한 태양 복사 에너지와 방출한 지구 복사 에너지가 같아 지구의 평균 기온이 일정하게 유지된다.

**(1) 지구로 오는 태양 복사 에너지:** 100%

① 30%: 반사되어 우주로 방출한다.

② 70%: 대기가 20%, 지표가 50% 흡수한다.

**(2) 지구에서 내보내는 지구 복사 에너지:** 70%

→ 대기가 64%, 지표가 6% 방출한다.

**(3) 복사 평형:** 흡수한 태양 복사 에너지와 방출한 지구 복사 에너지가 같다.

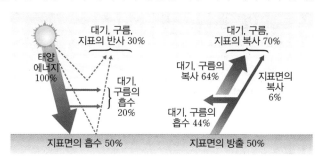

### ☆ 2. 온실 효과  온실 효과와 지구 온난화를 구분해서 기억해 주세요.

**(1) 온실 효과:** 대기 중의 온실 기체가 지표에서 방출되는 지구 복사 에너지를 흡수했다가 다시 지표로 재방출하여 지표를 따뜻하게 보온하는 효과를 말한다.

| 대기가 없을 때 | 대기가 있을 때(온실 효과) |
|---|---|
| 태양 복사 에너지　지표면에서 방출되는 에너지 | 태양 복사 에너지　대기층 흡수　대기에서 우주 공간으로 방출되는 에너지　지표면에 도달하는 태양 복사 에너지　지표면에서 방출되는 에너지　대기에서 재방출되는 에너지 |
| 흡수한 태양 복사 에너지만큼 지구 복사 에너지를 방출 | 방출되는 지구 복사 에너지를 온실 기체가 흡수했다가 다시 지표로 재방출 |
| 평균 온도 약 −18℃ | 평균 온도 약 15℃ |

> **쏙쏙 이해 더하기**　|　**온실 효과**
>
> 주로 가시광선을 방출하는 태양 복사 에너지는 온실 기체가 대부분 통과시키고, 적외선을 주로 방출하는 지구 복사 에너지는 흡수한 후 지표로 재복사하는 과정이다.

**(2) 온실 기체**

① 온실 효과를 일으키는 기체이다.

② 이산화 탄소, 메테인, 오존, 수증기 등이 있다.

③ 이산화 탄소의 온실 효과 기여도가 가장 크다.

## ☆3. 지구 온난화

온실 효과의 증대로 지구의 평균 온도가 계속 높아지는 현상

**(1) 원인:** ●화석 연료의 사용이 증가하면서 대기 중의 이산화 탄소 농도가 증가하였기 때문이다.

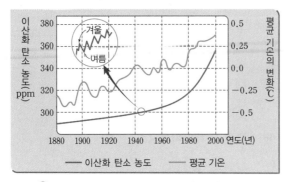

⬤ 지구의 평균 기온과 대기 중 이산화 탄소의 농도 변화

**참고** 이산화 탄소의 농도 변화와 지구의 평균 기온 변화
· 이산화 탄소의 농도: 최근 급격히 증가하였다. 겨울에는 난방으로 인하여 이산화 탄소량이 증가하고, 여름에는 식물의 광합성량 증가로 이산화 탄소량이 감소한다.
· 지구의 평균 기온: 지속적으로 상승하였다.
· 결론적으로 이산화 탄소 농도의 증가로 지구의 평균 기온이 상승하였다.

**(2) 영향**

① 평균 기온의 상승으로 해수의 부피가 늘어나고 빙하가 녹아 해수면이 상승하면서 육지 면적이 감소한다.

② 이상 기후와 생태계의 변화가 나타난다.

③ 해수에 녹은 이산화 탄소가 해양 산성화를 일으킨다.

④ 사막화가 진행된다.

**(3) 대책**

① 화석 연료의 사용을 억제한다.

② 산림의 면적을 확대한다.

③ 대체 에너지를 개발한다.

④ 에너지를 절약한다.

⑤ 국제 협약을 준수한다.

---

**쏙쏙 이해 더하기** | **우리나라의 기후 변화와 영향**

· 우리나라는 지구 전체에 비해 평균 기온이 큰 폭으로 상승하고 있다.
· 우리나라의 기후 변화로 봄철 개화 시기가 빨라지고, 여름철 열대야 일수가 증가한다.

---

**🔎 꼼꼼 단어 돋보기**

● 화석 연료

생물의 사체 같은 것이 오랫동안 땅에 묻혀 있어 생성된 것으로, 석유, 석탄, 천연가스가 있다.

# 지구 환경 변화

**이번 단원에서는** 대기와 해수의 흐름을 이해하고 이들의 변화가 기후에 미치는 영향을 설명할 수 있다.

## **1** 대기 대순환과 해수의 표층 순환

### 1. 에너지 순환

**(1) 위도별 에너지**

① 고위도: 에너지 부족 → 흡수하는 태양 복사 에너지 < 방출하는 지구 복사 에너지

② 위도 38°: 에너지 부족과 에너지 과잉의 경계

③ 저위도: 에너지 과잉 → 흡수하는 태양 복사 에너지 > 방출하는 지구 복사 에너지

**(2) 위도별 에너지 불균형의 원인:** 지구가 둥글기 때문에 고위도로 갈수록 태양 고도가 낮아져 같은 면적에 입사되는 태양 복사 에너지가 감소하여 에너지의 불균형이 일어난다.

**(3) 에너지 불균형 해소:** 대기와 해수의 순환으로 저위도에서 고위도로 남는 에너지가 이동하여 전체적으로 균형을 이룬다.

> **참고** 에너지 이동량
> • 대기의 규모가 크고 빠르기 때문에 대기가 해수보다 이동량이 많다.
> • 중위도에서 에너지 이동이 활발하다.

### ☆ 2. 대기 대순환   대기 대순환과 해수의 순환을 연결하여 기억해 주세요.

**(1) 원인:** 위도별 태양 복사 에너지의 차이로 생긴 대기의 순환

**(2) 순환:** 지구의 자전에 의해 적도에서 극까지 3개의 순환이 발생한다. → 해들리 순환, 페렐 순환, 극순환

> **참고** 지구가 자전하지 않을 경우의 대기 순환: 적도의 공기는 상승하고 극의 공기는 하강하므로 적도에서 극까지 하나의 큰 순환만 형성된다.

① 위도 60°~90°(극순환): 극지방의 차가운 공기가 하강해 지상에서 위도 60° 부근으로 이동 → 극동풍 형성

② 위도 30°~60°(페렐순환): 위도 30° 부근에서 하강한 공기가 지상에서 위도 60° 부근으로 이동, 위도 60° 부근에서 상승 → 편서풍 형성

③ 위도 0°~30°(해들리 순환): 적도의 따뜻한 공기가 상승하여 고위도로 이동 후 위도 30° 부근에서 하강하여 다시 적도로 이동 → 무역풍 형성

**(3) 역할:** 저위도에서 남는 열에너지를 바람과 수증기가 이동하며 고위도로 전달하므로, 위도별 에너지 불균형을 해소하는 역할을 한다.

## 3. 해수의 순환

**(1) 원인:** 주로 대기 대순환의 영향으로 •표층 해류가 발생한다.

**(2) 순환**

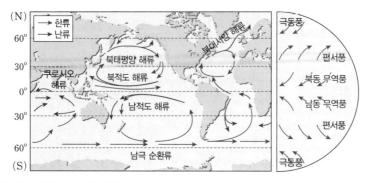

① 대기 대순환과 해류의 방향이 비슷하다.

| 대기 대순환 | 해류 |
|---|---|
| 편서풍 | 북태평양 해류, 북대서양 해류, 남극 순환류 등 |
| 무역풍 | 북적도 해류, 남적도 해류 등 |

② 북반구에서 시계 방향, 남반구에서 시계 반대 방향으로 순환한다. → 대체로 대칭을 이룬다.

③ 난류가 흐르는 곳은 기온이 높고, 한류가 흐르는 곳은 기온이 낮다.

**(3) 역할**

① 따뜻한 해류인 난류가 저위도에서 남는 열에너지를 고위도로 전달한다.

② 에너지와 물질을 나른다.

③ 기후와 환경에 큰 영향을 준다.

참고 난류와 한류의 흐름
• 난류: 저위도→고위도
• 한류: 고위도→저위도

---

### 쏙쏙 이해 더하기 | 심층 순환

• 해수의 밀도 차이에 따라 깊은 바닷속에서 일어나는 순환을 말한다.

• **원인:** 수온이 낮고 염분이 높아지면 밀도가 커지면서 침강하여 심층 순환이 발생한다.

• **영향:** 심층 순환이 약해지게 되면 고위도로 향하는 난류의 이동이 약해지므로 고위도의 기온이 낮아지게 된다.

---

## 2 엘니뇨와 라니냐 　엘니뇨와 라니냐의 발생 원인과 과정을 이해해 주세요.

**(1) 엘니뇨:** 무역풍의 약화로 적도 부근 동태평양의 수온이 고온으로 지속되는 현상이다.

**(2) 라니냐:** 무역풍의 강화로 적도 부근 동태평양의 수온이 저온으로 지속되는 현상이다(엘니뇨와 반대되는 현상).

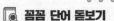

### 꼼꼼 단어 돋보기

● 표층 해류

바다의 표면에서 일정 방향으로 지속적으로 흐르는 해수의 흐름

| 구분 | 평상시 | 엘니뇨 | 라니냐 |
|---|---|---|---|
| 과정 | 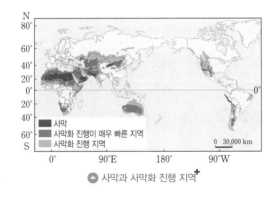 무역풍을 따라 고온의 표층 해수가 서쪽으로 이동 → 동태평양의 저온 해수가 용승하면서 동태평양의 표층 수온이 낮아짐 | 무역풍의 약화로 고온의 해수가 동쪽으로 이동 → 동태평양의 용승이 약해지면서 동태평양의 표층 수온이 높아짐 | 무역풍의 강화로 고온의 표층 해수가 서쪽으로 많이 이동 → 동태평양의 용승이 강해지면서 동태평양의 표층 수온이 낮아짐 |
| 동태평양 | • 용승으로 어획량 증가 • 표층 수온이 낮아 증발이 적기 때문에 강수량이 적음 | • 용승이 약화되어 어획량 감소 • 표층 수온이 상승해 강수량이 증가하여 홍수 발생 | • 용승이 강화되어 냉해가 발생 • 표층 수온이 하강해 강수량이 감소하므로 가뭄 발생 |
| 서태평양 | 표층 수온이 높아 증발이 많기 때문에 강수량이 많음 | 표층 수온이 낮아 강수량이 감소해 가뭄 발생 | 표층 수온이 높아 강수량이 증가해 홍수 발생 |

## 3 사막화

토양의 생산력 감소로 토지가 황폐해져 식물이 자랄 수 없는 사막이 확대되는 현상

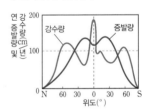

● 사막과 사막화 진행 지역

**✚ 사막과 사막화 지역**

연 강수량 및 증발량(cm/년)

위도 20°~30° 지역은 증발량이 강수량보다 많아 사막이 잘 발달한다.

### (1) 원인
① 강수량이 감소한다.
② 지나친 산림 벌채와 과잉 경작, 과잉 방목, 화전, 지구 온난화 등도 원인이 된다.

### (2) 피해: 경작지 감소, 생태계 파괴, 황사 발생 등이 있다.

### (3) 대책
① 무분별한 산림 벌채, 과잉 방목 등을 규제한다.
② 숲을 조성한다.
③ 국제 협약을 준수한다.

**📖 꼼꼼 단어 돋보기**

● **용승**
표면층의 바닷물이 다른 곳으로 빠져나갈 때 이를 채워 주기 위해 깊고 차가운 바닷물이 해수의 표면으로 올라오는 현상

● **경작**
땅을 갈아 농사짓는 것

● **방목**
가축을 풀어놓고 기르는 일

# 01 에너지의 전환과 보존

**이번 단원에서는** 에너지의 전환을 이해하며 에너지 보존 법칙을 설명할 수 있다.

## 1 에너지의 전환

### 1. 에너지
(1) **에너지의 뜻**: 일을 할 수 있는 능력
(2) **에너지의 단위**: J(줄)

### 2. 에너지의 종류
(1) **역학적 에너지**
  ① 위치 에너지: 기준면으로부터 높이 있는 물체가 가지는 에너지
  ② 운동 에너지: 운동하고 있는 물체가 가지는 에너지
  ③ 역학적 에너지＝위치 에너지＋운동 에너지

(2) **화학 에너지**: 물질 속에 저장되어 있는 화학 결합에 의한 에너지
(3) **전기 에너지**: 전하의 이동에 의한 에너지
(4) **열에너지**: 물체의 상태나 온도를 변화시킬 수 있는 열 형태의 에너지
(5) **빛에너지**: 빛이 가지는 에너지
(6) **소리 에너지**: 공기의 진동에 의해 전달되는 에너지
(7) **핵에너지**: 핵분열 또는 핵융합이 일어날 때 발생하는 에너지

### ☆ 3. 에너지의 전환　에너지의 형태를 기억하고 생활 속 에너지 전환을 익혀주세요.

한 형태의 에너지가 다른 형태의 에너지로 바뀌는 것을 에너지 전환이라 하며, 이 과정에서 에너지가 새로 생기거나 소멸하지 않는다.

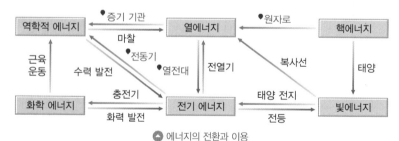
▲ 에너지의 전환과 이용

(1) **자연 현상**
  ① 태양: 핵에너지 → 빛에너지＋열에너지
  ② 태풍: 태양 에너지 → 열에너지 → 위치 에너지 → 운동 에너지
  ③ 번개: 전기 에너지 → 빛에너지
  ④ 화산: 열에너지 → 역학적 에너지
  ⑤ 지진: 운동 에너지 → 파동 에너지
  ⑥ 광합성: 빛에너지 → 화학 에너지

---

**제3장 살펴보기**

**에너지**

이번 장에서는 에너지가 무엇인지 학습하며 에너지의 종류를 바탕으로 에너지의 전환과 보존에 대해 알아봅니다. 또한 효율적으로 사용되는 에너지의 비율인 에너지 효율과 열효율을 구하는 방법에 대해 학습합니다.

**참고** 일과 에너지
• 물체에 일을 해 준 만큼 에너지는 증가하고, 물체가 한 일만큼 에너지가 감소한다.
• 일과 에너지는 서로 전환 가능하다.

**참고** 위치 에너지는 퍼텐셜 에너지라고도 쓴다.

**참고**
• 위치 에너지＝9.8×질량×높이
• 운동 에너지＝$\frac{1}{2} \times m \times v^2$

### 🔍 꼼꼼 단어 돋보기

● **증기 기관**
물을 끓일 때 나오는 수증기를 이용해 역학적 에너지를 만드는 기계

● **원자로**
지속적으로 핵분열을 일으키거나 이를 제어할 수 있게 만든 장치로, 원자핵이 분열할 때 열에너지가 발생한다.

● **전동기**
전기 에너지를 이용해 역학적 에너지를 만드는 기계

● **열전대**
열 전달 정도가 다른 금속 두 개를 붙였을 때, 두 금속의 온도가 달라지며 전류를 흐르게 하는 온도 측정 기구

⑦ 반딧불이: 화학 에너지 → 빛에너지

⑧ 연소: 화학 에너지 → 빛에너지＋열에너지

## (2) 일상 생활

① 휴대 전화 충전: 전기 에너지 → 화학 에너지

② 휴대 전화 방전: 화학 에너지 → 전기 에너지 → 빛에너지＋파동 에너지＋열에너지

③ 자동차: 화학 에너지 → 열에너지 → 운동 에너지

④ 선풍기: 전기 에너지 → 운동 에너지

---

**쏙쏙 이해 더하기** │ **역학적 에너지 전환**

• **올라갈 때:** 운동 에너지 → 위치 에너지
• **내려갈 때:** 위치 에너지 → 운동 에너지

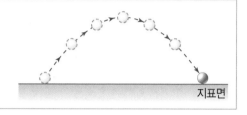

지표면

---

## 2 에너지의 전환과 보존

### 1. 열역학 제1법칙(에너지 보존 법칙)

(1) 에너지가 전환될 때 에너지는 새로 생겨나거나 소멸하지 않고, 그 총량이 항상 일정하게 보존된다.

(2) **역학적 에너지 보존 법칙:** 위치 에너지와 운동 에너지는 서로 전환되며, 역학적 에너지는 일정하게 보존된다(단, 공기 저항과 마찰이 없다고 가정함).

### 2. 열역학 제2법칙(에너지 흐름의 방향성)

(1) 에너지를 사용하는 과정에서 에너지의 총량은 보존되지만, 에너지는 우리가 쓸 수 없는 형태로 전환된다. → 자연에서 일어나는 현상은 한쪽 방향으로만 진행한다.

(2) 우리가 쓸 수 있는 에너지의 양이 감소하기 때문에 에너지 절약이 필요하다.

＋ 열역학 제2법칙
자연에서 일어나는 현상은 규칙적이고 체계화된 정도가 감소하는 방향, 즉 무질서도가 증가하는 방향으로 일어난다.

제3장 에너지

# 02 에너지 효율과 열효율

**이번 단원에서는** 에너지 효율과 열효율을 이해하고 직접 계산할 수 있다.

## ⭐1 에너지 효율과 열효율  열효율을 구하는 문제가 자주 출제되니 공식을 꼭 기억해 주세요.

### 1. 에너지 효율

공급되는 에너지에 대해 효율적으로 사용되는 에너지의 비율

$$\text{에너지 효율}(\%) = \frac{\text{유용하게 사용되는 에너지의 양}}{\text{공급한 에너지의 양}} \times 100$$

### 2. 열효율

(1) **열기관:** 열에너지를 역학적 일로 전환하는 기계 장치
  ① **외연 기관:** 연료를 연소시키는 것이 기관의 외부에 있는 것이다. **예** 증기 기관
  ② **내연 기관:** 연료를 연소시키는 것이 기관의 내부에 있는 것이다. **예** 자동차 엔진

**➕ 내연 기관**
내연 기관은 연료 에너지의 약 19% 정도만 운동 에너지로 바꿀 수 있으며 나머지 약 81%는 쓸모없는 형태의 에너지로 변한다.

(2) **열효율:** 열기관의 효율($e$)을 의미한다.
  ① 열기관에 공급한 열에너지 중에서 열기관이 한 일의 비율을 나타낸다.

$$\text{열효율}(\%) = \frac{\text{열기관이 한 일}}{\text{열기관에 공급한 열에너지}} \times 100$$

$$e = \frac{W}{Q_1} \times 100 = \frac{Q_1 - Q_2}{Q_1} \times 100$$

$e$: 열효율, $W$: 한 일, $Q_1$: 공급한 열, $Q_2$: 방출한 열

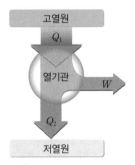

○ 열기관의 에너지 흐름

  ② 열기관의 열효율
    • 열기관을 이용할 때 마찰 등으로 방출되는 열에너지는 항상 있기 때문에 열기관의 열효율은 100%보다 작다.
    • 공급한 열에너지가 모두 일로 전환하는 열기관은 없다.
    • 공급받은 열에너지($Q_1$)에 비해 방출되는 열에너지($Q_2$)가 작으면 열기관의 효율이 높은 것이다.

## 2 에너지의 절약

### 1. 에너지를 절약해야 하는 이유
에너지가 전환될 때 에너지는 새로 생겨나거나 소멸하지 않고 그 총량은 항상 일정하게 보존되지만, 우리가 쓸 수 없는 형태로 전환된다.

### 2. 에너지를 절약하는 방법
(1) 열효율을 높여 불필요하게 발생하게 되는 에너지를 줄이고, 자원의 소비량도 줄인다.
(2) 에너지 전환 과정에서 발생하는 에너지를 사용할 수 있는 형태로 바꿔 재사용하도록 한다.

### 3. 에너지 효율을 높이는 방법
(1) 소각장이나 발전소 등에서 버려질 수 있는 열(폐열)을 난방에 사용한다.
(2) 에너지 소비 효율⁺이 높은 제품을 사용한다.
(3) 열 손실을 막기 위해 단열재나 이중창을 사용한다.
(4) 백열전구나 형광등 대신 적은 에너지로 같은 밝기를 내는 LED 전구를 사용한다.
(5) 필요한 에너지를 태양이나 풍력 등에서 얻고, 단열이 잘 되는 미래형 주택인 에너지 제로 하우스를 이용한다.
(6) 하이브리드 자동차⁺를 이용한다.
(7) 에너지를 효율적으로 사용하면 화석 연료의 사용을 줄일 수 있고 온실 기체의 발생도 줄어들어 지구 온난화를 막을 수 있다.

> **쏙쏙 이해 더하기** | **화석 연료의 영향**
>
> • 화석 연료(석유, 석탄, 천연가스)의 연소로 온실 기체(주로 이산화 탄소)가 발생 → 기후 변화의 원인이 된다.
> • 화석 연료를 사용하는 자동차 등에서 대기 오염 물질이 방출된다.
> • 대기가 오염되면 호흡 기관에 영향을 미친다.

### 4. 에너지의 효율을 높이는 발전
(1) **열병합 발전:** 화력 발전으로 발생한 에너지의 약 40%는 전기 에너지로 전환되는데, 이때 발생한 열을 난방에 사용한다.
(2) **양수 발전:** 전력이 남는 밤에 물을 높은 곳으로 끌어올리고 전력을 많이 사용하는 낮에 발전하여 사용한다.

---

**✚ 에너지 소비 효율**
에너지 소비 효율 등급은 가전제품에 붙어 있으며, 1~5단계로 나누어 정하며 1등급에 가까우면 에너지 절약 제품이다.

**✚ 하이브리드 자동차**
자동차가 달릴 때 발생할 수 있는 운동 에너지를 전기 에너지로 저장하였다가 전기 모터를 돌려 자동차를 움직이게 하여 에너지 효율을 높인다.

**참고 에너지의 효율적 이용 방법**
• 열효율이 높은 열기관 사용하기
• 에너지 소비 효율이 높은 제품 사용하기

**참고 에너지 절약을 위한 노력**
• 탄소 포인트 제도: 온실 기체 발생에 대한 감소 실적에 따라 포인트를 주고 그에 대한 인센티브를 제공하는 제도
• 친환경 자동차를 구매할 때 지원해 주는 제도

**📖 꼼꼼 단어 돋보기**

● **단열**
열의 출입이 없도록 막는 것

● **제로 하우스**
태양, 풍력 등의 에너지를 사용하여 화석 연료를 사용하지 않으므로 탄소의 배출이 제로인 하우스

제4장 전기 에너지

# 전기 에너지의 생산

**이번 단원에서는** 발전의 원리를 이해하고 여러 가지 발전 방식을 설명할 수 있다.

## 1 전자기 유도

### 1. 전자기 유도

(1) **전자기 유도:** 코일 주위에 자석이 움직이거나 자석 주위에 코일이 움직이면서 코일을 지나는 자기장이 변하게 되어 코일에 유도 전류가 흐르는 현상이다.

막대자석

검류계

코일

(2) 자석을 멀리 할 때와 가까이 할 때 검류계의 바늘 방향이 반대로 움직인다.
(3) N극을 가까이 할 때와 S극을 가까이 할 때 검류계의 바늘 방향이 반대로 움직인다.
(4) 자석을 빠르게 움직일수록, 더 센 자석일수록, 코일의 감은 수가 많을수록 바늘이 더 크게 움직인다.

---

**쏙쏙 이해 더하기** | **앙페르 법칙**

도선에 전류가 흐르면 도선 주위에 자기장이 생긴다.

| | | |
|---|---|---|
| 직선 전류 주위 자기장 |  전류↑ 자기장의 방향 | • 직선 도선을 중심으로 동심원 모양의 자기장이 생김<br>• 오른손 엄지가 향하는 방향: 전류의 방향<br>• 오른손 네 손가락이 감싸는 방향: 자기장의 방향 |
| 원형 전류 주위 자기장 |  전류 자기장의 방향 전류↓ ↑전류 | • 원형 도선을 감싸는 방향으로 둥근 모양의 자기장이 생김<br>• 오른손 엄지가 향하는 방향: 전류의 방향<br>• 오른손 네 손가락이 감싸는 방향: 자기장의 방향 |
| 코일 주위 자기장 |  전류의 방향 N S 자기장의 방향 ↓전류 ↑전류 | • 코일의 내부는 직선 모양, 외부에는 둥근 모양의 자기장이 생김<br>• 오른손 엄지가 향하는 방향: 자기장의 방향<br>• 오른손 네 손가락이 감싸는 방향: 전류의 방향 |

---

### ☆ 2. 유도 전류

(1) **유도 전류:** 전자기 유도 현상에 의해 코일에 흐르게 되는 전류를 말한다.
(2) **유도 전류의 방향:** 코일에는 자기장의 변화를 방해하는 방향으로 유도 전류가 흐른다.

---

**제4장 살펴보기**

**전기 에너지**

이번 장에서는 전자기 유도를 이해하고 전기 에너지가 만들어지는 과정을 알아보며, 발전소에서 만들어진 전기 에너지가 가정까지 수송되는 과정을 이해합니다. 또한 수송 과정에서 전력 손실을 줄이는 방법과 안전하고 효율적으로 수송하는 방법은 무엇인지 학습합니다.

---

**꼼꼼 단어 돋보기**

● **코일**
전선을 나선형으로 감아 원통 모양으로 만든 것

● **검류계**
전류의 세기를 측정하거나 약한 전류가 흐르는지에 대한 여부를 확인하는 기구

| 자석을 가까이 할 때 | 자석을 멀리 할 때 |
|---|---|
| 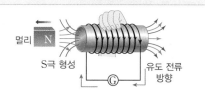 | |
| • 자석의 운동을 방해하는 척력이 발생 | • 자석의 운동을 방해하는 인력이 발생 |
| • 코일의 왼쪽에 N극이 형성되도록 유도 전류가 흐름 | • 코일의 왼쪽에 S극이 형성되도록 유도 전류가 흐름 |

(3) **유도 전류의 세기**: 자석이 셀수록, 자석이 빠르게 움직일수록, 코일의 감은 수가 많을수록 유도 전류가 세다.

### 3. 전자기 유도를 이용한 예

(1) **마트의 도난 방지 장치**: 자석과 같은 형태로 출입문을 나가면 코일이 내장된 안테나에 유도 전류가 흘러 경보음이 울린다.

(2) **교통 카드**: 자기장이 형성된 단말기에 코일이 내장된 카드를 가까이 하면 유도 전류가 흘러 카드 내부의 반도체 칩을 작동시킨다.

(3) **발전기**: 터빈이 돌아갈 때 터빈에 연결된 자석이 함께 회전하여 전기 에너지를 발전시킨다.

(4) **무선 충전기**: 충전 패드에 전원을 연결하면 코일에 전자기장이 발생하여 전자기 유도 현상에 따라 전력 수신기가 유도 전류를 받아들여 배터리가 충전된다.

**2** **발전기** 발전기와 전동기의 원리를 구분해서 기억해 주세요.

### 1. 발전기

(1) **발전기**

① 전자기 유도 현상을 이용하여 전기를 발생시키는 장치이다.

② 자석이나 코일이 움직이는 운동 에너지(역학적 에너지)를 전기 에너지로 전환한다.

(2) **발전기의 원리**

① 자석에 의한 자기장 속에서 코일이 회전하게 되면 코일을 통과하는 자기장이 변하여 전자기 유도 현상에 의해 유도 전류가 흐른다.

② 코일의 운동 에너지가 전기 에너지로 전환된다.

⬤ 발전기의 구조

③ 발전소, 자전거 등에 이용된다.

(3) **전동기의 원리**

① 발전기와 전동기의 구조는 같다(단, 작동 원리는 다름).

📖 **꼼꼼 단어 돋보기**

● 터빈

높은 압력의 유체를 날개에 부딪치게 하면서 회전하는 것

② 자기장 속에서 전류가 흐르는 도선이 받는 힘을 이용한다.

③ 전기 에너지가 운동 에너지로 전환된다.

△ 전동기의 구조

**쏙쏙 이해 더하기**　｜　**직류와 교류**

- **직류**: 일정한 세기의 전류가 한쪽으로 흐르는 것
- **교류**: 주기적으로 방향과 세기가 변하는 것

## ☆ 2. 여러 가지 발전　각각의 발전에 대한 에너지 전환과 장단점을 구분해서 기억해 주세요.

### (1) 수력 발전

① **원리**: 높은 곳에 있는 물이 낮은 곳으로 떨어지며 터빈을 돌려 에너지를 만들어 낸다.

② **장점**: 연료가 없고, 오염 물질이 배출되지 않으며, 홍수와 가뭄을 예방하는 효과가 있다.

③ **단점**: 발전소 부지의 제약이 있고, 건설하는 비용이 많이 들며, 주변의 환경을 변화시킬 수 있다.

④ **에너지 전환**: 위치 에너지 → 운동 에너지 → 전기 에너지

### (2) 화력 발전

① **원리**: 화석 연료가 연소할 때 만들어진 열로 물을 끓이고 그때 발생한 수증기로 터빈을 돌려 에너지를 만들어 낸다.

② **장점**: 발전소 부지의 제약이 상대적으로 적어 건설이 비교적 쉽다.

③ **단점**: 오염의 원인이 되고, 자원 고갈의 문제가 있으며, 연료비가 많이 들어간다.

④ **에너지 전환**: 화학 에너지 → 열에너지 → 운동 에너지 → 전기 에너지

### (3) 핵발전

① **원리**: 우라늄이나 플루토늄의 핵분열[+]에너지가 물을 끓이고, 그때 발생한 수증기가 터빈을 돌려 에너지를 만들어 낸다.

② **장점**: 연료가 적게 들어가며 연료의 비용이 저렴하고 공해도 적다.

③ **단점**: 방사능 누출에 대한 위험과 큰 범위의 사고 위험이 있고 방사성 폐기물이 발생할 수 있다.

④ **에너지 전환**: 핵에너지 → 열에너지 → 운동 에너지 → 전기 에너지

**＋ 핵분열**

무거운 원자핵이 중성자와 충돌하여 가벼운 원자핵 2개로 쪼개진다.

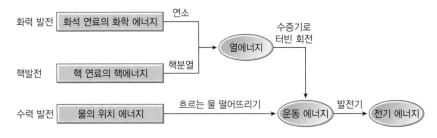

제4장 전기 에너지

# 전력의 수송

**이번 단원에서는** 발전소에서 만들어진 전력이 수송되는 과정과 그 과정에서 전력 손실을 줄이는 방법에 대해 알아본다.

## 1 전력의 수송과 변압

### ☆1. 전력

(1) **전기 에너지:** 전류가 흐를 때 전기 기구에 공급되는 에너지로, 단위는 J(줄)을 사용한다.

$$전기\ 에너지(E) = 전압 \times 전류 \times 시간$$
$$= VIt$$

(2) **전력:** 단위 시간당 생산, 공급, 소비한 전기 에너지로, 단위는 W(와트)를 사용한다.

$$전력(P) = \frac{전압 \times 전류 \times 시간}{시간} = 전압 \times 전류$$
$$= \frac{E}{t} = VI$$

> **참고** 옴의 법칙
> 전류는 전압에 비례하고, 저항에 반비례한다.
> $$I = \frac{V}{R}$$

> **참고**
> · 전력 $= \frac{전압 \times 전류 \times 시간}{시간}$ 이므로 단위는 J/s도 된다.
> · 1 J/s = 1 W

> **쏙쏙 이해 더하기** | **전력을 구하는 공식**
>
> · $P = VI$에서 '$V = I \times R$'을 대입하면 전력은 $I^2 \cdot R$가 된다.
> · $P = VI$에서 '$I = \frac{V}{R}$'를 대입하면 전력은 $\frac{V^2}{R}$이 된다.

### 2. 전력의 수송 과정 발전소에서 생산된 전기 에너지가 가정까지 전달되는 과정을 기억해 주세요.

(1) **송전:** 발전소에서 생산한 전기 에너지나 전력을 멀리 떨어진 공장, 빌딩, 가정 등으로 수송하는 과정이다.

(2) **변전:** 전압을 변화하는 과정이다.

(3) **전력 수송 과정⁺**
① 발전소 → 초고압 변전소 → 1차 변전소 → 2차 변전소 → 주상 변압기 → 가정
② 발전소에서 전기 에너지를 생산한 뒤 초고압 변전소에서 고압으로 송전하고, 1차 변전소와 2차 변전소에서 전압을 낮춘 후 주상 변압기를 통해 가정으로 공급한다.
  · 초고압 변전소: 발전소에서 만들어진 전기 에너지의 전압을 높여 송전 시 잃어버리게 되는 전기 에너지를 줄인다.
  · 1차·2차 변전소: 고압선이 도시에 있으면 위험하기 때문에 1차·2차 변전소에서 전압을 낮추어 전기 에너지를 도시에 공급한다.
  · 주상 변압기: 전봇대 같은 곳에 변압기를 설치하여 가정용 전압으로 낮추어 전기 에너지를 안전하게 공급한다.

> **＋ 전력 수송 과정**
> 1차 변전소에서 대규모 공장으로, 2차 변전소에서 큰 빌딩이나 전철로 전력이 수송될 수 있다.

• **애자**: 전류가 통하지 않는 재질로 송전탑과 송전선을 연결한다.
• **스페이서**: 송전선이 일정 간격을 유지하도록 한다.
• **고압 차단 스위치**: 전압이 너무 높아지면 퓨즈가 끊어져 전류가 차단된다.

## ☆3. 전력 손실 　선력을 구하는 공식을 바탕으로 전력 손실의 공식을 기억해 주세요.

(1) **전력 손실**: 송전선에 전류가 흐를 때 저항에 의해 열이 발생하여 손실되는 전력이다.

(2) 전기 에너지 일부가 송전선의 저항으로 열에너지로 전환되어 손실된다.

(3) 송전선의 저항이 $R$이라면 전류 $I$가 흐를 때 전압은 $V$가 되며 $V = I \times R$이므로 $P_{손실} = V \times I = I^2 R$이다.

$$전력 손실 = 전류^2 \times 저항$$
$$P_{손실} = V \times I = I^2 R$$

(4) 손실 전력의 크기는 송전선에 흐르는 전류가 셀수록, 송전선의 저항이 클수록 크다.

(5) **전력 손실을 줄이는 방법**
① 저항이 작은 송전선을 사용하거나 송전선을 굵게 만들어 저항을 줄인다.
② 일정한 전력을 송전할 때 전압을 높이면 송전선에 흐르는 전류를 줄일 수 있다.

$P = VI$에서 전력을 일정하게 공급할 때 전압이 $n$배 상승하면 전류는 $\frac{1}{n}$배로 감소한다.

그렇다면, $P_{손실} = V \times I = I^2 R$에서 저항이 일정할 때 전류는 $\frac{1}{n^2}$배로 감소한다.

## ☆4. 변압기 　변압기의 구조를 바탕으로 원리를 기억해 주세요.

(1) **변압기**
① 전자기 유도 법칙을 이용하여 •교류 전압을 변화시키는 장치이다.
② 변압기는 변전소에서 송전 전압을 높게 하거나 낮게 할 때 이용한다.

(2) **변압기의 구조와 원리**

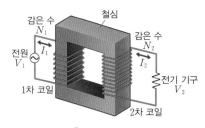

○ 변압기의 구조

① **구조**: 네모 모양의 철심이 있고 이 철심의 양쪽에 코일을 감은 구조이다. 1차 코일은 전원이 공급되는 부분이고, 2차 코일은 전기 기구가 연결되는 부분이다.
② **원리**: 1차 코일에 발전기에서 만들어진 교류 전류가 흐르게 되면, 자기장의 변화가 생겨 철심을 통하여 2차 코일에 유도 전류를 발생시킨다(상호 유도 전류).

**꼼꼼 단어 돋보기**

● 교류
세기와 방향이 시간에 따라 바뀌어서 흐르는 전류

③ 코일의 감은 수
  - 코일의 감은 수가 많아지면 전압은 커진다.
  - 코일의 감은 수가 많아지면 전류는 작아진다.

$$V_1 I_1 = V_2 I_2 \text{이므로, } \frac{V_1}{V_2} = \frac{N_1}{N_2} = \frac{I_2}{I_1}$$

④ 전압을 높일 때(전류 감소)는 1차 코일보다 2차 코일을 더 많이 감고, 전압을 낮출 때(전류 증가)는 1차 코일보다 2차 코일을 더 적게 감는다.

**(3) 변압기를 사용하는 예:** 공장, 가정 등

## 2 안전하고 효율적으로 전력 수송하기

전력을 수송하는 과정에서 전력의 손실을 줄이기 위해 고전압으로 송전하지만 이에 따른 위험이 있으므로 안전하고 효율적인 전력 수송 방법이 필요하다.

### 1. 안전한 방법
(1) 고압의 송전선을 지하에 묻어 날씨의 영향을 받지 않게 한다.
(2) 고압 송전선 주변에 안전장치를 설치하여 사람의 접근을 막거나, 송전탑을 인적이 드물고 높은 곳에 설치한다.
(3) 송전선의 수리나 점검은 로봇을 이용한다.

### 2. 효율적 방법
(1) 전력의 손실을 줄이기 위해 고전압으로 송전한다.
(2) 전력을 수송하는 경로를 효율적으로 설정하여 수송 거리를 단축한다.
(3) 지능적인 전력망인 스마트 그리드를 만들어 송배전의 효율을 높인다.

### 3. 새로운 방법
(1) 초전도 케이블은 전기 저항이 0인 초전도체를 이용하여 기존 구리선보다 전력의 손실이 적고 많은 용량의 전력 수송이 가능하다.
(2) 초고압 직류 송전은 전류의 세기와 방향이 변하지 않는 전류인 직류를 이용하여 고압으로 송전하는 방법이다. 교류 송전보다 전력의 손실이 적고, 송전하는 거리 제약이 없어 다양하게 활용된다.

**✚ 초전도체**
초전도 현상을 나타내는 물질로, 전기 저항이 0이기 때문에 열을 발생하지 않아 전력 손실이 없다.

**🔍 꼼꼼 단어 돋보기**

● 스마트 그리드
전력의 수요량과 공급량에 대한 정보를 주고 받아 필요 전력만 공급하며 송배전의 효율을 높인다.

# 01

# 태양 에너지의 생성과 전환

**이번 단원에서는** 태양에서의 에너지 생성을 이해하고 태양 에너지가 다른 형태의 에너지로 전환되는 과정을 이해한다.

## 1 태양 에너지

### ☆ 1. 태양의 구조

(1) **핵**: 수소 핵융합 반응이 일어나 에너지가 생성되는 층이다.

(2) **복사층**: 태양 부피의 대부분을 차지하고, 핵에서 생성된 에너지를 복사의 형태로 전달하는 층이다.

(3) **대류층**: 복사층에서 전달된 에너지를 대류의 형태로 광구에 전달하는 층이다.

(4) **광구**: 태양의 표면이다.

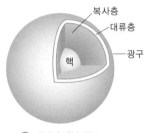

복사층
대류층
핵
광구

⬤ 태양의 내부 구조

### 2. 태양 에너지의 생성 수소 핵융합 반응의 과정을 기억해 주세요.

(1) 태양의 핵에서 수소 핵융합 반응이 일어날 때, 감소한 질량이 에너지로 전환되어 1초에 약 $4 \times 10^{26}$ J씩 방출된다.

(2) 수소 원자핵 4개가 융합하여 헬륨 원자핵 1개를 생성한다.

(3) 4 H(수소) → He(헬륨)＋$E$(에너지) → 핵융합 결과 질량이 줄어들며, 줄어든 질량은 에너지로 변환되어 방출한다.

(4) 태양 중심부의 온도는 약 1500만K, 표면의 온도는 약 6000K 정도이다.

> **쏙쏙 이해 더하기** | **질량 에너지 등가 원리**
>
> 질량이 에너지로, 에너지는 질량으로 변환이 가능하므로 에너지와 질량은 동등하다는 원리 → 핵융합이나 핵분열이 일어날 때 질량이 감소할 수 있기 때문에 핵에너지를 방출하게 된다.

## 2 태양 에너지의 순환과 전환

### 1. 화석 연료의 생성

동물과 식물의 유해가 땅속에 묻히게 되면서 산소의 공급이 어려워진 상태로 오랜 시간 동안 높은 열과 압력을 받아 만들어진 에너지 자원

(1) **석탄**

① 생성 환경: 따뜻하고 강수가 많은 지역에서 생성된다.

② 생성 과정: 토탄 → 갈탄 → 역청탄 → 무연탄 (탄소 성분 증가)

③ 이용: 가정용 연탄, 화력 발전소에서 사용하는 연료 등

(2) **석유, 천연가스**

① 생성 과정: 유기물의 퇴적 → 점토 등과 섞이며 열과 압력에 의해 분해 → 석유, 천연가스 생성

---

### 제5장 살펴보기

**태양광 발전과 신재생 에너지**

이번 장에서는 태양에서 일어나는 수소 핵융합 반응을 통해 에너지가 만들어지는 과정을 이해하고, 화석 연료의 생성과 문제점을 살펴봅니다. 또한 화석 연료를 대체할 에너지는 어떠한 것이 있는지 알아보며 각 발전의 장단점을 비교하고, 신재생 에너지의 종류와 특징을 학습합니다.

### ➕ 태양

• 태양계에서 유일하게 스스로 에너지를 생성하는 항성으로, 태양계 전체에서 질량이 약 99.8% 정도이다.

• 수소와 헬륨으로 구성된다.

• 약 50억 년 정도의 나이로, 약 100억 년 정도의 수명으로 추측하고 있다.

### 🔍 꼼꼼 단어 돋보기

● **핵융합**

가벼운 원자핵이 만나 무거운 원자핵으로 만들어지는 현상

● **핵분열**

무거운 원자핵이 나뉘어져 가벼운 원자핵으로 변하는 현상

② **지층 구조**: 구멍이 많은 저류암에 저장되고 석유가 새어 나가지 못하게 하는 덮개 암으로 둘러싸여야 하며 배사 구조를 이루어야 한다.

③ **이용**: 석유는 원유를 정제하여 액화 석유 가스, 나프타, 등유, 경유, 중유 등으로 사용하고, 천연가스는 가정용 도시 가스, 버스 연료 등에 사용된다.

🔺 석유가 발견되는 곳의 지층 구조

## (3) 화석 연료의 이용

① **석탄**: 연소 시 발생한 열에너지로 물을 가열해 증기 기관에 이용한다.

② **석유**: 자동차 연료나 각종 화합물의 재료로 이용한다.

③ **천연가스**: 연소 시 발생한 열에너지를 음식 조리나 난방에 이용한다.

## (4) 화석 연료의 문제점

① 빠르게 사용되고 있으므로 고갈될 것이다.

② 대기 오염을 일으키고, 연소 시 발생한 이산화 탄소(온실 기체)가 지구 온난화를 일으킨다.

## (5) 대책: 화석 연료를 대체할 만한 ●신재생 에너지가 필요하다.

---

**쏙쏙 이해 더하기** | **화석 연료의 생성 과정**

• **석탄의 생성 과정**: 식물이 따뜻하고 강수가 많은 지역에서 살다가 묻히고 지각 변동에 의해 아래쪽으로 들어가 열과 압력을 받고 불순물이 제거되고 탄소가 남아 석탄이 생성된다.

• **석유의 생성 과정**: 플랑크톤, 바다의 생물 사체가 점토 같은 것에 섞여 바다나 호수에 묻히면 그 위에 퇴적물이 쌓이면서 오랜 기간 동안 열과 압력을 받게 되고 여러 화학 변화가 일어나 석유가 된다.

• **천연 가스의 생성 과정**: 플랑크톤, 바다의 동물이 바다나 호수에 묻히고 열과 압력을 받게 되어 천연의 기체 상태의 탄화수소가 된다.

---

## ⭐ 2. 지구 에너지의 근원 ─ 태양 에너지

태양 에너지는 지구에 도달하여 여러 형태로 전환되어 생명체의 생명을 유지시키고 자연 활동을 일으킨다.

(1) **광합성**: 태양에서 오는 빛에너지를 이용해 식물체의 화학 에너지로 저장한다.

(2) **화석 연료**: 생물체가 땅에 묻힌 뒤 오랜 시간이 흘러 화석 연료가 만들어지고 이를 연소하여 열에너지로 사용한다.

(3) **물의 순환**: 태양 에너지를 흡수하여 물이 증발하면서 기상 현상이 일어날 수 있고 물은 순환된다.

(4) **대기와 해수의 순환**: 위도별 불균등한 에너지로 대기와 해수의 순환이 일어나면서 저위도의 남는 열을 고위도로 전달하여 전체적으로 에너지 불균등이 해소된다.

(5) **인간**: 태양 에너지를 전기 에너지로 전환하거나 열에너지로 전환하여 이용한다.

(6) **먹이 사슬**: 광합성으로 생산자가 만들어지고 생산자인 식물을 동물이 먹게 되는 먹이 사슬을 통해 에너지가 전달됨으로써 생명체들이 유지된다.

**➕ 태양 에너지**

태양 에너지의 약 $\frac{1}{20억}$이 지구에 도달하며, 태양 복사 에너지를 100%라 할 때 지구에 흡수되는 것이 70%이고, 반사되어 우주로 나가는 것이 30%가 된다.

**참고** 에너지 과잉과 에너지 부족
• 저위도 지역: 흡수되는 태양 복사 에너지량＞방출되는 지구 복사 에너지량 → 에너지 과잉
• 고위도 지역: 흡수되는 태양 복사 에너지량＜방출되는 지구 복사 에너지량 → 에너지 부족

**🔍 꼼꼼 단어 돋보기**

● **신재생 에너지**
신에너지(새로운 에너지)와 재생 에너지(계속 사용할 수 있는 형태의 에너지)를 합하여 말함

제5장 태양광 발전과 신재생 에너지

# 핵발전, 태양광 발전, 풍력 발전

**이번 단원에서는** 핵발전, 태양광 발전, 풍력 발전을 알아보고 그들의 장점과 단점을 이해한다.

## ☆1 핵발전　각 발전의 장점과 단점을 구분하여 기억하세요.

### 1. 핵발전

우라늄 같은 무거운 원자핵이 분열할 때 만들어지는 에너지로 물을 끓이고 그때 발생한 수증기로 터빈을 돌려 전기 에너지를 생산한다.

(1) **핵에너지:** 핵분열이나 핵융합에서 만들어지는 에너지이다.

> **참고** 핵발전＝원자력 발전

(2) **핵분열:** <sup>•</sup>우라늄 235 원자핵에 중성자가 충돌한다. → 원자핵이 쪼개지며 에너지와 2~3개의 중성자가 방출된다. → 방출된 중성자가 주위의 우라늄 235에 충돌하면서 연쇄적으로 핵분열이 일어난나.

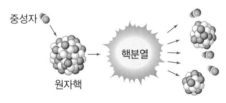

▲ 우라늄 235의 연쇄적 핵분열

(3) **원자로:** 우라늄의 핵분열 연쇄 반응이 일어날 때 발생하는 열로 물을 끓여 수증기를 발생시키는 장치로, <sup>•</sup>감속재와 <sup>•</sup>제어봉으로 핵분열 반응 속도를 조절한다.

### 2. 핵발전의 장단점

(1) **장점**

① 이산화 탄소나 이산화 황을 거의 배출하지 않는다.
② 에너지의 효율이 높고, 연료 비용이 저렴하다.

(2) **단점**

① 방사능 유출 사고나 방사성 폐기물이 문제가 될 수 있다.
② 냉각수를 바다에 배출하여 해수 온도가 상승된다.
③ 우라늄은 언젠가 고갈된다.

## 2 태양광 발전

### 1. 태양광 발전<sup>+</sup>

태양의 빛에너지를 태양 전지를 이용하여 전기 에너지로 바꾸는 방식의 발전

(1) **원리:** 빛을 태양 전지에 비추게 되면 전자가 움직이며 전류가 흐른다.

**＋ 원자로의 구조**

제어봉 / 원자로 / 증기발생 / 터빈 / 감속재 / 발전기 / 냉각기 / 바닷물

**＋ 태양광 발전**
태양광 발전은 전자기 유도 법칙을 이용하지 않는다.

### 🔍 꼼꼼 단어 돋보기

● **우라늄 235**
235는 원자핵의 질량수를 의미하고, 우라늄 235는 중성자를 1개 흡수하면 핵분열하여 2~3개의 중성자를 방출한다.

● **감속재**
중성자의 속도를 느리게 하여 핵분열이 일어나도록 한다.

● **제어봉**
연쇄 반응의 속도를 제어한다.

(2) **태양 전지:** 빛을 받게 되면 전압이 생기며, 반도체로 이루어져 있다.

(3) **태양 전지의 이용:** 구부릴 수 있고, 투명하거나 얇게 만들 수 있어 다양하게 이용된다.

## 2. 태양광 발전의 장단점

**(1) 장점**

　① 태양 에너지는 자연에서 쉽게 얻을 수 있다.

　② 오염 물질이 만들어지지 않는다.

　③ 고갈의 염려가 없다.

**(2) 단점**

　① 초기의 시설 설치 비용이 많이 들고, 날씨의 영향을 많이 받는다.

　② 비교적 효율이 낮은 편이다.

　③ 태양 전지에서 반사되는 빛이 피해를 줄 수 있다.

## 3 풍력 발전

### 1. 풍력 발전

바람의 운동 에너지를 이용하여 전기 에너지로 바꾸는 방식의 발전이다.

**참고** 풍력 발전 장소
바람이 지속적으로 부는 바닷가, 높은 산이 효율적이다.
**예** 강원도, 제주도 등

날개
바람
발전기

⬆ 풍력 발전기

### 2. 풍력 발전의 장단점

**(1) 장점**

　① 비교적 설치가 간단하다.

　② 전력 생산 단가가 저렴하다.

　③ 오염 물질을 만들어내지 않고 고갈의 염려가 없다.

**(2) 단점**

　① 초기의 시설 설치 비용이 많이 들고, 소음이 발생할 수 있다.

　② 바람이 많이 지속적으로 부는 곳만 가능하다.

　③ 발전량의 차이가 크게 나며 발전량을 예측하기가 어렵다.

---

**쏙쏙 이해 더하기** | **핵발전·태양광 발전·풍력 발전의 개선 방안**

• **핵발전**: 안전 관리를 강화한다.

• **태양광 발전**: 태양빛이 잘 들어오는 곳에 발전소를 만들고, 효율이 높은 태양 전지를 개발한다.

• **풍력 발전**: 소음 문제를 해결하기 위해 날개가 없는 형태의 풍력 발전기를 개발한다.

# 03 신재생 에너지

**이번 단원에서는** 신재생 에너지가 무엇인지 특징을 이해하고, 에너지 문제의 해결을 위한 노력을 알아본다.

## 1 신재생 에너지
신에너지와 재생 에너지의 예를 구분하여 기억해 주세요.

### 1. 신재생 에너지
신에너지와 재생 에너지를 합한 에너지

**(1) 신에너지:** 기존 에너지원에 새로운 에너지 전환 기술을 이용하여 에너지를 얻는 것

> 예 연료 전지, 수소 에너지, •석탄 액화, •석탄 가스화 등

**(2) 재생 에너지:** 에너지 자원의 고갈 없이 계속해서 재사용이 가능한 에너지

> 예 태양열, 태양광, 수력, 풍력, 폐기물, 해양, 지열, 바이오 매스[+] 등

> ╋ 바이오 매스
> • 바이오 에탄올: 작물에서 얻어 낸 포도당을 발효시켜 얻는다.
> • 바이오 디젤: 식물성 기름과 메탄올의 화학 반응으로 얻는다.
>
> 참고 바이오 에너지
> 바이오 매스를 태워서 열과 빛을 얻거나 유기물을 가스나 연료 형태로 가공하여 에너지를 얻는다.

> **쏙쏙 이해 더하기** | **수소 에너지**
>
> 새로운 에너지의 종류로, 수소의 형태로 에너지를 저장해 사용할 수 있으며, 일반 연료나 연료 전지 등으로 이용된다.
> • **원리:** 화합물 형태로 존재하는 수소를 분리한 후 연소시켜 발생한 열에너지를 사용하거나 연료 전지를 통해 전기 에너지로 전환하여 사용한다.
> • **장점:** 연소 시 발생하는 열의 양이 크며, 환경 오염이 적고, 자원이 고갈되지 않는다.
> • **단점:** 폭발의 위험이 크고, 수소를 얻기 위해 많은 에너지가 필요하다.

### 2. 신재생 에너지의 장단점
**(1) 장점**
> ① 고갈의 염려가 없다.
> ② 비교적 지속적이면서 안정적인 공급이 가능하다.
> ③ 환경 오염의 문제가 거의 없다.

**(2) 단점**
> ① 초기 시설 비용이 많이 드는 편이다.
> ② 화석 연료를 이용하는 화력 발전보다 효율이 낮아 지속적인 개발이 필요하다.

## ☆ 2 연료 전지
연료 전지의 원리와 장단점을 기억해 주세요.

### 1. 연료 전지
수소와 산소의 화학 반응으로 만들어진 화학 에너지를 전기 에너지로 바꾸는 장치

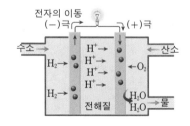

> 🔍 **꼼꼼 단어 돋보기**
>
> ● **석탄 액화**
> 석탄에 수소를 첨가하고 분해하여 온도와 압력을 높임으로써 석유 모양의 액상으로 만드는 기술
>
> ● **석탄 가스화**
> 석탄에 산소나 수소를 반응시켜 높은 온도에서 가스로 만드는 기술

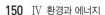

**(1) 구조:** 수소와 산소를 공급하는 두 전극 사이에 전해질 용액이 있다.

참고 수소와 산소가 전극을 이용하여 전기 에너지를 만든다(수소와 산소가 직접 반응하지 않음).

**(2) 연료 전지의 원리**

① 수소는 (−)극에서 전자를 내놓고 $H^+$가 된다.

② 수소 이온은 전해질을 통해 (+)극으로 이동하고, 전자는 도선을 따라 이동하여 (+)극으로 간다.

③ (+)극에서 수소 이온은 전자와 결합한 산소와 반응하여 물과 함께 전기 에너지와 열에너지를 발생한다.

## 2. 연료 전지의 장단점

**(1) 장점**

① 화학 에너지로부터 바로 전기 에너지로 직접 전환되므로 에너지 효율이 좋다.

② 고갈의 염려가 없고, 오염 물질을 거의 만들어내지 않는다.

**(2) 단점**

① 수소를 만들어내는 비용과 초기 건설 비용이 많이 든다.

② 수소의 보관이 어렵고 폭발의 위험이 있다.

## 3. 연료 전지의 이용

우주선이나 수소 연료, 전지 자동차 등에 이용한다.

# ★ 3 해양 에너지   파력 발전과 조력 발전의 차이를 기억해 주세요.

## 1. 파력 발전

파도가 움직일 때의 운동 에너지를 이용하여 전기 에너지를 생산하는 방식의 발전

**(1) 원리:** 파도에 의해서 해수면이 높이 차이가 생기고 이로 인해 공기를 압축하게 되면, 공기의 흐름이 터빈을 돌리면서 전기 에너지를 만들어 낸다.

🔺 파력 발전

**(2) 장점**

① 고갈의 염려가 없다.

② 작은 규모로 개발이 가능하다.

③ 한 번 설치 시 계속 사용할 수 있고, 방파제로 이용할 수 있다.

④ 오염 물질을 만들지 않는다.

**(3) 단점**

① 날씨나 파도의 정도에 따라 발전량의 차이가 클 수 있다.

② 큰 용량의 발전이 어렵고 파도에 의해 시설이 망가질 수도 있다.

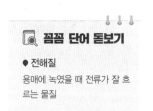

**📖 꼼꼼 단어 돋보기**

● **전해질**

용매에 녹였을 때 전류가 잘 흐르는 물질

## 2. 조력 발전<sup>+</sup>

밀물과 썰물로 생기는 바닷물의 높이차를 이용하여 전기 에너지를 생산하는 방식의 발전

**(1) 원리:** 방조제를 쌓아 바닷물이 들어오는 밀물 때 해수면의 높이차를 이용하여 발전을 하고, 바닷물이 빠져나가는 썰물 때 수문을 열어 물을 흘려보낸다.

**(2) 장점**

① 고갈의 염려가 없다.

② 비용이 적게 들고 많은 전기를 만들어낼 수 있다.

③ 발전소를 한번 건설하면 오래 이용할 수 있다.

**(3) 단점**

① 장소가 제한적이다.

② 초기 시설을 만들 때 비용이 많이 든다.

③ 조수 간만의 차가 항상 같지 않으므로 발전량이 일정하지 않다.

④ 갯벌이 파괴되어 생태계에 혼란을 줄 수 있다.

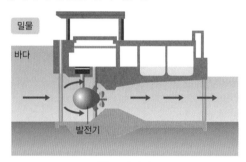

▲ 조력 발전

**+ 조력 발전**

조력 발전은 우리나라의 시화호가 대표적이다.

**참고 조석 현상**

하루에 2번씩 바닷물이 빠져나가고 (썰물) 들어오는(밀물) 조석 현상이 반복된다.

---

### 쏙쏙 이해 더하기  에너지 문제를 해결하기 위한 노력

① **친환경 에너지 도시:** 신재생 에너지를 만들어 에너지 문제를 해결하려는 도시

• 영국: 빗물을 모아 저장하여 사용한다.

• 이탈리아: 지열 발전<sup>+</sup>

• 스페인: 태양열 발전

② **적정 기술:** 과학과 기술의 혜택에서 소외된 사회를 위해 삶의 질을 개선하는 기술

• 생명 빨대: 빨대 속에 있는 정수 장치로 물을 정화시킨다.

• 항아리 냉장고: 물의 증발을 이용해 열을 흡수하여 항아리 안의 농작물을 시원하게 보관한다.

• 큐-드럼: 물을 담아 멀리 이동할 때 바닥에 굴려 쉽게 옮길 수 있도록 고안한 물통이다.

▲ 항아리 냉장고

▲ 큐-드럼

**+ 지열 발전**

지구 내부에서 발생하는 열에너지(땅 속 마그마 등)로 물을 끓여 에너지를 얻는다.

• 장점: 자원 고갈의 염려가 없고, 비교적 건설 비용이 적게 든다.

• 단점: 지역이 한정적이다.

**꼼꼼 단어 돋보기**

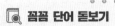

● **방조제**

밀물에 의해 바닷물이 들어오는 것을 막기 위해 만든 제방

걱정을 해서
걱정이 없어지면
걱정이 없겠네.

– 티베트 속담

# 쏙딱 TEST

정답과 해설 **16쪽**

## IV 환경과 에너지

---

| 주제 1 | 생태계와 환경 |
|---|---|

**01** 다음 중 분해자에 해당하는 것은?

① 토끼 ② 사슴
③ 호랑이 ④ 곰팡이

**02** 다음 ( ) 안에 공통으로 들어갈 환경 요소로 알맞은 것은?

> • ( )을/를 많이 받는 곳의 잎은 광합성량이 늘어나 울타리 조직이 발달하게 되어 잎이 두껍고, ( )을/를 적게 받는 곳은 잎이 얇고 넓다.
> • ( )은/는 광합성의 에너지원이다.

① 온도 ② 빛
③ 공기 ④ 토양

**주목**

**03** 다음에서 설명하는 것으로 옳은 것은?

> 생물의 개체 수나 생물량 또는 에너지 등의 상대적인 양을 하위 영양 단계부터 상위 영양 단계로 쌓아올려 피라미드 모양을 이루는 것을 말한다.

① 생태 피라미드 ② 지구 온난화
③ 광합성 ④ 호흡

**04** 다음 중 생태계의 구성 요소 중 비생물적 요인이 <u>아닌</u> 것은?

① 온도 ② 물
③ 버섯 ④ 공기

05 그림은 지구 대기 대순환에 의해 지표면에서 부는 바람을 나타낸 것이다. 이에 대한 설명으로 옳은 것만을 〈보기〉에서 모두 고른 것은?

2019년 1회

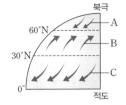

보기

ㄱ. A는 적도 지방에서 부는 바람이다.
ㄴ. B는 편서풍으로 우리나라 황사 현상에 영향을 준다.
ㄷ. C는 극지방에서 부는 극동풍이다.

① ㄱ
② ㄴ
③ ㄱ, ㄷ
④ ㄴ, ㄷ

주목

06 다음 설명에 해당하는 현상은?

2019년 2회

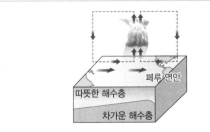

• 무역풍 약화로 페루 연안의 차가운 해수의 용승이 약화된다.
• 동태평양 적도 부근 연안의 수온이 평소보다 높아지면서 부근 어장이 황폐화된다.

① 쓰나미
② 엘니뇨
③ 대기 대순환
④ 지구 온난화

07 다음 설명에 해당하는 현상은?

2018년 1회

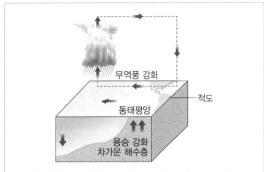

• 적도 부근 동태평양 연안의 수온이 평소보다 감소하는 현상이다.
• 무역풍의 강화로 차가운 해수의 용승이 활발해진다.

① 황사
② 라니냐
③ 오로라
④ 자기 폭풍

08 그림은 북반구 표층 해류의 일부를 나타낸 모식도이다. A~D 중 저위도에서 고위도 쪽으로 흐르는 난류는?

2018년 2회

① A
② B
③ C
④ D

빠른 정답 체크

01 ④   02 ②   03 ①   04 ③   05 ②   06 ②   07 ②
08 ①

**09** 지구 온난화에 대한 설명으로 옳은 것만을 〈보기〉에서 모두 고른 것은?　　　　　　2017년 1회

> **보기**
> ㄱ. 지구의 평균 기온이 상승하는 현상이다.
> ㄴ. 가장 큰 영향을 미치는 온실 기체는 수소이다.
> ㄷ. 전 세계의 평균 해수면을 상승시킨다.

① ㄱ　　　　　　　　② ㄴ
③ ㄱ, ㄷ　　　　　　④ ㄴ, ㄷ

**10** 그림은 대기 대순환 모형을 나타낸 것이다. 이에 대한 설명으로 옳은 것은?　　　　　　2017년 1회

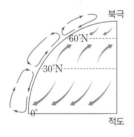

① 적도의 지표 부근에서는 공기가 주로 하강한다.
② 북위 0°~30° 사이에서는 편서풍이 분다.
③ 북위 30°~60° 사이에서는 북동 무역풍이 분다.
④ 대기 대순환은 위도별 에너지 불균형을 해소하는 역할을 한다.

**11** 다음 중 지구의 위도별 태양 복사 에너지와 지구 복사 에너지의 불균형으로 인해 생겨난 저위도의 과잉 에너지를 고위도로 보내는 현상은?　　　　　　2017년 2회

① 오로라　　　　　　② 맨틀 대류
③ 대기 대순환　　　　④ 지구 온난화

**12** 다음 설명에 해당하는 자연 현상은?　　　　2016년 1회

> • 동태평양 연안의 수온이 평소보다 증가하는 것을 말한다.
> • 호주 등의 서태평양 지역에 심한 가뭄 피해를 입히기도 한다.

① 황사　　　　　　　② 엘니뇨
③ 오로라　　　　　　④ 자기 폭풍

**13** 지구 대기 중에 온실 기체가 증가하여 현재 나타나는 현상으로 옳은 것은?　　　　　　2020년 1회

① 해수면이 높아진다.
② 지구의 평균 기온이 낮아진다.
③ 빙하의 분포 면적이 넓어진다.
④ 바다의 평균 수온이 낮아진다.

**14** 다음 (　　) 안에 들어갈 말로 옳은 것은?

> 위도 30°~60° 사이에서 (　　)에 의해 북태평양 해류, 북대서양 해류 등이 흐른다. 이 바람은 우리나라에 황사를 몰고 오기도 한다.

① 편서풍　　　　　　② 맨틀 대류
③ 대기 대순환　　　　④ 지구 온난화

**주목**

**15** 그림은 고열원에서 열($Q_1$)을 흡수하여 일($W$)을 하고 저열원으로 열($Q_2$)을 방출하는 열기관의 1회 순환 과정을 나타낸 것이다. 열효율이 20%인 열기관이 고열원에서 1000J의 열을 흡수했을 때 저열원으로 방출하는 열은?           2019년 1회

① 300J                    ② 500J
③ 800J                    ④ 900J

**17** 그림은 열기관의 1회 순환 과정을 나타낸 것이다. 두 열기관 (가)와 (나)의 열효율이 같을 때, (나)가 한 일 ㉠은?           2019년 2회

| 열기관 | (가) | (나) |
|---|---|---|
| 흡수한 열($Q_1$) | 100 J | 50 J |
| 방출한 열($Q_2$) | 80 J | 40 J |
| 한 일($W$) | 20 J | ㉠ |

① 5J                      ② 10J
③ 20J                     ④ 30J

**18** 표는 조명 기구 A~D의 같은 시간 동안 공급된 전기 에너지와 발생한 빛에너지를 나타낸 것이다. 빛에 대한 에너지 효율이 가장 높은 조명 기구는?           2018년 1회

| 기구 | A | B | C | D |
|---|---|---|---|---|
| 전기 에너지(J) | 20 | 20 | 40 | 40 |
| 빛에너지(J) | 5 | 10 | 5 | 10 |

① A                       ② B
③ C                       ④ D

**16** 그림과 같이 질량이 같은 세 물체 A, B, C를 각각 $1h$, $2h$, $3h$의 높이에서 가만히 놓았을 때, 지면에 도달하는 순간 운동 에너지가 가장 작은 것은? (단, 모든 저항은 무시한다.)           2019년 2회

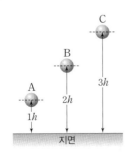

① A                       ② B
③ C                       ④ 모두 같다.

**빠른 정답 체크**

**19** 그림 A~C와 같이 높이 $h$에서 가만히 놓은 공이 경사면을 따라 내려올 때 지면에 도달하는 순간의 속력에 대한 설명으로 옳은 것은? (단, 모든 마찰은 무시한다.)

2018년 2회

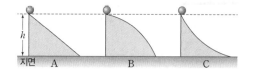

① A에서 가장 빠르다.
② B에서 가장 빠르다.
③ C에서 가장 빠르다.
④ 모두 같다.

**20** 그림과 같이 크기는 같고 질량이 다른 물체 A, B, C를 같은 높이 $h$에서 가만히 놓았을 때, 바닥에 도달하는 순간 운동 에너지가 가장 큰 것은? (단, 모든 저항은 무시한다.)

2017년 1회

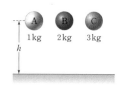

① A
② B
③ C
④ 모두 같다.

**21** 그림은 열기관의 1회 순환 과정을 나타낸 것이다. 이에 대한 설명으로 옳은 것은? (단, 열기관이 흡수한 열은 $Q_1$, 방출한 열은 $Q_2$, 한 일은 $W$이다.)

2017년 1회

① $Q_1 < Q_2$
② $W = Q_1 - Q_2$
③ $W$가 작을수록 열효율이 높다.
④ $Q_2 = 0$인 열기관을 만들 수 있다.

**22** 다음 설명에 해당하는 것은?

2016년 1회

- 전류에 의한 자기장을 이용한다.
- 전기 에너지를 소리 에너지로 전환시킨다.

① 다리미
② 배터리
③ 백열등
④ 스피커

**23** 열기관에 대한 설명으로 옳은 것만을 〈보기〉에서 모두 고른 것은?

2016년 1회

**보기**

ㄱ. 열에너지를 일로 전환하는 장치이다.
ㄴ. 열은 저열원에서 고열원으로 이동한다.
ㄷ. 열효율(%)$= \dfrac{열기관이 한 일}{열기관에 공급한 열에너지} \times 100$이다.

① ㄴ
② ㄷ
③ ㄱ, ㄴ
④ ㄱ, ㄷ

**24** 그림은 건물 옥상에서 수평으로 던진 공의 운동 경로를 나타낸 것이다. A, B, C 세 지점에서 공의 운동에 대한 설명으로 옳은 것은? (단, 공기 저항은 무시한다.)

2016년 2회

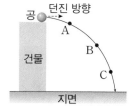

① 속도가 가장 빠른 지점은 A이다.
② 위치 에너지가 가장 큰 지점은 B이다.
③ 운동 에너지가 가장 작은 지점은 C이다.
④ A, B, C 지점에서 역학적 에너지의 크기는 모두 같다.

**25** 그림과 같이 쇠구슬이 A에서 D로 레일을 따라 굴러갔다. A~D 중, 중력에 의한 쇠구슬의 위치 에너지가 가장 작은 지점은? (단, 지면을 기준으로 한다.) 2015년 1회

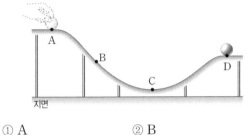

① A
② B
③ C
④ D

**26** 그림은 (가)에서 (나)로 공이 운동한 경로를 나타낸 것이다. 구간 A~D 중 위치 에너지가 운동 에너지로 전환된 곳은? (단, 공기 저항과 마찰은 무시한다.)

2015년 2회

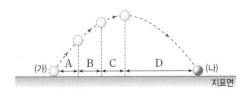

① A
② B
③ C
④ D

**27** 그림은 고열원에서 100J의 열을 흡수하여 일($W$)을 하고, 저열원으로 80J의 열을 방출하는 열기관을 나타낸 것이다. 이 열기관의 열효율은? 2015년 2회

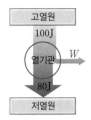

① 20%
② 30%
③ 40%
④ 50%

**28** 다음 중 선풍기의 에너지 전환으로 옳은 것은?

① 전기 에너지 → 운동 에너지
② 전기 에너지 → 열에너지
③ 화학 에너지 → 전기 에너지
④ 화학 에너지 → 소리 에너지

주목
**29** 그림과 같이 코일에 자석을 가까이 가져갈 때 검류계의 바늘이 왼쪽으로 움직였다. 다음 중 검류계의 바늘이 오른쪽으로 움직이는 경우는? (단, 다른 조건은 모두 같다.)    2021년 1회

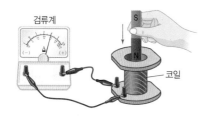

① 더 강한 자석을 사용한다.
② 코일의 감은 수를 늘린다.
③ 자석을 더 빠르게 가까이 한다.
④ 자석을 코일에서 멀어지게 한다.

**30** 다음 설명에 해당하는 것은?

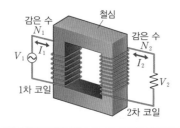

　변전소에서 송전 전압을 높이거나 낮출 때 이것을 이용한다.

① 전류계      ② 저항
③ 변압기      ④ 전구

**31** 전압이 220V이고 전류가 2A일 때의 전력은?

① 110W      ② 220W
③ 330W      ④ 440W

**32** 다음 설명에 해당하는 발전 방식은?    2019년 1회

　• 태양의 빛에너지를 직접 전기 에너지로 전환한다.
　• 광전 효과를 기반으로 하는 태양 전지를 이용한다.

① 조력 발전      ② 풍력 발전
③ 핵발전      ④ 태양광 발전

**33** 다음 설명에 해당하는 발전 방식은?    2018년 1회

　땅속 마그마에 의해 데워진 고온의 지하수나 수증기를 끌어올려 터빈을 돌려서 전기를 생산한다.

① 지열 발전      ② 풍력 발전
③ 화력 발전      ④ 태양광 발전

**34** 다음 중 태양계에서 수소 핵융합 에너지를 방출하는 천체는?    2018년 1회

① 달      ② 금성
③ 지구      ④ 태양

**35** 바다를 제방으로 막아 밀물과 썰물로 인한 해수면의 높이 차이를 이용해 전기를 생산하는 방식은?    2018년 2회

① 조력 발전      ② 지열 발전
③ 풍력 발전      ④ 화력 발전

**36** 핵발전에 대한 설명으로 옳은 것만을 〈보기〉에서 모두 고른 것은?　　　　　　　　　2017년 2회

> 보기
>
> ㄱ. 핵분열을 이용한다.
> ㄴ. 석탄을 연료로 사용한다.
> ㄷ. 방사성 폐기물이 발생한다.

① ㄱ
② ㄴ
③ ㄱ, ㄷ
④ ㄴ, ㄷ

**37** 다음 중 그림과 같은 에너지 전환을 주로 이용하는 장치는?　　　　　　　　　2017년 2회

| 빛에너지 | → | 전기 에너지 |

① 냉장고
② 프리즘
③ 전기 난로
④ 태양 전지

**38** 풍력 발전 과정에서 일어나는 에너지 전환으로 옳은 것은?　　　　　　　　　2016년 1회

① 열에너지 → 빛에너지
② 열에너지 → 전기 에너지
③ 운동 에너지 → 전기 에너지
④ 화학 에너지 → 운동 에너지

**39** 그림과 같은 핵분열을 이용하는 발전 방식은?　　　　　　　　　2016년 2회

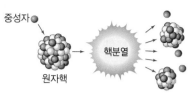

① 수력 발전
② 풍력 발전
③ 화력 발전
④ 핵발전

**40** 다음 중 화석 연료에 대한 설명으로 옳지 <u>않은</u> 것은?　　　　　　　　　2020년 1회

① 매장량이 한정되어 있다.
② 연소할 때 산소 기체가 주로 발생한다.
③ 생물체의 유해가 땅속에 묻혀 생성된다.
④ 석탄, 석유, 천연가스는 대표적인 화석 연료이다.

**빠른 정답 체크**

| 29 ④ | 30 ③ | 31 ④ | 32 ④ | 33 ① | 34 ④ | 35 ① |
| 36 ③ | 37 ④ | 38 ③ | 39 ④ | 40 ② |

# 단원을 끝내는
# 엔드노트

## 01 생태계와 환경

**(1) 생태계:** 생물적 요인과 비생물적 요인이 서로 영향을 주고받으며 유지되는 하나의 체계이다.

**(2) 생물과 환경의 관계**
① 빛과 생물 **예** 빛을 많이 받는 곳의 잎은 울타리 조직이 발달하여 광합성이 활발하게 일어나고 잎이 두껍다.
② 온도와 생물 **예** 개구리나 뱀 같은 경우 겨울에 겨울잠을 잔다.
③ 공기와 생물 **예** 고산 지대 사람들은 혈액 속 적혈구 수가 많아 산소의 운반이 효율적으로 일어난다.
④ 물과 생물 **예** 뱀 같은 파충류는 표면이 비늘로 되어 있어 물의 손실을 막는다.

**(3) 생태계 평형**
① 에너지 흐름: 태양 에너지 → 화학 에너지(유기물) → 생활 에너지 → 열에너지(방출)
② 생태 피라미드: 각 영양 단계의 개체 수, 생물량, 에너지양을 하위에서 상위 영양 단계로 쌓아 올린 것으로 피라미드 모양이다.
③ 생태계 평형: 생태계에서 생물 군집의 종류, 개체 수, 물질의 양, 에너지의 흐름 등이 거의 변하지 않고 안정적으로 유지되는 상태로, 먹이 그물이 복잡하고 생물의 종이 다양할수록 생태계 평형이 잘 유지된다.

## 02 지구 환경 변화

**(1) 온실 효과:** 대기 중의 온실 기체가 지표에서 방출되는 지구 복사 에너지를 흡수했다가 다시 지표로 재방출하여 지표를 따뜻하게 보온하는 효과를 말한다.

**(2) 지구 온난화:** 온실 효과의 증대로 지구의 평균 온도가 계속 높아지는 현상이다.

**(3) 대기 대순환:** 위도별 태양 복사 에너지의 차이로 생긴 대기의 순환이다.

**(4) 해수의 순환:** 주로 대기 대순환의 영향으로 표층 해류에서 발생한다.

**(5) 엘니뇨와 라니냐**
① 엘니뇨: 무역풍의 약화로 적도 부근 동태평양의 수온이 고온으로 지속되는 현상
② 라니냐: 무역풍의 강화로 적도 부근 동태평양의 수온이 저온으로 지속되는 현상 → 엘니뇨와 반대되는 현상

**(6) 사막화:** 토양의 생산력 감소로 토지가 황폐해져 점차 식물이 자랄 수 없는 사막이 확대되는 현상을 의미한다.

## 03 에너지

**(1) 에너지의 종류:** 역학적 에너지, 화학 에너지, 전기 에너지, 열에너지, 빛에너지, 소리 에너지, 핵에너지

**(2) 에너지의 전환:** 한 형태의 에너지가 다른 형태의 에너지로 바뀌고 이 과정에서 에너지가 새로 생기거나 소멸하지 않는다.

**(3) 에너지 효율:** $\dfrac{\text{유용하게 사용되는 에너지의 양}}{\text{공급한 에너지의 양}} \times 100(\%)$

**(4) 열효율:** $\dfrac{\text{열기관이 한 일}}{\text{열기관에 공급한 열에너지}} \times 100(\%)$

## 04 전기 에너지

(1) **전자기 유도**: 코일 주위에 자석이 움직이거나 자석 주위에 코일이 움직이면서 코일을 지나는 자기장이 변하게 되어 코일에 유도 전류가 흐르는 현상

(2) **발전기**: 전자기 유도 현상을 이용하여 전기를 발생시키는 장치

(3) **전력**($P$): $\dfrac{전압 \times 전류 \times 시간}{시간} = 전압 \times 전류 = VI$

(4) **전력 수송 과정**: 발전소 → 초고압 변전소 → 1차 변전소 → 2차 변전소 → 주상 변압기 → 가정

(5) **전력 손실**: 송전선에 전류가 흐를 때 저항에 의해 열이 발생하여 손실되는 전력을 의미한다.

(6) **변압기**: 전자기 유도 법칙을 이용하여 교류 전압을 변화시키는 장치이다. 변전소에서 송전 전압을 높이거나 낮추는 데 이용한다.

## 05 태양광 발전과 신재생 에너지

(1) **태양 에너지**: 태양에서 수소 핵융합 반응이 일어나 발생하는 막대한 양의 에너지

(2) **화석 연료의 생성**: 동물과 식물의 유해가 땅속에 묻히게 되면서 산소의 공급이 어려워진 상태로 오랜 시간 동안 높은 열과 압력을 받아 만들어진 에너지 자원으로, 석탄, 석유, 천연 가스가 있다.

(3) **지구 에너지의 근원**: 태양 복사 에너지

(4) **핵발전**: 우라늄 같은 무거운 원자핵이 분열할 때 만들어지는 에너지로 물이 끓을 때 발생한 수증기를 이용해 터빈을 돌려 전기 에너지를 생산한다.

(5) **태양광 발전**: 태양의 빛에너지를 태양 전지를 이용하여 전기 에너지로 바꾸는 방식이다.

(6) **풍력 발전**: 바람의 운동 에너지를 이용하여 전기 에너지로 바꾸는 방식이다.

(7) **신재생 에너지**
　　① **신에너지**: 연료 전지, 수소 에너지, 석탄 액화, 석탄 가스화 등
　　② **재생 에너지**: 태양열, 태양광, 수력, 풍력, 폐기물, 해양, 지열, 바이오 매스 등

(8) **연료 전지**: 수소와 산소의 화학 반응으로 만들어진 화학 에너지를 전기 에너지로 바꾸는 장치이다.

(9) **파력 발전**: 파도가 움직일 때의 운동 에너지를 이용하여 전기 에너지를 생산한다.

(10) **조력 발전**: 밀물과 썰물로 생기는 바닷물의 높이차를 이용하여 전기 에너지를 생산한다.

**단원을 닫으며**

사회적으로 이슈가 되고 있는 지구 온난화와 엘니뇨, 라니냐의 정의를 잘 기억해 주세요. 에너지 효율과 열효율을 계산하는 문제도 자주 출제됩니다. 또한 전자기 유도라는 생소한 개념을 구분해 주시고, 신재생 에너지도 출제될 수 있으니 꼭 익혀주시기 바랍니다.

# 모바일 OMR
# 채점 & 성적 분석

**QR 코드를 활용하여, 쉽고 빠른**
**응시 – 채점 – 성적 분석을 해 보세요!**

**STEP 1**　QR 코드 스캔

**STEP 2**　모바일 OMR 작성

**STEP 3**　채점 결과 & 성적 분석 확인

해당 서비스는 2025. 08. 31까지만 이용하실 수 있습니다.

▶ **QR 코드는 어떻게 스캔하나요?**

① 네이버앱 ⇨ 그린닷 ⇨ 렌즈

② 카카오톡 ⇨ 더보기 ⇨ 코드스캔(우측 상단 ⠿ 모양)

③ 스마트폰 내장 카메라 사용(촬영 버튼을 누르지 않고 카메라
　화면에 QR 코드를 비추면 URL이 자동으로 뜬답니다.)

# 실전
# 모의고사

🕐 제한시간: 30분

정답과 해설 **22쪽**

## 01 다음 ( ) 안에 들어가는 숫자로 알맞은 것은?

> 양성자는 업 쿼크 ( )개와 다운 쿼크 1개가 만나 (+)전하를 띤다.

① 1　　　　　　　② 2
③ 3　　　　　　　④ 4

## 02 다음 중 주계열성에 대한 설명으로 옳지 <u>않은</u> 것은?

① 별의 중심에서 헬륨 핵융합 반응이 일어난다.
② 별의 진화 과정 중 가장 긴 시기이다.
③ 별은 일생의 90%를 주계열성으로 보낸다.
④ 별의 크기가 일정하게 유지된다.

## 03 다음 별의 진화 과정 중 A에 들어갈 것으로 옳은 것은?

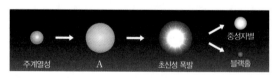

① 적색 거성　　　　② 원시별
③ 초거성　　　　　④ 행성상 성운

## 04 다음 중 알칼리 금속이 <u>아닌</u> 것은?

① 탄소　　　　　　② 리튬
③ 나트륨　　　　　④ 칼륨

## 05 다음 ( ) 안에 들어갈 말로 옳은 것은?

> 양이온과 음이온이 전기적 인력에 의한 결합을 하는 것을 ( )이라 한다.

① 공유 결합　　　　② 단일 결합
③ 이중 결합　　　　④ 이온 결합

## 06 다음에서 설명하는 것으로 옳은 것은?

> • 효소와 호르몬의 주성분이다.
> • 근육이나 세포막같이 몸을 구성하는 성분이다.
> • 단위체는 아미노산이다.

① 단백질　　　　　② 핵산
③ 지방　　　　　　④ 물

**07** 다음은 특정 온도 이하에서 전기 저항이 0이 되는 현상을 나타내는 물질이다. 이 물질에 해당하는 것은?

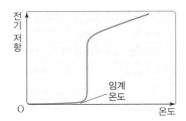

① 부도체　　　　② 반도체
③ 초전도체　　　④ 도체

**08** 다음 중 힘의 단위로 옳은 것은?

① N　　　　② m
③ kg　　　　④ W

**09** 다음에서 설명하는 지구 시스템으로 옳은 것은?

> • 질소, 산소, 이산화 탄소 등의 기체로 이루어져 있다.
> • 높이에 따른 기온 분포에 따라 대류권, 성층권, 중간권, 열권으로 구분된다.

① 지권　　　　② 기권
③ 수권　　　　④ 생물권

**10** 다음은 생명 시스템의 각 구성 단계이다. 작은 구성 단계부터 순서대로 바르게 나열한 것은?

> 세포, 기관, 개체, 조직

① 세포 → 조직 → 개체 → 기관
② 세포 → 조직 → 기관 → 개체
③ 세포 → 기관 → 조직 → 개체
④ 세포 → 기관 → 개체 → 조직

**11** 다음 중 세포막에 대한 설명으로 옳지 <u>않은</u> 것은?

① 세포를 둘러싸는 막이다.
② 인지질 2중층과 단백질로 이루어진다.
③ 식물 세포에만 있는 두껍고 단단한 막이다.
④ 세포의 안과 밖으로 물질 출입을 조절한다.

**12** 다음은 물질대사의 한 과정을 나타낸 것이다. A에 들어갈 말로 옳은 것은?

① 동화 작용　　　② 이화 작용
③ 발열 반응　　　④ 세포 호흡

**13** 다음은 유전 정보의 흐름을 간단히 나타낸 것이다. (가)의 염기로 옳지 <u>않은</u> 것은?

$$(가) \xrightarrow{\text{전사}} RNA \xrightarrow{\text{번역}} 단백질$$

① A  ② U
③ C  ④ G

**14** 다음에서 산화되는 물질로 옳은 것은?

$$2CuO + C \longrightarrow 2Cu + CO_2$$

① $CuO$  ② $C$
③ $Cu$  ④ $CO_2$

**15** 산이 가지는 공통적 특징으로 옳은 것만을 〈보기〉에서 모두 고른 것은?

> **보기**
> ㄱ. 대체로 신맛이 난다.
> ㄴ. 푸른색 리트머스 종이를 붉게 변하게 한다.
> ㄷ. 페놀프탈레인 용액을 떨어뜨리면 붉게 변한다.

① ㄱ  ② ㄴ
③ ㄱ, ㄴ  ④ ㄴ, ㄷ

**16** 다음에서 설명하는 것으로 옳은 것은?

> 과거 지질 시대에 살았던 생물들의 유해나 흔적 같은 것이 지층 속에 남아 있는 것으로 주로 퇴적암에서 발견된다.

① 화석  ② 지진
③ 화산  ④ 빙하

**17** 다음 (  ) 안에 공통으로 들어갈 말로 옳은 것은?

> • 선캄브리아대는 (  )이/가 없었기 때문에 강한 자외선을 피해 식물들은 서식지가 바다로 제한되었다.
> • 고생대는 산소가 증가하여 (  )이/가 형성되었고 자외선이 차단되어 육지에 생물이 살기 시작하였다.

① 질소  ② 공기
③ 탄소  ④ 오존층

**18** 다음 과정 중 (  ) 안에 들어갈 말로 옳은 것은?

> 과잉 생산 → (  ) → 생존 경쟁 → 자연 선택 → 진화

① 변이  ② 용불용설
③ 대멸종  ④ 공업암화

**19** 생물 다양성이 감소하는 원인으로 옳은 것만을 〈보기〉에서 모두 고른 것은?

> **보기**
> ㄱ. 서식지 파괴
> ㄴ. 외래종 유입
> ㄷ. 남획

① ㄱ                    ② ㄴ
③ ㄴ, ㄷ                ④ ㄱ, ㄴ, ㄷ

**20** 다음 중 생태계의 생물적 요인 중 분해자에 해당하는 것을 〈보기〉에서 모두 고른 것은?

> **보기**
> ㄱ. 곰팡이
> ㄴ. 호랑이
> ㄷ. 버섯

① ㄱ                    ② ㄴ
③ ㄱ, ㄷ                ④ ㄱ, ㄴ, ㄷ

**21** 다음 중 생태계 평형을 깨는 요인이 <u>아닌</u> 것은?

① 농약 살포
② 하천 복원 사업 실시
③ 환경의 오염
④ 지구 온난화

**22** 지구에 흡수되는 에너지가 70%일 때 지구의 복사 평형이 일어나기 위해 지구가 방출하는 에너지는 얼마여야 하는가?

① 30%                  ② 50%
③ 70%                  ④ 100%

**23** 다음 중 지구 온난화의 대책으로 옳지 <u>않은</u> 것은?

① 화석 연료를 적극 사용한다.
② 산림의 면적을 확대한다.
③ 대체 에너지를 개발한다.
④ 에너지를 절약한다.

**24** 다음 그림에 대한 설명으로 옳지 <u>않은</u> 것은?

① 대기 대순환을 나타낸 것이다.
② 우리나라는 극동풍의 영향을 받는다.
③ 지구의 자전에 의해 적도에서 극까지 3개의 순환이 발생한다.
④ 저위도에 남는 열에너지를 고위도로 전달한다.

**25** 전자기 유도에서 발생하는 유도 전류의 세기를 세게 하는 방법으로 옳은 것만을 〈보기〉에서 모두 고른 것은?

> **보기**
> ㄱ. 자석을 세게 한다.
> ㄴ. 자석을 느리게 움직인다.
> ㄷ. 코일을 적게 감는다.

① ㄱ                    ② ㄴ
③ ㄱ, ㄷ                ④ ㄱ, ㄴ, ㄷ

🕐 제한시간: 30분

정답과 해설 25쪽

**01** 다음 중 빅뱅(대폭발)이 일어난 후 가장 먼저 생성된 입자로 옳은 것은?

① 헬륨 원자핵      ② 수소 원자
③ 양성자      ④ 쿼크

**02** 빅뱅 우주론의 증거가 되는 수소와 헬륨의 질량비로 옳은 것은?

① 1 : 1      ② 2 : 1
③ 3 : 1      ④ 4 : 1

**03** 다음 중 금속이 <u>아닌</u> 원소는?

① 구리      ② 나트륨
③ 마그네슘      ④ 산소

**04** 다음 그림에 대한 설명으로 옳지 <u>않은</u> 것은?

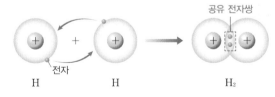

① 수소 원자는 중성이다.
② 수소 원자가 전자를 각각 1개씩 내놓아 전자쌍을 공유한다.
③ 공유한 전자쌍은 1쌍이다.
④ 수소 분자는 이온 결합을 한다.

**05** 다음에서 설명하는 원소로 옳은 것은?

- 이 원소는 원자가 전자가 4개이다.
- 이 원소끼리 결합할 때 단일 결합, 2중 결합, 3중 결합이 가능하고 이 원자로 사슬 모양, 가지 모양, 고리 모양 등 다양하게 만들 수 있다.
- 이 화합물은 탄수화물, 단백질, 지질 등의 고분자 형태로 생명체를 구성하고 생명체의 에너지원으로 사용될 수 있다.

① 수소      ② 탄소
③ 리튬      ④ 헬륨

**06** DNA에 대한 설명으로 옳은 것만을 〈보기〉에서 모두 고른 것은?

> **보기**
> ㄱ. 유전 정보를 저장한다.
> ㄴ. 당으로 리보스를 가진다.
> ㄷ. 염기의 종류에 A, G, C, T이 있다.

① ㄱ      ② ㄴ
③ ㄱ, ㄷ      ④ ㄱ, ㄴ, ㄷ

**07** 다음과 같이 60개의 탄소 원자가 공 모양을 이루는 것의 명칭은?

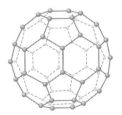

① 그래핀      ② 탄소 나노 튜브
③ 풀러렌      ④ 반도체

**08** 다음에서 설명하는 것으로 옳은 것은?

> • 질량이 있는 물체 사이에 상호 작용하는 힘으로 지구 중심 방향으로 작용하여 지구가 물체를 당기는 힘이다.
> • 물체의 질량이 클수록 거리가 가까울수록 크다.

① 중력　　　　　　② 마찰력
③ 전기력　　　　　④ 자기력

**09** 자유 낙하 운동에 대한 설명으로 옳은 것만을 〈보기〉에서 모두 고른 것은?

> **보기**
> ㄱ. 중력이 작용한다.
> ㄴ. 속력이 일정하게 증가한다.
> ㄷ. 질량에 관계없이 속력이 1초에 약 $9.8\,m/s$씩 증가한다.

① ㄱ　　　　　　　② ㄴ
③ ㄱ, ㄷ　　　　　④ ㄱ, ㄴ, ㄷ

**10** 다음 중 기권에 해당하는 것은?

① 맨틀　　　　　　② 대류권
③ 해수　　　　　　④ 지각

**11** 다음은 어떤 지구 시스템의 상호 작용인가?

> 생물이 호흡하고, 식물은 광합성을 한다.

① 지권 – 수권
② 지권 – 생물권
③ 기권 – 수권
④ 기권 – 생물권

**12** 다음 세포 소기관 중 세포 호흡이 일어나 생명 활동에 필요한 에너지를 생산하는 것은?

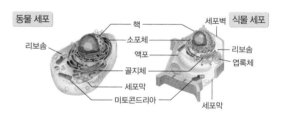

① 핵　　　　　　　② 미토콘드리아
③ 소포체　　　　　④ 골지체

**13** 다음 중 이화 작용에 해당하는 것을 〈보기〉에서 모두 고른 것은?

> **보기**
> ㄱ. 광합성
> ㄴ. 세포 호흡
> ㄷ. 단백질 합성

① ㄱ　　　　　　　② ㄴ
③ ㄱ, ㄷ　　　　　④ ㄱ, ㄴ, ㄷ

**14** 다음의 반응에 대한 설명으로 옳지 <u>않은</u> 것은?

$$C + O_2 \longrightarrow CO_2$$

① 숯의 연소 반응이다.
② 숯의 주성분은 탄소이다.
③ 연소는 산소와 물질이 빠르게 반응하여 열과 빛을 내는 현상이다.
④ 탄소와 산소가 만나 환원되어 이산화 탄소가 생성되었다.

**15** 다음 중 철의 부식을 막는 방법으로 옳지 <u>않은</u> 것은?

① 철에 물을 칠한다.
② 철에 도금을 한다.
③ 철에 페인트 칠을 한다.
④ 철의 성질을 변화시키기 위해 합금을 한다.

**16** 다음 중 염기에 해당하는 것을 〈보기〉에서 모두 고른 것은?

> **보기**
> ㄱ. 질산($HNO_3$)
> ㄴ. 탄산($H_2CO_3$)
> ㄷ. 수산화 나트륨($NaOH$)

① ㄱ                    ② ㄴ
③ ㄷ                    ④ ㄱ, ㄴ

**17** 다음 중 표준 화석에 해당하는 것은?

① 삼엽충 화석
② 고사리 화석
③ 산호 화석
④ 조개 화석

**18** 다음에서 설명하는 지질 시대로 옳은 것은?

> • 포유류가 번성하였으며 인류의 조상이 최초 출현하였다.
> • 화폐석, 매머드, 속씨식물이 번성하였다.
>
>
> 화폐석          매머드

① 선캄브리아대          ② 고생대
③ 중생대                ④ 신생대

**19** 다음에서 생물과 관계를 맺은 비생물적 요소에 해당하는 것은?

> • 추운 지방의 여우는 주로 몸이 털로 덮여 있고, 피하 지방을 축적해 몸집이 크고, 말단 부위를 작게 하여 열이 빠져나가는 것을 막는다.
> • 더운 지방의 여우는 몸집이 작고, 말단부가 커서 열을 많이 방출하도록 한다.

① 온도                  ② 공기
③ 물                    ④ 빛

**20** 다음은 대기 대순환과 해류의 방향을 나타낸 것이다. 그림과 관련된 내용 중 옳은 것만을 〈보기〉에서 모두 고른 것은?

〈보기〉
ㄱ. 대기 대순환과 해류의 방향은 반대로 나타난다.
ㄴ. 편서풍은 북태평양 해류에 영향을 준다.
ㄷ. 무역풍은 북적도 해류에 영향을 준다.

① ㄱ　　　　　　　② ㄴ
③ ㄷ　　　　　　　④ ㄴ, ㄷ

**21** 다음에서 설명하는 에너지로 옳은 것은?

　　물질 속에 저장되어 있는 화학 결합에 의한 에너지이다.

① 화학 에너지　　　② 열에너지
③ 빛에너지　　　　④ 소리 에너지

**22** 다음에서 설명하는 방식의 발전으로 옳은 것은?

• 화석 연료를 연소할 때 만들어진 열로 물을 끓이고 그때 발생한 수증기로 터빈을 돌려 에너지를 만들어 낸다.
• 화학 에너지 → 열에너지 → 운동 에너지 → 전기 에너지 순으로 에너지가 전환된다.

① 수력 발전　　　② 지열 발전
③ 화력 발전　　　④ 핵발전

**23** $220V-440W$라고 적혀 있는 전기 기구에 흐르는 전류는?

① 1A　　　　　　② 2A
③ 3A　　　　　　④ 4A

**24** 다음 중 화석 연료에 해당하는 것은?

① 석탄　　　　　② 바람
③ 지열　　　　　④ 빛

**25** 다음에서 설명하는 것으로 옳은 것은?

　　수소와 산소의 화학 반응으로 만들어진 화학 에너지를 전기 에너지로 바꾸는 장치를 말한다.

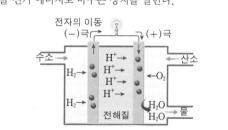

① 연료 전지　　　② 태양광 발전
③ 지열 발전　　　④ 핵발전

끝이 좋아야 시작이 빛난다.

– 마리아노 리베라(Mariano Rivera)

# 2025 고졸 검정고시 기본서 과학

| | |
|---|---|
| **발 행 일** | 2024년 7월 30일 초판 |
| **편 저 자** | 김샛별 |
| **펴 낸 이** | 양형남 |
| **개 발** | 정상욱, 김성미, 오유진 |
| **펴 낸 곳** | (주)에듀윌 |
| **등록번호** | 제25100–2002–000052호 |
| **주 소** | 08378 서울특별시 구로구 디지털로34길 55 |
| | 코오롱싸이언스밸리 2차 3층 |

## www.eduwill.net

대표전화 1600-6700

# 여러분의 작은 소리
# 에듀윌은 크게 듣겠습니다.

본 교재에 대한 여러분의 목소리를 들려주세요.
공부하시면서 어려웠던 점, 궁금한 점,
칭찬하고 싶은 점, 개선할 점, 어떤 것이라도 좋습니다.

에듀윌은 여러분께서 나누어 주신 의견을
통해 끊임없이 발전하고 있습니다.

**에듀윌 도서몰** book.eduwill.net
• 부가학습자료 및 정오표: 에듀윌 도서몰 → 도서자료실
• 교재 문의: 에듀윌 도서몰 → 문의하기 → 교재(내용, 출간) / 주문 및 배송

# 중졸·고졸 검정고시 답안지

| 문번 | 답란 |
|------|------|
| 1 | ① ② ③ ④ |
| 2 | ① ② ③ ④ |
| 3 | ① ② ③ ④ |
| 4 | ① ② ③ ④ |
| 5 | ① ② ③ ④ |
| 6 | ① ② ③ ④ |
| 7 | ① ② ③ ④ |
| 8 | ① ② ③ ④ |
| 9 | ① ② ③ ④ |
| 10 | ① ② ③ ④ |

| 문번 | 답란 |
|------|------|
| 11 | ① ② ③ ④ |
| 12 | ① ② ③ ④ |
| 13 | ① ② ③ ④ |
| 14 | ① ② ③ ④ |
| 15 | ① ② ③ ④ |
| 16 | ① ② ③ ④ |
| 17 | ① ② ③ ④ |
| 18 | ① ② ③ ④ |
| 19 | ① ② ③ ④ |
| 20 | ① ② ③ ④ |

| 문번 | 답란 |
|------|------|
| 21 | ① ② ③ ④ |
| 22 | ① ② ③ ④ |
| 23 | ① ② ③ ④ |
| 24 | ① ② ③ ④ |
| 25 | ① ② ③ ④ |

※ 수학 과목은 20문항임.

## 응시자 유의사항

1. 답안지는 지정된 필기도구(컴퓨터용 수성사인펜)만을 사용하여 아래 예시와 같이 표기해야 합니다.
   ("예시" ① 정답일 경우 : ● ② ③ ④)
2. 수험번호 (1)란에는 아라비아 숫자를 쓰고, (2)란은 해당 숫자란에 까맣게 표기(●)해야 합니다.
3. 응시회차, 학력구분 및 교시란에는 반드시 까맣게 표기(●)해야 하고, 과목명란에는 해당 응시과목명("예시" 국어)을 기재해야 합니다.
4. 답안지를 긁거나 구기면 안 되며 수정하거나 두 개 이상 표기한 문항은 무효처리됩니다.

| 학력구분 | |
|------|------|
| 중졸 | ○ |
| 고졸 | ○ |

| 교시 | 표기란 | 과목명 |
|------|------|------|
| 1 | ○ | |
| 2 | ○ | |
| 3 | ○ | |
| 4 | ○ | |
| 5 | ○ | |
| 6 | ○ | |
| 7 | ○ | |

※ 중졸 검정고시는 6과목임.

| 성명 (한 글) | |
|------|------|

| 수험번호 | | | | | | |
|------|------|------|------|------|------|------|
| (1) | | | | | | |
| (2) | ⓪ ① ② ③ ④ ⑤ ⑥ ⑦ ⑧ ⑨ | ⓪ ① ② ③ ④ ⑤ ⑥ ⑦ ⑧ ⑨ | ⓪ ① ② ③ ④ ⑤ ⑥ ⑦ ⑧ ⑨ | ⓪ ① ② ③ ④ ⑤ ⑥ ⑦ ⑧ ⑨ | ⓪ ① ② ③ ④ ⑤ ⑥ ⑦ ⑧ ⑨ | ⓪ ① ② ③ ④ ⑤ ⑥ ⑦ ⑧ ⑨ |

※ 응시자는 표기하지 마시오.

| 결시자표기란 |
|------|
| ○ |

| 감독관확인란 |
|------|

※ 응시회차, 학력, 교시 확인 후 감독관 날인.

# 중졸·고졸 검정고시 답안지

| 문번 | 답 란 | 문번 | 답 란 | 문번 | 답 란 |
|------|-------|------|-------|------|-------|
| 1 | ① ② ③ ④ | 11 | ① ② ③ ④ | 21 | ① ② ③ ④ |
| 2 | ① ② ③ ④ | 12 | ① ② ③ ④ | 22 | ① ② ③ ④ |
| 3 | ① ② ③ ④ | 13 | ① ② ③ ④ | 23 | ① ② ③ ④ |
| 4 | ① ② ③ ④ | 14 | ① ② ③ ④ | 24 | ① ② ③ ④ |
| 5 | ① ② ③ ④ | 15 | ① ② ③ ④ | 25 | ① ② ③ ④ |
| 6 | ① ② ③ ④ | 16 | ① ② ③ ④ | | |
| 7 | ① ② ③ ④ | 17 | ① ② ③ ④ | | |
| 8 | ① ② ③ ④ | 18 | ① ② ③ ④ | | |
| 9 | ① ② ③ ④ | 19 | ① ② ③ ④ | | |
| 10 | ① ② ③ ④ | 20 | ① ② ③ ④ | | |

※ 수학 과목은 20문항임.

**응시자 유의사항**

1. 답안지는 지정된 필기도구(컴퓨터용 수성사인펜)만을 사용하여 아래 예시와 같이 표기해야 합니다.
   ("예시" ① 정답일 경우 : ● ② ③ ④ )
2. 수험번호 (1)란에는 아라비아 숫자를 쓰고, (2)란은 해당 숫자란에 까맣게 표기(●)해야 합니다.
3. 응시회차, 학력구분 및 교시란에는 반드시 까맣게 표기(●)해야 하고, 과목명란에는 해당 응시과목("예시" 국어)을 기재해야 합니다.
4. 답안지를 긁거나 구기면 안 되며 수정하거나 두개 이상 표기한 문항은 무효처리됩니다.

| 학 력 구 분 | |
|------------|---|
| 중졸 | ○ |
| 고졸 | ○ |

| 교시 | 표기란 | 과목명 |
|------|--------|--------|
| 1 | ○ | |
| 2 | ○ | |
| 3 | ○ | |
| 4 | ○ | |
| 5 | ○ | |
| 6 | ○ | |
| 7 | ○ | |

※ 중졸 검정고시는 6과목임.

| 성 명 (한 글) | |
|---------------|---|

| 수 험 번 호 | | | | | | |
|-------------|---|---|---|---|---|---|
| (1) | | | | | | |
| (2) | ⓪ ① ② ③ ④ ⑤ ⑥ ⑦ ⑧ ⑨ | ⓪ ① ② ③ ④ ⑤ ⑥ ⑦ ⑧ ⑨ | ⓪ ① ② ③ ④ ⑤ ⑥ ⑦ ⑧ ⑨ | ⓪ ① ② ③ ④ ⑤ ⑥ ⑦ ⑧ ⑨ | ⓪ ① ② ③ ④ ⑤ ⑥ ⑦ ⑧ ⑨ | ⓪ ① ② ③ ④ ⑤ ⑥ ⑦ ⑧ ⑨ |

※ 응시자는 표기하지 마시오.

| 결시자표기란 | ○ |
|--------------|---|

| 감독관확인란 | |
|--------------|---|

※ 응시회차, 학력, 교시 확인 후 감독관 날인.

# 중졸 · 고졸 검정고시 답안지

| 문번 | 답란 | | | |
|---|---|---|---|---|
| 1 | ① | ② | ③ | ④ |
| 2 | ① | ② | ③ | ④ |
| 3 | ① | ② | ③ | ④ |
| 4 | ① | ② | ③ | ④ |
| 5 | ① | ② | ③ | ④ |
| 6 | ① | ② | ③ | ④ |
| 7 | ① | ② | ③ | ④ |
| 8 | ① | ② | ③ | ④ |
| 9 | ① | ② | ③ | ④ |
| 10 | ① | ② | ③ | ④ |

| 문번 | 답란 | | | |
|---|---|---|---|---|
| 11 | ① | ② | ③ | ④ |
| 12 | ① | ② | ③ | ④ |
| 13 | ① | ② | ③ | ④ |
| 14 | ① | ② | ③ | ④ |
| 15 | ① | ② | ③ | ④ |
| 16 | ① | ② | ③ | ④ |
| 17 | ① | ② | ③ | ④ |
| 18 | ① | ② | ③ | ④ |
| 19 | ① | ② | ③ | ④ |
| 20 | ① | ② | ③ | ④ |

| 문번 | 답란 | | | |
|---|---|---|---|---|
| 21 | ① | ② | ③ | ④ |
| 22 | ① | ② | ③ | ④ |
| 23 | ① | ② | ③ | ④ |
| 24 | ① | ② | ③ | ④ |
| 25 | ① | ② | ③ | ④ |

※ 수학 과목은 20문항임.

## 응시자 유의사항

1. 답안지는 지정된 필기도구(컴퓨터용 수성사인펜)만을 사용하여 아래 예시와 같이 표기해야 합니다.
   ("예시" ① 정답일 경우 : ● ② ③ ④ )
2. 수험번호 (1)란에는 아라비아 숫자를 쓰고, (2)란은 해당 숫자란에 까맣게 표기(●)해야 합니다.
3. 응시회차, 학력구분 및 교시란에는 반드시 까맣게 표기(●)해야 하고, 과목란에는 해당 응시과목명("예시" 구어)을 기재해야 합니다.
4. 답안지를 긁거나 구기면 안 되며 수정하거나 두 개 이상 표기한 문항은 무효처리됩니다.

| 학력구분 | |
|---|---|
| 중졸 | ○ |
| 고졸 | ○ |

| 교시 | 표기란 | 과목명 |
|---|---|---|
| 1 | ○ | |
| 2 | ○ | |
| 3 | ○ | |
| 4 | ○ | |
| 5 | ○ | |
| 6 | ○ | |
| 7 | ○ | |

※ 중졸 검정고시는 6과목임.

| 성 명 (한 글) | | | | | | |
|---|---|---|---|---|---|---|

| 수 험 번 호 | | | | | | |
|---|---|---|---|---|---|---|
| (1) | | | | | | |
| (2) | ⓪ ① ② ③ ④ ⑤ ⑥ ⑦ ⑧ ⑨ | ⓪ ① ② ③ ④ ⑤ ⑥ ⑦ ⑧ ⑨ | ⓪ ① ② ③ ④ ⑤ ⑥ ⑦ ⑧ ⑨ | ⓪ ① ② ③ ④ ⑤ ⑥ ⑦ ⑧ ⑨ | ⓪ ① ② ③ ④ ⑤ ⑥ ⑦ ⑧ ⑨ | ⓪ ① ② ③ ④ ⑤ ⑥ ⑦ ⑧ ⑨ |

※ 응시자는 표기하지 마시오.

| 결시자표기란 |
|---|
| ○ |

| 감독관확인란 |
|---|
| |

※ 응시회차, 학력, 교시 확인 후 감독관 날인.

# 이제 국비무료 교육도
# 에듀윌

수강생을 반겨주는 에듀윌의 환한 복도 (구로)

언제나 전문 학습 매니저와 상담이 가능한 안내데스크 (부평)

고품질 영상 및 음향 장비를 갖춘 최고의 강의실 (구로)

재충전을 위한 카페 분위기의 아늑한 휴게실 (부평)

다용도로 활용이 가능한 휴게실 (성남)

## 전기/소방/건축/쇼핑몰/회계/컴활 자격증 취득
## 국민내일배움카드제

국비교육원
바로가기

### 에듀윌 국비교육원 대표전화

| | | | | | |
|---|---|---|---|---|---|
| 서울 구로 | 02)6482-0600 | 구로디지털단지역 2번 출구 | 인천 부평 | 032)262-0600 | 부평역 5번 출구 |
| 경기 성남 | 031)604-0600 | 모란역 5번 출구 | 인천 부평2관 | 032)263-2900 | 부평역 5번 출구 |

2025 최신판

**에듀윌
고졸 검정고시
기본서 과학**

# 정답과 해설

2025 최신판

# 에듀윌
# 고졸 검정고시
# 기본서 과학

# 2025 최신판

# 에듀윌
# 고졸 검정고시
# 기본서 과학

# 정답과 해설

**eduwill**

# 쏙딱 TEST

## I 물질과 규칙성

| 01 | ① | 02 | ③ | 03 | ④ | 04 | ② | 05 | ② |
|----|---|----|---|----|---|----|---|----|---|
| 06 | ① | 07 | ② | 08 | ① | 09 | ① | 10 | ③ |
| 11 | ① | 12 | ① | 13 | ④ | 14 | ② | 15 | ② |
| 16 | ③ | 17 | ③ | 18 | ② | 19 | ① | 20 | ③ |
| 21 | ② | 22 | ② | 23 | ② | 24 | ④ | 25 | ② |
| 26 | ④ | 27 | ② | 28 | ② | 29 | ② | 30 | ① |
| 31 | ③ | 32 | ④ | 33 | ① | 34 | ② | 35 | ④ |
| 36 | ④ | 37 | ① | 38 | ② | 39 | ① | 40 | ③ |
| 41 | ② | 42 | ④ | 43 | ② | 44 | ④ | 45 | ④ |

## 01 ①

| 정답해설 | (+)전하를 띠는 양성자 1개와 (−)전하를 띠는 전자 1개로 구성된 수소 원자 모형은 ①이다.

## 02 ③

| 정답해설 | 지구형 행성은 반지름과 질량이 작고 밀도가 크며 단단한 암석 표면을 가지고 있다. 목성형 행성은 반지름과 질량이 크고 밀도가 작으며 단단한 암석 표면을 가지지 않는다. 목성형 행성은 주로 수소와 헬륨으로 이루어져 있다.

## 03 ④

| 정답해설 | 중력 수축하던 물질이 중심핵에 부딪쳐 폭발하는 별의 진화 단계는 초신성 폭발 단계이며, 금, 납, 우라늄 등 철보다 무거운 원소가 생성된다.

| 오답해설 |
① 원시성: 온도가 낮고 밀도가 높은 성운에서 중력 수축으로 인하여 별이 생성되는 과정 중 초기 단계에 존재하는 천체이다.
② 적색 거성: 반지름이 상대적으로 크고 온도가 낮아 적색을 띤 별이다.
③ 주계열성: 별의 중심에서 수소 핵융합 반응이 이루어지면서 빛을 내는 별이다. 별의 진화 과정 중 가장 긴 시기에 해당한다.

**별의 진화 과정**

• 별의 진화 과정은 질량에 따라 달라지는데, 질량이 클수록 무거운 원소가 만들어진다.
• 질량이 태양보다 매우 큰 별의 진화 과정: 주계열성 → 초거성 → 초신성 폭발 → 중성자별, 블랙홀

## 04 ②

| 정답해설 | 허블 법칙에 따르면 거리가 먼 은하일수록 후퇴 속도가 빠르다.

| 오답해설 |
ㄱ. 후퇴 속도는 A보다 B가 빠르다.
ㄴ. 지구와의 거리는 A보다 B가 멀다.

## 05 ②

| 정답해설 | 도플러 효과에 따라 별빛의 적색 편이는 별빛이 멀어질 때 파장이 길어지면서 파장이 긴 쪽인 붉은색 쪽으로 흡수선이 이동하는 것을 말한다. 거리가 먼 은하일수록 스펙트럼에 나타나는 적색 편이가 커지는 것은 거리가 먼 은하일수록 빨리 멀어지고 있다는 것을 의미한다. 결국 외부 은하가 우리 은하로부터 멀어지고 있고, 먼 은하일수록 빨리 멀어지고 있다는 것은 우주가 팽창하고 있음을 의미한다.

**도플러 효과**

물체가 관측자에게서 멀어지면 소리나 빛의 파장이 길어지고, 가까워지면 파장이 짧아지는 현상이다.

## 06 ①

| 정답해설 | 헬륨 원자는 헬륨 원자핵과 전자가 결합하여 만들어진다. 따라서 A는 전자이다.

| 오답해설 |
② 쿼크: 물질을 이루는 기본 입자로 더 이상 분해할 수 없다.
③ 양성자: 원자핵의 구성 요소로, 업 쿼크 2개와 다운 쿼크 1개가 만나 (+)전하를 띤다.
④ 중성자: 원자핵을 구성하는 한 입자로, 전하를 띠지 않는다. 업 쿼크 1개와 다운 쿼크 2개로 구성된다.

## 07  ②

| 정답해설 | 물질을 이루는 기본 입자는 쿼크와 렙톤으로 구분할 수 있고, 업 쿼크 2개와 다운 쿼크 1개가 모여 양성자를 이룬다. 양성자 또는 양성자와 중성자가 모여 원자핵을 이룰 수 있고, 원자핵과 전자가 모여 원자를 이룰 수 있기 때문에 원자, 원자핵, 양성자, 쿼크 중 크기가 가장 작은 것은 쿼크이다.

**100점까지 Upgrade**  **쿼크**

물질을 이루는 기본 입자 중 하나로, 더 이상 분해할 수 없다. 쿼크는 업 쿼크와 다운 쿼크를 포함한 6종류가 있으며, 업 쿼크는 전하량이 $+\dfrac{2}{3}$이고, 다운 쿼크는 전하량이 $-\dfrac{1}{3}$이다.


## 08  ①

| 정답해설 | 초신성 폭발 후 형성되며, 강한 중력으로 빛조차 빠져나가지 못하는 별의 진화 단계는 블랙홀이다.

**100점까지 Upgrade**  **별의 진화 과정**

• 질량이 태양 정도인 별의 진화 과정
  주계열성 → 적색 거성 → 행성상 성운 → 백색 왜성
• 질량이 태양보다 매우 큰 별의 진화 과정
  주계열성 → 초거성 → 초신성 폭발 → 중성자별, 블랙홀


## 09  ①

| 정답해설 | 양성자를 구성하는 기본 입자는 쿼크로, 양성자는 업 쿼크 2개와 다운 쿼크 1개가 결합한 입자이다.
| 오답해설 |
② 이온: 전하를 띤 입자를 말한다.
③ 분자: 물질의 성질을 가진 가장 작은 입자를 말한다.
④ 중성자: 원자핵을 구성하는 한 입자로, 전하를 띠지 않는다. 업 쿼크 1개와 다운 쿼크 2개로 구성된다.


## 10  ③

| 정답해설 | 태양과 질량이 비슷한 별의 중심부의 온도가 높아지게 되면 4개의 수소 원자핵이 융합하여 1개의 헬륨 원자핵으로 바뀌는 수소 핵융합 반응이 일어나므로 ㉠은 핵융합이 된다.
| 오답해설 |
① 빅뱅(빅뱅 우주론): 우주는 모든 물질과 에너지가 모인 한 점에서 대폭발로 시작하였다는 이론
② 핵분열: 원자핵이 중성자에 의해 거의 같은 크기의 원자핵으로 분열되는 것
④ 우주 배경 복사: 빅뱅 후 약 38만 년이 지나 우주의 온도가 약 3000K로 낮아졌을 때, 원자가 생성되면서 물질에서 분리되어 우주로 퍼져 나간 빛

**100점까지 Upgrade**  **수소 핵융합 반응**

4개의 수소 원자핵이 1개의 헬륨 원자핵으로 결합할 때 감소한 질량이 에너지로 전환된다.


## 11  ①

| 정답해설 | 멀어지는 은하의 스펙트럼에서 흡수선이 붉은색 쪽으로 이동하는 적색 편이가 나타난다. 적색 편이가 가장 크게 나타나는 것은 적색 쪽으로 가장 많이 치우친 ①이 된다.

**100점까지 Upgrade**  **적색 편이**

별이 멀어질 때 파장이 긴 붉은색 쪽으로 흡수선이 이동하는 적색 편이가 나타난다.


## 12  ①

| 정답해설 | 우주는 모든 물질과 에너지가 모인 한 점에서 대폭발로 시작하였으며, 지금도 계속 팽창하고 있다고 설명한 것이 빅뱅 우주론이다.


## 13  ④

| 정답해설 | 우주가 한 점의 폭발로 시작하여 지금까지 계속 팽창하고 있다는 이론은 빅뱅 우주론이며, 이 이론의 주요 증거 중 하나가 우주 배경 복사이다.
| 오답해설 |
① 지동설: 태양이 태양계의 중심에 있고, 나머지 행성이 그 주위를 공전한다고 보는 우주관이다.
② 진화론: 생물의 진화에 대한 학문 분야이다.
③ 대륙 이동설: 한 덩어리였던 큰 대륙이 분리되어 이동한 결과 현재와 같은 분포가 되었다는 학설이다.


## 14  ①

| 정답해설 | 지구의 형성 과정은 다음과 같다.
ㄱ. 미행성의 충돌에 의해 원시 지구가 만들어졌다.
ㄴ. 그 결과 온실 효과로 지구 표면이 녹으면서 마그마 바다가 되었다.
ㄷ. 그 후 무거운 물질은 가라앉아 핵이 되고, 가벼운 물질은 떠올라 맨틀을 이루었다.

ㄹ. 지표는 서서히 냉각되어 원시 지각을 만들게 되었고, 대기
중 수증기의 응결이 일어나 비가 되어 내림으로써 바다를
이루었다.

## 15 ②

| 정답해설 | 수소 원자와 리튬 원자는 1족 원소이다. 헬륨 원자
는 18족, 탄소 원자는 14족 원소이다.

## 16 ③

| 정답해설 | 이산화 탄소의 고체 상태는 드라이아이스이며, 탄
소 원자 1개와 산소 원자 2개가 결합된 물질이다.

## 17 ③

| 정답해설 | 메테인($CH_4$)은 5개의 원자가 모여 분자를 이룬 5원
자 분자로, 1개의 전자쌍을 공유하는 단일 결합이 있으며 공유
전자쌍은 4쌍이다. 메테인은 공유 결합으로 만들어진 공유 결
합 물질이다.

## 18 ②

| 정답해설 | 수소 분자는 2개의 원자가 분자로 이루어진 2원자
분자이다.
| 오답해설 |
① 수소 분자는 무극성 분자이다.
③ 수소 분자는 공유 결합 물질이다.
④ 수소 분자의 공유 전자쌍은 1개이다.

**100점까지 Upgrade**　　공유 결합

> 비금속 원소의 원자들이 각각 전자를 내놓아 전자쌍을 공유하면서
> 이루어지는 화학 결합이다.

## 19 ①

| 정답해설 | 전자를 잃고 양이온이 되기 쉬우며, 대체로 광택이
나고, 열과 전기가 잘 통하는 특징을 가진 금속은 나트륨이다.
질소, 산소, 탄소는 비금속이다.

## 20 ③

| 정답해설 | ㄱ, ㄷ. 이산화 탄소는 탄소 1개와 산소 2개의 3원
자로 이루어진 분자이고, 공유하는 전자쌍이 총 4쌍인 공유 결
합 물질이다.

**100점까지 Upgrade**　　공유 전자쌍과 비공유 전자쌍

> • 공유 전자쌍: 원자 두 개가 공유하고 있는 전자쌍이다.
> • 비공유 전자쌍: 이미 쌍을 이루고 있어 공유 결합에는 참여하지
> 못하는 전자쌍이다.

## 21 ②

| 정답해설 | 물 분자의 공유 전자쌍은 2개이다.

**100점까지 Upgrade**　　공유 전자쌍

> 원자 두 개가 공유하고 있는 전자쌍

## 22 ②

| 정답해설 | 주기율표에서 주기는 가로줄, 족은 세로줄이기 때
문에 2주기 2족 원소는 B이다.

**100점까지 Upgrade**　　주기율표

> 오늘날의 주기율표는 모즐리가 원자 번호 순서대로 원소를 나열하
> 고, 성질이 비슷한 원소가 같은 세로줄에 오도록 배열한 것이다.
> • 주기: 가로줄, 1~7주기, 같은 주기의 원소는 전자 껍질의 수가
> 같다.
> • 족: 세로줄, 1~18족, 같은 족의 원소는 원자가 전자의 수가 같
> 다(같은 족의 원소는 화학적 성질이 비슷, 단 수소는 제외).

## 23 ③

| 정답해설 | 원자들이 서로 전자를 내놓아 전자쌍을 만들어 공유
하며 형성되는 결합을 공유 결합이라 한다.
| 오답해설 |
① 핵융합: 가벼운 원자핵이 융합하여 더 무거운 원자핵이 되는
과정이다.
② 금속 결합: 금속의 양이온과 자유 전자 사이의 결합을 말한다.
④ 이온 결합: 양이온과 음이온이 정전기적 인력에 의해 결합하
는 것을 말한다.

## 24 ④

| 정답해설 | 분자 1개를 구성하는 원자 수는 암모니아($NH_3$)가 4
개로 가장 많다.
| 오답해설 |
① 산소 분자($O_2$)는 원자 수가 2개이다.
② 수소 분자($H_2$)는 원자 수가 2개이다.
③ 질소 분자($N_2$)는 원자 수가 2개이다.

## 25 ②

| 정답해설 | 나트륨은 전자를 잃고 양이온이 되고, 염소는 전자를 얻어 음이온이 된다. 이렇게 생성된 양이온과 음이온이 정전기적 인력으로 결합하는 것을 이온 결합이라 한다.

## 26 ④

| 정답해설 | 지각은 암석으로 이루어져 있고, 암석은 광물로 이루어져 있다. 특히, 광물은 주로 산소와 규소로 이루어진 규산염 광물이 주를 이룬다.

**100점까지 Upgrade** 규산염 광물
- 지각을 구성하는 광물의 약 92%가 규산염 광물이다.
- 기본 구조는 규소(Si) 1개를 중심으로 산소(O) 4개가 공유 결합하여 정사면체 모양을 이룬 것이다(규산염 사면체).

## 27 ②

| 정답해설 | 단백질은 세포막을 구성하는 물질 중 하나이며, 단백질을 구성하는 기본 단위는 아미노산이다.

| 오답해설 |
① 녹말: 기본 단위는 단당류(포도당)이고, 주된 에너지원으로 사용되며, 남는 것은 지방으로 전환되어 저장된다.
③ 비타민: 적은 양으로 생리 작용을 조절하고, 부족 시 결핍증이 나타나며 음식물로 섭취한다.
④ 무기 염류: 몸을 구성하는 성분으로, 생리 작용을 조절하며 음식물로 섭취한다.

## 28 ②

| 정답해설 | DNA는 이중 나선 구조이며 기본 단위는 뉴클레오타이드이다. 염기의 종류에는 A, C, G, T가 있고, 염기 A는 T와 결합하고, C는 G와 결합한다.

## 29 ③

| 정답해설 | DNA는 2중 나선 구조로 폴리뉴클레오타이드 두 가닥이 나선형으로 꼬여 있다. A은 T과, C은 G과 항상 결합하여 한쪽 염기를 알면 나머지도 알 수 있다. 돌연변이가 없을 때, A의 비율이 30%라면, 이와 결합하는 T의 비율도 30%이다.

## 30 ①

| 정답해설 | 단위체는 화합물을 구성하는 기본 구성 단위인 작은

분자 물질을 말한다. 탄수화물의 단위체는 포도당과 같은 단당류이고, 중성 지방의 단위체는 지방산과 글리세롤이며, 단백질의 단위체는 아미노산, 핵산의 단위체는 뉴클레오타이드이다.

## 31 ③

| 정답해설 | 우리 몸에서 에너지원이 될 수 있는 영양소는 탄수화물, 지방, 단백질이다. 선지 중 우리 몸에서 에너지원으로 쓰이는 주 영양소는 탄수화물이다.

## 32 ④

| 정답해설 | 규산염 사면체는 규소 원자 1개와 산소 원자 4개가 결합한 형태이다.

**100점까지 Upgrade** 규산염 광물
지각을 구성하는 광물의 약 92%가 규산염 광물이고, 규산염 사면체를 기본 골격으로 하여 여러 원소들이 결합하여 만들어진다. 규산염 사면체는 규소 1개를 중심으로 산소 4개가 공유 결합을 하여 사면체 모양을 이룬다.

## 33 ①

| 정답해설 | 사람의 몸을 구성하는 물질 중 약 66%를 차지하는 것은 물이다.

## 34 ②

| 정답해설 | 2중 나선 구조를 하고 있으며, 유전 정보를 저장하고 있는 물질은 DNA이다.

| 오답해설 |
① ATP: 생물체 내의 에너지 저장 물질이다.
③ 세포막: 세포의 바깥쪽을 싸고 있는 얇은 막이다.
④ 세포벽: 식물 세포의 모양을 유지하는 벽을 말한다.

## 35 ④

| 정답해설 | 단백질은 근육이나 세포막 등으로 우리 몸을 구성하고, 효소와 호르몬의 주성분이며 에너지원으로 사용된다. 유전 정보를 저장하는 것은 DNA의 기능이다.

## 36 ④

| 정답해설 | p형 반도체와 n형 반도체를 접합시킨 구조로 전류가 흐를 때 빛을 방출하는 것은 발광 다이오드이다.

① 부도체: 저항이 매우 커서 전류가 잘 흐르지 않는 물질이다.

② 자성체: 자기장 속에 놓인 물체가 자성을 지니는 현상을 자화라고 하며, 자화되는 성질을 가진 물체를 자성체라 한다.

③ 초전도체: 임계 온도 이하에서 전기 저항이 0이 되는 현상을 초전도 현상이라 하며, 초전도 현상이 나타나는 물질을 초전도체라 한다.

## 37 ①

| 정답해설 | 그래핀은 전기 전도성이 크고 열 전도성이 크다. 또한 탄소 원자들이 육각형으로 배열되어 평면을 이루는 것이 그래핀이다. 트랜지스터는 반도체를 이용한다.

## 38 ①

| 정답해설 | 분자식이 $C_{60}$인 나노 물질로, 오각형과 육각형 형태로 이루어진 축구공 모양의 물질은 풀러렌이다.

> **100점까지 Upgrade** **풀러렌**
>
> 60개의 탄소 원자가 오각형, 육각형 모양으로 결합하여 공 모양을 이루고 단단하며 초전도성을 나타낸다. 의약 성분을 운반하거나 초전도체 등으로 사용된다.

## 39 ①

| 정답해설 | p형 반도체와 n형 반도체를 접합시킨 다이오드가 전류를 한쪽 방향으로만 흐르게 하는 작용을 정류 작용이라 한다.

> **100점까지 Upgrade** **n형·p형 반도체와 다이오드**
>
> • n형 반도체: 원자가 전자가 4개인 규소에 원자가 전자가 5개인 인, 비소 등을 첨가한다.
> • p형 반도체: 원자가 전자가 4개인 규소에 원자가 전자가 3개인 알루미늄, 붕소 등을 첨가한다.
> • 다이오드: p형 반도체와 n형 반도체를 접합하여 만든 반도체 소자로, 한쪽 방향으로만 전류가 흐르며 정류기나 발광 다이오드에 사용된다.

## 40 ③

| 정답해설 | 탄소 나노 튜브는 나노 물질이며 강도, 전기 전도도, 열전도도가 매우 크다. 구성 원소는 탄소이며, 탄소 원자가 육각형 모양으로 결합하여 원통 모양의 관을 이룬다. 평판 디스플레이, 반도체 등에 사용된다. 연필심은 흑연으로 만들어지며 흑연은 순수한 탄소로 이루어진 광물의 하나이다.

## 41 ②

| 정답해설 | 도체와 부도체 사이의 전기적 특성을 갖고, 도핑으로 형성된 전자와 양공에 의해 전기 전도도가 생기는 것을 반도체라고 한다.

> **100점까지 Upgrade** **n형·p형 반도체와 도핑**
>
> • n형 반도체: 원자가 전자가 4개인 규소에 원자가 전자가 5개인 인, 비소 등을 첨가하여 전자 1개가 생성된다.
> • p형 반도체: 원자가 전자가 4개인 규소에 원자가 전자가 3개인 알루미늄, 붕소 등을 첨가하여 양공이 만들어진다.
> • 도핑: 순수 반도체에 불순물을 첨가하는 과정을 말한다.

## 42 ④

| 정답해설 | 탄소 원자가 육각형의 벌집 형태로 결합되어 튜브 모양을 한 물질로, 열전도성이 구리보다 뛰어난 신소재는 탄소 나노 튜브이다.

> **100점까지 Upgrade** **탄소 나노 튜브**
>
> 탄소 원자가 육각형 모양으로 결합하여 원통 모양의 관을 이루고, 강도나 전기 전도도, 열전도도가 매우 크며, 평판 디스플레이, 반도체 등에 사용된다.

## 43 ②

| 정답해설 | 임계 온도 이하에서 전기 저항이 0이 되는 물체를 초전도체라 하며, 자기 부상 열차를 띄우는 데 이용된다.

## 44 ④

| 정답해설 | 도체와 부도체의 중간 정도의 전기적 성질을 가지는 것을 반도체라 하며, 대표적인 예로 규소와 저마늄이 있다.

> **100점까지 Upgrade** **도체와 부도체**
>
> • 도체: 전기 전도도가 크며, 금, 구리, 철 등의 금속이 있다.
> • 부도체: 전기 전도도가 매우 작으며, 나무, 고무 등의 비금속이 있다.

## 45 ④

| 정답해설 | 물의 저항을 줄여주는 수영복은 상어 주위에 미세 돌기들이 있어 물의 저항을 줄여주는 성질을 모방한 것이다. 연잎의 표면은 작고 수많은 돌기들이 물이 스며들지 않게 하고, 도꼬마리는 사람의 옷이나 동물의 털에 걸려 잘 떨어지지 않으며, 홍합의 족사는 바위에 단단히 붙어 자라는 성질이 있다.

| 01 | ③ | 02 | ① | 03 | ① | 04 | ③ | 05 | ③ |
|---|---|---|---|---|---|---|---|---|---|
| 06 | ② | 07 | ④ | 08 | ① | 09 | ③ | 10 | ③ |
| 11 | ② | 12 | ① | 13 | ③ | 14 | ② | 15 | ③ |
| 16 | ③ | 17 | ① | 18 | ① | 19 | ② | 20 | ④ |
| 21 | ① | 22 | ④ | 23 | ① | 24 | ④ | 25 | ③ |
| 26 | ① | 27 | ① | 28 | ① | 29 | ③ | 30 | ④ |
| 31 | ① | 32 | ④ | 33 | ① | 34 | ④ | 35 | ③ |
| 36 | ① | 37 | ② | 38 | ② | | | | |

## 01  ③

| 정답해설 | 지구 중심 방향으로 작용하고 지구가 물체를 당기는 힘은 중력이다.

| 오답해설 |

① 전기력: 전기를 띤 물체와 물체 사이에서 작용하는 힘

② 자기력: 자석과 자석, 자석과 쇠붙이 사이에서 작용하는 힘

④ 마찰력: 물체가 접촉하고 있을 때 그 물체가 운동하는 것을 방해하는 힘

## 02  ①

| 정답해설 | 물체의 가속도는 작용하는 힘에 비례하고 질량에 반비례한다. 즉, $F = m \times a$이다. 여기서 수평면 위에 놓인 질량 2kg인 물체에 수평 방향으로 작용하는 힘이 4N이라면,

가속도 $a = \dfrac{F}{m} = \dfrac{4N}{2kg} = 2m/s^2$이다.

**100점까지 Upgrade** 뉴턴의 운동 제2법칙

물체의 가속도는 작용하는 힘에 비례하고 질량에 반비례한다.

## 03  ①

| 정답해설 | 물체의 가속도는 작용하는 힘에 비례하고 질량에 반비례한다. 즉, $F = m \times a$이다. 여기에서 4N과 8N의 힘이 서로 반대 방향으로 작용하고 있고, 합력은 큰 힘에서 작은 힘을 빼기 때문에 8N－4N＝4N이 된다. 제시된 그림에서 수평면 위에 놓인 질량 1kg인 물체에 수평 방향으로 작용하는 힘이 4N이므로, 가속도$(a) = \dfrac{F}{m} = \dfrac{4N}{1kg} = 4m/s^2$이다.

## 04  ③

| 정답해설 | 뉴턴의 운동 제2법칙인 가속도 법칙에 따르면 물체

의 가속도는 작용하는 힘에 비례하고 질량에 반비례한다. 따라서 같은 크기의 힘을 가할 때 질량이 클수록 시간에 따른 속도 변화가 작다. 결국 질량이 가장 큰 것은 시간에 따른 속도 변화가 가장 작은 C이다.

**100점까지 Upgrade** 뉴턴의 운동 법칙

• 제1법칙: 관성 법칙

• 제2법칙: 가속도 법칙

• 제3법칙: 작용 반작용 법칙

## 05  ③

| 정답해설 | 강한 상호 작용(강한 핵력, 강력)은 원자핵 내에서 양성자와 중성자를 묶어 두는 힘으로, 강도는 '강한 상호 작용 > 전자기력 > 약한 상호 작용 > 중력' 순서이다.

| 오답해설 |

① 중력: 질량을 가진 두 물체 사이에 작용하는 힘

② 전자기력: 전하 사이에 작용하는 힘

④ 약력(약한 상호 작용): 원자핵이 다른 원자핵으로 변할 때 관여하는 힘

## 06  ②

| 정답해설 | 뉴턴의 운동 제2법칙(가속도 법칙)에 의하면 물체에 힘이 작용할 때, 가속도의 크기는 힘의 크기에 비례하고 물체의 질량에 반비례한다. 즉, $F = m \times a = 2kg \times 2m/s^2 = 4N$이 된다.

## 07  ④

| 정답해설 | 지구가 추를 당기는 힘에 대한 반작용은 반대 방향인 추가 지구를 당기는 힘이 된다.

## 08  ①

| 정답해설 | 버스가 갑자기 출발하며 몸이 뒤로 쏠리는 것, 컵에 종이를 올리고 그 위에 동전을 올려놓았을 때 종이를 빠르게 튕기면 종이는 빠지고 동전은 컵 안쪽으로 떨어지는 것은 관성의 예이다.

**100점까지 Upgrade** 관성

• 자신의 운동 상태를 물체가 계속 유지하려는 성질을 말하며 질량이 클수록 관성이 크다.

• 정지한 물체는 계속 정지하려는 성질이, 운동하는 물체는 계속 같은 속도로 운동하려는 성질이 있다.

## 09 ③

| 정답해설 | 자유 낙하 운동은 공기 저항을 무시할 때 정지한 상태에서 물체를 놓으면 속력이 1초에 약 9.8m/s씩 일정하게 증가하는 운동을 말한다. 진공 중에서는 공기 저항력이 없기 때문에 깃털과 구슬이 동시에 떨어지고, 공기 중에서는 깃털이 공기 저항력을 더 받기 때문에 구슬이 먼저 떨어지게 된다.

## 10 ③

| 정답해설 | 충격량은 물체가 받은 충격의 정도를 나타내는 것으로, 물체에 작용하는 힘과 힘이 작용한 시간을 곱하여 구할 수 있다. 따라서, 충격량＝힘×힘이 작용한 시간＝6N×5s＝30N·s가 된다.

## 11 ②

| 정답해설 | 대기권의 기체에서 약 21%를 차지하며 사람의 호흡에 이용되기도 하는 기체 A는 산소이다. 약 78%를 차지하는 것은 질소이다.

## 12 ①

| 정답해설 | 대기 중의 질소를 생물이 직접 이용할 수 있는 형태인 질소 화합물로 바꾸는 과정을 질소 고정이라 한다. 질소 고정 세균에 의해 암모늄 이온으로 고정되거나 번개에 의해 질산 이온으로 고정된다.

## 13 ③

| 정답해설 | 해수면의 온도가 상승하여 태풍이 생기는 것은 수권과 기권의 상호 작용이다.
| 오답해설 |
① 황사는 기권과 지권의 상호 작용이다.
② 석회 동굴의 생성은 수권과 지권의 상호 작용이다.
④ 해안 침식 작용에 따른 동굴 지형의 생성은 수권과 지권의 상호 작용이다.

**100점까지 Upgrade**　지구계

지구계는 지권, 수권, 기권, 생물권, 외권이 서로 상호 작용을 하며, 각 권역은 물질과 에너지 순환을 통해 상호 작용을 한다.

## 14 ②

| 정답해설 | 석회암은 지권, 지하수는 수권으로 볼 수 있다. 따라서 지권인 석회암이 수권인 지하수에 용해되어 석회 동굴이 생성되는 과정은 수권과 지권의 상호 작용이라 볼 수 있다.

**100점까지 Upgrade**　지구계의 구성 요소

- **지권**: 지표와 지구 내부이다.
- **수권**: 지구상의 물이 분포하는 공간이다.
- **기권**: 지구의 대기가 분포하는 공간이다.
- **생물권**: 생물들과 생물들이 서식하는 공간이다.

## 15 ③

| 정답해설 | 탄소는 지권, 수권, 기권, 생물권에 다양하게 존재하며 각 권역을 순환한다.
지권에서는 암석에 탄산염, 화석 연료에는 탄화수소 형태로 존재하여 연소나 화산 활동으로 나오는 이산화 탄소의 형태로 기권으로 이동하거나 물에 녹아 수권으로 이동한다.
수권에서는 탄산 이온, 탄산수소 이온 형태로 존재하여 대기 중으로 방출되이 기권으로 이동하거나, 광합성을 통해 생물권으로 이동하며, 다른 물질과의 화학 반응으로 지권으로 이동한다.
기권에는 주로 이산화 탄소의 형태로 존재하고 물에 녹아 수권으로, 광합성을 통해 생물권으로 이동한다.
생물권에는 유기물 형태로 존재하며 호흡을 통해 기권과 수권으로 이동하고, 사체나 배설물에 의해 지권으로 이동한다.

## 16 ③

| 정답해설 | 지구계의 수권을 이루는 것은 해수와 육수이다. 특히 육수는 빙하, 지하수, 강과 호수 등이 있다. 해수는 수권의 대부분을 차지하고, 육수에서 가장 많은 양을 차지하는 것은 빙하이다.
| 오답해설 | ㄷ. 지하수는 육수에 포함된다.

## 17 ③

| 정답해설 | 지구 표면은 약 10여 개의 여러 판으로 되어 있고, 판을 운동시키는 원동력은 맨틀의 대류이다.
| 오답해설 | ㄷ. 판과 판이 가까워지는 곳에서 습곡 산맥이 만들어질 수 있다.

## 18 ①

| 정답해설 | 봄철에 나타나는 황사는 지구계의 지권과 기권의 상호 작용으로 발생한다.

② 수권: 지구상의 물이 분포하는 공간
③ 외권: 기권 바깥의 우주 공간
④ 생물권: 생물들이 서식하는 공간

## 19 ②

| 정답해설 | 바람에 의해 파도가 발생하거나, 해수 온도가 높아지면 수증기량이 증가하여 태풍이 강력해지는 것은 기권과 수권의 상호 작용이다.

| 오답해설 |
① 기권 — 외권: 유성, 오로라 등이 있다.
③ 수권 — 생물권: 세포 내의 물 공급 등이 있다.
④ 생물권 — 지권: 화석 연료의 생성, 대륙 이동으로 인한 생물의 서식지 변화 등이 있다.

## 20 ④

| 정답해설 | 지권은 지각, 맨틀, 외핵, 내핵으로 구분한다. 기권을 높이에 따른 기온에 따라 분류하면 대류권, 성층권, 중간권, 열권으로 구분하므로, 열권은 지권이 아닌 기권의 구성 요소가 된다.

## 21 ①

| 정답해설 | 동일한 면적의 지표면에 도달하는 태양 복사 에너지의 양은 고위도가 가장 적고, 저위도가 가장 많다. 따라서 태양 복사 에너지가 가장 적은 부분은 고위도인 A이다.

## 22 ④

| 정답해설 | 대기 중의 많은 양을 차지하는 질소를 식물이 이용할 수 있는 형태의 질소 화합물로 바꾸는 과정은 질소 고정이라 하며, 주로 뿌리혹박테리아와 같은 세균에 의해 일어난다.

| 오답해설 |
① 소화: 음식물이 몸에 흡수될 수 있는 형태로 분해되는 과정이다.
② 연소: 물질이 산소와 결합하여 빛이나 열을 내는 반응이다.
③ 호흡: 생물이 산소를 흡수하고 이산화 탄소를 내보내며 유기물을 분해하여 에너지를 만드는 작용이다.

## 23 ③

| 정답해설 | 생태계에서 일어나는 탄소 순환 과정 중에서 생물이 대기 중의 산소를 흡수하고, 이산화 탄소를 배출하는 과정은 호흡이다.

## 24 ④

| 정답해설 | 지구 내부 에너지는 지구 내부에서 방출하는 열에너지로 지진과 화산 활동 같은 지각 변동을 일으킨다.

| 오답해설 |
① 조력 에너지: 달과 태양에 의한 인력으로 생기는 에너지
② 풍력 에너지: 바람이 가지는 에너지
③ 바이오 에너지: 유기물에서 얻을 수 있는 에너지

## 25 ③

| 정답해설 | 맨틀의 대류는 지권에서 판의 운동을 일으키는 원동력이며, 습곡 산맥, 화산, 지진 등 지표면의 변화를 일으키는 원인이 된다.

## 26 ③

| 정답해설 | 암모니아의 합성에 사용되며, 반응성이 낮아 과자 봉지의 충전재로 사용되고, 지구 대기 조성 중 약 78%를 차지하는 것은 질소이다.

| 오답해설 |
① 산소: 반응성이 크며, 지구 대기 조성 중 약 21%를 차지한다.
② 탄소: 유기 화합물의 주요 성분이며, 생물체의 몸을 구성하여 자연계에서 순환하고 있는 중요한 원소이다.
④ 아르곤: 반응성이 거의 없고, 공기 중에 약 0.94% 존재한다.

## 27 ②

| 정답해설 | 맨틀 대류의 상승부에 위치하며, 마그마가 분출하여 새로운 해양 지각이 형성되는 곳은 해령이다.

| 오답해설 |
① 해구: 깊은 바다에서 움푹 들어간 좁고 긴 곳을 말한다.
③ 변환 단층: 판이 생성되거나 사라지지 않는 경계로, 판이 다른 방향으로 스쳐 지나가는 곳이다.
④ 호상 열도: 화산 활동으로 만들어진 섬들이 호를 이룬 것을 말한다.

## 28 ①

| 정답해설 | 지구계에서 수권에 해당하는 것은 해수, 빙하, 지하수, 강과 호수 등이 있다.

**100점까지 Upgrade** 수권의 구성 비율

해수 > 빙하 > 지하수 > 강과 호수

## 29 ④

| 정답해설 | 태양의 표면에서 방출되며, 생명 활동에 이용되는 에너지의 근원이 되는 것은 태양 복사 에너지이다.
| 오답해설 |
① 위치 에너지: 어떤 위치에 있는 물체가 가지는 에너지이다.
② 탄성 에너지: 탄성력에 의한 위치 에너지이다.
③ 지구 복사 에너지: 지구의 표면에서 복사의 형태로 방출되는 에너지이다.

## 30 ③

| 정답해설 | 식물 세포의 구조 중 세포 호흡으로 생명 활동에 필요한 에너지를 만드는 세포 소기관은 미토콘드리아이다.
| 오답해설 |
① 핵: 세포의 생명 활동을 조절하며, 유전 물질이 있다.
② 엽록체: 광합성이 일어난다.
④ 세포막: 세포를 둘러싸고 있는 막으로 물질의 출입을 조절한다.

## 31 ①

| 정답해설 | 생물의 단백질 합성 과정에서 DNA는 정보만 제공할 뿐 단백질 합성을 하지 않는다. DNA에서 전사가 일어나 DNA의 유전 정보가 RNA로 전달된다. 그 후 번역이 일어나 유전 정보를 따라 단백질이 합성된다. 즉, 물질 (가)는 DNA이다.

## 32 ④

| 정답해설 | 세포막의 주성분은 인지질과 단백질이다. 인지질은 친수성 머리 부분인 인산과 소수성 꼬리 부분인 지방산으로 이루어져 있으며, 단백질은 물질의 이동 통로로 유동성이 있어 인지질 사이를 이동한다. 세포막은 인지질 2중층에 단백질이 군데군데 있거나 표면에 붙어 있는 구조로, 세포 안과 밖으로 물질의 출입을 조절하는 이동 통로의 기능을 가진다.

**100점까지 Upgrade** 세포막
• 세포의 바깥을 싸고 있는 얇은 막으로, 세포의 형태를 유지하고 내부를 보호한다.
• 물질의 출입을 조절하는 이동 통로이다.

## 33 ①

| 정답해설 | 아미노산이 결합하여 단백질이 되는 과정에서 에너지가 흡수되는데, 이것을 동화 작용이라 한다. 포도당이 물과

이산화 탄소로 분해되며 에너지가 방출되는 과정은 이화 작용이라 한다.

**100점까지 Upgrade** 동화 작용과 이화 작용
• 동화 작용: 간단한 물질이 복잡한 물질로 합성되는 과정으로, 에너지가 흡수된다. 예 광합성, 단백질 합성 등
• 이화 작용: 복잡한 물질이 간단한 물질로 분해되는 과정으로, 에너지가 방출된다. 예 세포 호흡, 소화 등

## 34 ④

| 정답해설 | 염색사가 응축된 형태는 염색체로, 유전 정보를 저장하는 DNA를 포함한다.

## 35 ③

| 정답해설 | A는 광합성, B는 호흡으로, A는 유기물을 합성하는 동화 작용이다. B는 살아 있는 모든 세포에서 일어난다.

## 36 ①

| 정답해설 | DNA가 들어 있고 2중막으로 되어 있는 동물 세포의 세포 소기관은 핵이다.
| 오답해설 |
② 골지체: 동물 세포와 식물 세포 모두에서 볼 수 있으며 분비 작용을 한다.
③ 리보솜: 세포질 안에서 단백질을 합성한다.
④ 소포체: 세포 내에서 물질을 이동시킨다.

## 37 ②

| 정답해설 | 세포를 싸고 있는 막으로 물질의 출입을 조절하며, 인지질 2중층과 단백질 등으로 구성되어 있는 것은 세포막이다.
| 오답해설 |
① 핵: 세포의 활동을 조절한다.
③ 엽록체: 식물 세포에만 있으며 광합성을 한다.
④ 미토콘드리아: 세포 호흡에 관여하여 에너지를 생산한다.

## 38 ②

| 정답해설 | DNA의 유전 정보가 RNA로 전사되고, 이 정보에 따라 아미노산이 번역되어 단백질이 합성된다.

**100점까지 Upgrade** 단백질의 합성
• 전사: DNA의 유전 정보가 RNA로 전달되는 과정
• 번역: 세포질에서 RNA의 정보에 따라 단백질이 합성되는 과정

| | | | | | | | | | |
|---|---|---|---|---|---|---|---|---|---|
| 01 | ③ | 02 | ② | 03 | ① | 04 | ③ | 05 | ③ |
| 06 | ② | 07 | ③ | 08 | ① | 09 | ④ | 10 | ① |
| 11 | ④ | 12 | ① | 13 | ② | 14 | ③ | 15 | ① |
| 16 | ④ | 17 | ① | 18 | ① | 19 | ③ | 20 | ④ |
| 21 | ② | 22 | ③ | 23 | ② | 24 | ③ | 25 | ① |
| 26 | ② | 27 | ② | 28 | ② | 29 | ① | 30 | ③ |
| 31 | ③ | 32 | ① | 33 | ③ | 34 | ① | 35 | ③ |
| 36 | ② | 37 | ④ | 38 | ② | 39 | ④ | 40 | ① |

## 01　③

| 정답해설 | 연소는 물질과 산소가 빠르게 반응하여 열과 빛을 내는 현상으로 숯의 주성분인 탄소(C)가 산소($O_2$)와 만나 산화되어 이산화 탄소($CO_2$)가 생성된다. 메테인의 연소에서 메테인($CH_4$)이 산소($O_2$)와 반응하여 이산화 탄소($CO_2$)와 물($H_2O$)이 생성된다.

## 02　②

| 정답해설 | 현재 인간이 가장 많이 사용하는 금속으로, 공기 중에서 습기에 의해 부식이 잘 일어나는 광물 자원은 철이다.
| 오답해설 |
① 금: 전기 전도도와 열 전도도가 높으며 장신구로 이용된다.
③ 황: 자연에서 원소 상태로 발견되는 원소이며, 화산이나 온천 부근에서 발견된다.
④ 흑연: 탄소로 이루어져 있다. 무른 광물이며 검은색이다.

## 03　①

| 정답해설 | 물질이 산소와 결합하는 것을 산화라 한다. 산화의 예로는 나무가 타는 것, 철이 녹스는 것 등이 있다.
| 오답해설 |
② 환원: 물질이 산소를 잃는 반응을 말한다.
③ 핵분열: 원자핵이 다른 원자핵으로 분열하는 것이다.
④ 핵융합: 가벼운 원자핵이 융합하여 더 무거운 원자핵이 되는 과정이다.

## 04　③

| 정답해설 | 메테인의 연소 반응은 메테인이 산소와 결합하는 반응으로 그 결과 이산화 탄소와 물이 생성된다. 그러므로 (가)에 들어갈 것은 이산화 탄소($CO_2$)이다.

## 05　③

| 정답해설 | 광합성은 이산화 탄소와 물을 이용해 포도당과 산소가 만들어지는 과정이고, 세포 호흡은 포도당과 산소를 이용해 이산화 탄소와 물이 만들어지는 과정이다.

### 100점까지 Upgrade　　광합성과 호흡

① 광합성
• 세포 소기관인 엽록체에서 이산화 탄소와 물을 이용해 빛에너지를 흡수하여 포도당을 합성하고 산소를 생성하는 반응을 말한다.
• 이산화 탄소는 환원되고, 물은 산화된다.
② 호흡
• 세포 소기관인 미토콘드리아에서 포도당과 물, 산소가 반응하여 물과 이산화 탄소를 만들고 생명 활동에 필요한 에너지를 얻는 반응을 말한다.
• 포도당은 산화되고, 산소는 환원된다.

## 06　②

| 정답해설 | 광합성 작용은 포도당을 합성하는 반응이다.
| 오답해설 |
① 광합성은 엽록체라는 세포 소기관에서 일어난다.
③ 광합성은 빛에너지를 흡수하여 물질 속에 저장되는 형태인 화학 에너지로 전환한다.
④ 광합성은 이산화 탄소를 이용하여 소모하고 산소를 만들어 내어 방출한다.

## 07　③

| 정답해설 | ㄱ. 광합성 반응을 통해 포도당이 생성된다.
ㄷ. 광합성은 빛에너지를 흡수하여 일어난다.
| 오답해설 | ㄴ. 광합성 반응은 엽록체에서 일어난다.

## 08　①

| 정답해설 | 세포 호흡과 연소에 공통으로 필요한 물질은 산소이다.

### 100점까지 Upgrade　　세포 호흡과 연소

• 세포 호흡: 포도당과 물, 산소가 세포 소기관인 미토콘드리아에서 반응하여 물과 이산화 탄소를 만들고 생명 활동에 필요한 에너지를 얻는 반응
• 연소: 산소와 물질이 빠르게 반응하여 열과 빛을 내는 현상

## 09　④

| 정답해설 | 비린내가 나는 생선은 염기성이고 레몬즙은 산성이다. 비린내를 없애기 위해 생선에 레몬즙을 뿌리는 것은 염기성

과 산성이 만나는 반응이므로 중화 반응이다.

| 오답해설 |

① 호흡은 생물체 내에서 포도당과 산소가 반응하여 이산화 탄소와 물을 생성하는 과정으로, 포도당이 산소를 얻어 산화가 일어난다.

② 철이 녹스는 것은 철이 산소와 물에 의해 녹이 스는 현상이기 때문에 철이 산화되는 반응이다.

③ 숯이 연소가 일어나는 것은 숯의 주성분인 탄소가 산소와 결합하여 이산화 탄소가 생성되는 과정으로, 이때 숯은 산화된다.

## 10 ①

| 정답해설 | 얼음이 녹는 것은 고체인 얼음이 액체인 물로 상태가 변하는 것으로, 성질이 변하지 않는 물리 변화에 속하며, 산소가 반응물로 참여하지 않는다.

| 오답해설 | 부탄 가스가 연소될 때 산소와 결합하는 것, 철제 놀이기구가 산소와 결합하여 녹스는 것, 깎아놓은 사과가 산소와 결합하여 갈변하는 현상은 모두 산화 반응이다.

**100점까지 Upgrade** 산화
- 물질이 산소와 결합하는 반응
- 물질이 전자를 잃는 반응

## 11 ④

| 정답해설 | 식물 세포에서 태양의 빛에너지가 포도당의 화학 에너지로 에너지 전환이 일어나는 장소는 엽록체이다.

## 12 ①

| 정답해설 | $HCl + NaOH \longrightarrow H_2O + NaCl$이 되므로 ⊙은 $H_2O$이다.

## 13 ②

| 정답해설 | 산은 수용액에서 수소 이온($H^+$)을 내놓는 물질로, 수산화 나트륨($NaOH$)은 수용액 상태에서 수산화 이온($OH^-$)을 내놓는 물질이기 때문에 염기이다.

## 14 ③

| 정답해설 | 산은 대부분 신맛이 나고 푸른색 리트머스 종이를 붉게 변화시킨다.

| 오답해설 | ㄷ. 단백질을 녹이는 것은 염기의 성질이다. 염기성 물질은 단백질을 녹이기 때문에 손으로 만지면 미끈거린다.

**100점까지 Upgrade** 산과 염기의 성질
- 산: 신맛, 푸른색 리트머스 종이 → 붉은색, 금속과 반응하여 수소 기체 발생
- 염기: 쓴맛, 붉은색 리트머스 종이 → 푸른색, 단백질을 녹임, 페놀프탈레인 용액이 붉게 변함

## 15 ①

| 정답해설 | 중화 반응에서 수소 이온($H^+$)과 수산화 이온($OH^-$)이 반응하는 비율은 1:1이 된다. 수소 이온($H^+$)과 수산화 이온($OH^-$)이 1:1 비율로 반응하여 물($H_2O$)이 만들어진다.

**100점까지 Upgrade** 중화 반응의 알짜 이온 반응식

$$H^+ + OH^- \longrightarrow H_2O$$

## 16 ④

| 정답해설 | 염기성인 물질은 붉은색 리트머스 종이를 푸르게 변화시키고, 페놀프탈레인 용액을 떨어뜨리면 붉은색으로 변한다.

| 오답해설 | ㄱ. 탄산 칼슘과 반응하여 이산화 탄소가 생성되는 것은 산의 성질이다. 염기성인 물질이 탄산 칼슘과 만나면 반응하지 않는다.

## 17 ①

| 정답해설 | 산이 공통적 성질을 내놓는 것은 산이 물에 녹을 때 공통적으로 수소 이온($H^+$)을 내놓기 때문이다.

**100점까지 Upgrade** 산과 염기
- 산: 수용액에서 수소 이온($H^+$)을 내놓는 물질
- 염기: 수용액에서 수산화 이온($OH^-$)을 내놓는 물질

## 18 ①

| 정답해설 | 일반적으로 pH가 7보다 작으면 산성이기 때문에 pH가 2인 레몬은 산성이다.

| 오답해설 |

② pH가 7인 증류수: 중성

③ pH가 9인 베이킹파우더: 염기성

④ pH가 12인 암모니아수: 염기성

**100점까지 Upgrade** pH

- 수용액에 들어 있는 수소 이온 농도 지수
- pH의 숫자가 클수록 수소 이온의 농도가 작다.
- pH의 숫자가 작을수록 수소 이온의 농도가 크다.
- 25℃에서 pH값의 범위와 용액의 성질은 다음과 같다.
  - pH<7 : 산성
  - pH=7 : 중성
  - pH>7 : 염기성

## 19  ③

| 정답해설 | 중화 반응이 일어나게 되면 열이 발생하기 때문에 온도가 올라간다.

**100점까지 Upgrade** 중화열

중화 반응이 일어날 때 발생하는 열로. 중화 반응이 일어나면서 중화열이 발생하여 온도가 올라가고, 완전히 중화되었을 때 온도가 가장 높다.

## 20  ④

| 정답해설 | 위산은 산성 성분으로 위산이 많이 나올 때 염기성 성분인 제산제를 먹으면 중화 반응이 일어난다. 또한, 염기성 성분인 비누로 머리를 감고 헹굴 때 산성 성분인 식초 탄 물에 헹구면 중화 반응이 일어난다.

**100점까지 Upgrade** 중화 반응

산과 염기가 반응하여 물과 염이 만들어지는 반응

## 21  ②

| 정답해설 | 화석이 원활히 생성되기에 좋은 조건은 개체 수가 많아야 하며, 생물체의 유해가 썩기 전에 빠르게 퇴적물에 묻혀서 보존이 되어야 하며, 지각 변동을 적게 받아야 한다.
② 단단한 부분이 있어야 화석이 되기 유리하다.

**100점까지 Upgrade** 화석

- 과거 지질 시대에 살았던 생물들의 유해나 흔적 같은 것이 지층 속에 남아 있는 것
- 주로 퇴적암에서 발견된다.
- 화석의 예: 뼈, 발자국, 배설물, 알 등

## 22  ③

| 정답해설 | 화폐석과 매머드는 신생대를 대표하는 화석이다.

| 오답해설 |
① 오존층이 만들어진 것은 고생대이다.
② 지질 시대 중 가장 긴 것은 선캄브리아대이다.
④ 육상으로 생명체가 진출한 것은 고생대이다.

## 23  ②

| 정답해설 | 현재 지구 대기의 성분 중 가장 많은 물질은 질소이다. 질소는 대기의 약 78%를 차지하고, 원자 2개가 3중 결합을 이루고 있다.

**100점까지 Upgrade** 3중 결합

두 원자가 3개의 전자쌍을 공유하는 결합이다.

## 24  ③

| 정답해설 | 광합성을 하는 생물에 의해 대기 중 산소량이 급격히 증가한 시기는 지구 탄생을 기준으로 약 25억 년 후로 추정되며, 그래프에서 대기 중 산소량이 급격히 증가한 C 구간이다.

## 25  ①

| 정답해설 | 고사리, 삼엽충, 화폐석, 암모나이트 중 생존 기간이 길고, 특정한 환경에서 생활하여 생물이 살았던 당시의 환경을 알려주는 시상 화석은 고사리이다. 고사리는 따뜻하고 습한 육지에 서식한다.

**100점까지 Upgrade** 시상 화석과 표준 화석

- 시상 화석: 지층이 생성된 환경을 알려주며 좁은 지역에서 오랜 시간 동안 분포하였다. 고사리, 산호, 조개, 활엽수, 침엽수 등이 있다.
- 표준 화석: 지층이 생성된 시대를 알려주며 넓은 지역에서 짧은 시간 동안 분포하였다. 고생대를 대표하는 표준 화석은 삼엽충, 필석, 갑주어, 방추충이 있고, 중생대를 대표하는 표준 화석은 암모나이트, 시조새, 공룡이 있다. 신생대를 대표하는 표준 화석은 화폐석, 매머드 등이 있다.

## 26  ②

| 정답해설 | 고생대에는 대기권에 오존층이 형성되면서 바다에서 생활하던 생물들이 육상으로 진출하였고, 삼엽충과 양치식물이 번성하였다.
| 오답해설 |
① 선캄브리아대: 스트로마톨라이트 화석이 있다.
③ 중생대: 파충류의 시대이며 암모나이트, 공룡 등이 있다.

④ 신생대: 포유류의 시대로 인류가 출현하였으며 화폐석, 매머드 등이 있다.

## 27 ④

| 정답해설 | 표준 화석은 지층이 생성된 시대를 알려주는 화석으로, 지질 시대에 살았으며 생존 기간이 짧고 분포 면적이 넓은 생물의 유해를 말한다. 고생대는 삼엽충, 중생대는 공룡 등이 있다.

| 오답해설 |
① 건열: 지표면의 점토나 이토가 수분이 증발하여 만들어진 균열을 말한다.
② 사층리: 층리면에 일정 각도로 만들어진 퇴적 구조이다.
③ 시상 화석: 지층이 생성된 환경을 알려주는 화석을 말한다.

## 28 ④

| 정답해설 | 최초의 인류가 출현하였으며, 매머드와 화폐석이 표준 화석인 지질 시대는 신생대이다.

| 오답해설 |
① 선캄브리아대: 스트로마톨라이트 화석이 있다.
② 고생대: 육상 생물이 출현하였고, 삼엽충, 필석 등의 화석이 있다.
③ 중생대: 파충류의 시대로, 암모나이트, 시조새 등의 화석이 있다.

## 29 ①

| 정답해설 | 선캄브리아대는 지질 시대 중 가장 긴 시대이며, 원시 생물이 최초로 출현한 시대이다. 대표적인 화석으로 스트로마톨라이트가 있다.

| 오답해설 |
② 고생대: 삼엽충, 필석, 양치식물 등이 번성하였다.
③ 중생대: 암모나이트, 공룡, 겉씨식물 등이 번성하였다.
④ 신생대: 화폐석, 포유류, 속씨식물 등이 번성하였다.

## 30 ③

| 정답해설 | 중생대는 공룡과 암모나이트의 화석이 표준 화석이며, 트라이아스기, 쥐라기, 백악기로 나뉜다.

| 오답해설 |
① 선캄브리아대: 스트로마톨라이트 화석을 볼 수 있다.
② 고생대: 육상 생물이 출현하였고 삼엽충, 필석 등의 화석을 볼 수 있다.

④ 신생대: 포유류의 시대로 화폐석, 매머드 등의 화석을 볼 수 있다.

## 31 ③

| 정답해설 | 지구상에서 거의 비슷한 시간대에 많은 생물 종들이 한꺼번에 멸종되는 사건은 대멸종이다.

**100점까지 Upgrade**　　대멸종
• 지구의 환경 변화에 적응하지 못한 생물이 비슷한 시대에 한꺼번에 멸종하는 것
• 5번의 대멸종이 있었다.
• 대멸종의 원인: 급격하고 넓은 범위에 일어나는 지구의 변화
　예 운석 충돌, 기후 변화, 화산 폭발, 대륙의 이동 등

## 32 ①

| 정답해설 | 고생대 후기에 양치식물이 번성하였고, 중생대에 겉씨식물이 번성하였으며, 신생대에 속씨식물이 번성하였다. 따라서 식물의 번성을 순서대로 나열하면 ㄱ. 양치식물 → ㄴ. 겉씨식물 → ㄷ. 속씨식물의 순서가 된다.

## 33 ③

| 정답해설 | 같은 종의 개체 사이에서 나타나는 형질의 차이를 변이라고 한다.

**100점까지 Upgrade**　　변이
• 변이: 같은 종 내에서 나타나는 서로 다른 특징
• 변이는 개체마다 유전자가 조금씩 다르기 때문에 나타난다.
　예 달팽이의 무늬 차이, 얼룩말의 털 무늬 차이, 무당벌레의 무늬 차이, 사람의 피부색 차이 등

## 34 ①

| 정답해설 | 자연 선택에 의한 진화 과정은 다음과 같다.
변이(ㄱ)가 일어난다. 개체들 간의 다양한 형질이 존재하고, 한정된 조건 속에서 개체들 간의 생존 경쟁(ㄴ)이 일어난다. 이들 중 유리한 형질을 가진 개체는 자연 선택(ㄷ)되어 적응하여 살아남게 되고, 생식을 통해 자손에게 유리한 형질을 전달하며, 이 과정이 반복되면서 유리한 형질이 발전되는 방향으로 진화(ㄹ)가 일어난다.

- 다양한 개체들 중 환경에 적응한 개체가 자연 선택되어 자손을 남기게 됨 → 오랜 기간 누적되다 보면 새로운 종으로 분화 → 생물의 진화
- 자연 선택의 과정: 과잉 생산 → 변이 → 생존 경쟁 → 자연 선택 → 진화

## 35  ③

| 정답해설 | 생태계, 생물 종, 생물의 유전자가 다양하게 존재하는 것을 생물 다양성이라 한다. 종자 은행의 설립은 생물 다양성을 보전하기 위한 방법 중 하나이다.

## 36  ②

| 정답해설 | 세균을 죽이거나 생장을 억제시키는 의약품을 항생제라고 한다. 푸른곰팡이에서 추출한 페니실린이 이에 속한다.
| 오답해설 |
① 소화제: 소화에 도움을 준다.
③ 해열제: 체온을 정상으로 내리도록 도움을 준다.
④ 신경 안정제: 정신적 흥분을 가라 앉히는 데 도움을 준다.

## 37  ④

| 정답해설 | 어느 생태계에 존재하는 생물 종의 다양한 정도를 종 다양성이라 한다.

- 생태계 다양성: 어느 지역에 존재하는 생태계의 다양한 정도
- 종 다양성: 어느 생태계에 존재하는 생물 종의 다양한 정도
- 유전적 다양성: 같은 종에서 유전자가 다양하여 나타나는 형질의 다양한 정도

## 38  ②

| 정답해설 | 각 섬의 환경에 따라 먹이의 종류가 달랐고, 그 결과 각기 다른 부리를 가진 핀치가 살게 되었다.

- 진화 과정: 같은 종의 핀치가 갈라파고스의 각 섬에 흩어짐 → 각 섬의 환경이 달라 먹이가 다름 → 먹이에 따라 환경에 맞는 부리를 갖게 됨
- 오랜 기간 동안 환경에 적응하여 여러 모양의 부리로 진화가 일어난다.

## 39  ④

| 정답해설 | 생물 다양성을 감소시키는 원인에는 서식지 파괴, 남획과 불법 포획, 외래종 도입, 환경 오염 등이 있다. 생태 통로를 설치하는 것은 단편화된 서식지를 연결하는 이동 통로로 생물 다양성을 보전할 수 있는 방법이다.

- 서식지 파괴: 도로 개발, 삼림의 벌채, 서식지 단편화 등
- 남획과 불법 포획: 생물을 과하게 많이 잡는 남획이나 불법으로 많이 잡으면 멸종될 수 있다.
- 외래종 도입: 외래종은 천적이 없어 토착종이 위협을 받을 수 있다.
- 환경 오염: 농약 사용, 폐수 무단 배출 등으로 오염되어 생물이 죽을 수 있다.

## 40  ①

| 정답해설 | 생물 다양성을 보전하는 방법으로는 서식지 보호, 국제 협약, 종자 은행 운영 등이 있다. 외래종을 도입하면 토착종들이 서식지를 잃을 수 있기 때문에 생물 다양성을 감소시킬 수 있다.

- 재활용, 에너지 절약, 친환경 제품의 사용 등
- 생태 통로 설치
- 국립 공원 지정, 종자 은행 운영, 멸종 위기종의 복원 등
- 생물 다양성 국제 협약 등

| 01 | ④ | 02 | ② | 03 | ① | 04 | ③ | 05 | ② |
|---|---|---|---|---|---|---|---|---|---|
| 06 | ② | 07 | ② | 08 | ① | 09 | ③ | 10 | ④ |
| 11 | ③ | 12 | ④ | 13 | ① | 14 | ① | 15 | ③ |
| 16 | ① | 17 | ④ | 18 | ② | 19 | ④ | 20 | ③ |
| 21 | ② | 22 | ④ | 23 | ④ | 24 | ④ | 25 | ④ |
| 26 | ④ | 27 | ④ | 28 | ① | 29 | ④ | 30 | ③ |
| 31 | ④ | 32 | ③ | 33 | ① | 34 | ④ | 35 | ① |
| 36 | ③ | 37 | ④ | 38 | ④ | 39 | ④ | 40 | ② |

## 01 ④

| 정답해설 | 분해자는 죽은 생물의 사체나 배설물 등을 분해하여 에너지를 얻는 생물 무리로, 곰팡이나 세균, 버섯 등이 있다. 토끼, 사슴, 호랑이는 다른 생물을 먹어 유기물을 얻는 소비자에 해당한다.

**100점까지 Upgrade**　생물적 요인

| 생산자 | 빛에너지를 이용하여 광합성을 하여 무기물을 유기물로 합성함<br>예) 녹색 식물, 식물성 플랑크톤 등 |
|---|---|
| 소비자 | 다른 생물을 섭취하여 유기물을 얻어 생물 사이에서 에너지의 흐름이 일어나도록 함<br>예) 사슴, 호랑이 등 |
| 분해자 | 죽은 생물의 사체나 배설물을 분해하여 환경으로 되돌려 보내며 물질 순환을 하게 함<br>예) 버섯, 곰팡이, 세균 등 |

## 02 ②

| 정답해설 | 빛을 많이 받는 곳의 잎은 광합성량이 늘어나 울타리 조직이 발달하게 되어 잎이 두껍고, 빛을 적게 받는 곳은 잎이 얇고 넓다. 또한 빛은 광합성의 에너지원이다.

## 03 ①

| 정답해설 | 생물의 개체 수나 생물량 또는 에너지 등의 상대적인 양을 하위 영양 단계부터 상위 영양 단계로 쌓아올려 피라미드 모양을 이루는 것을 생태 피라미드라고 한다.

| 오답해설 |
② 지구 온난화: 온실 기체의 증가로 지구의 평균 기온이 계속 상승하는 현상을 말한다.
③ 광합성: 이산화 탄소와 물을 이용해 세포 소기관인 엽록체에서 빛에너지를 흡수하여 포도당을 합성하고 산소를 생성하

는 반응을 말한다.
④ 호흡: 포도당과 물, 산소가 세포 소기관인 미토콘드리아에서 반응하여 물과 이산화 탄소를 만들고 생명 활동에 필요한 에너지를 얻는 반응을 말한다.

## 04 ③

| 정답해설 | 생태계의 구성 요소 중 비생물적 요인은 온도, 물, 공기 등이 있다. 버섯은 생물적 요인으로 분해자에 속한다.

**100점까지 Upgrade**　비생물적 요인

- 빛, 공기, 물, 토양, 온도 등으로 비생물적 환경 요인이라고도 한다.
- 생물이 살아갈 수 있도록 환경을 제공한다.

## 05 ②

| 정답해설 | B는 편서풍으로 우리나라 황사 현상에 영향을 준다. 위도 30°~60°에서 형성된다.

| 오답해설 |
ㄱ. A는 극지방의 차가운 공기가 하강해 지상에서 저위도로 이동하는 극동풍이다.
ㄷ. C는 적도의 따뜻한 공기가 상승하여 고위도로 이동하는 무역풍이다.

**100점까지 Upgrade**　대기 대순환

위도별 태양 복사 에너지의 차이로 생긴 대기의 순환으로, 지구의 자전에 의해 적도에서 극까지 3개의 순환이 발생한다.

## 06 ②

| 정답해설 | 무역풍의 약화로 페루 연안의 차가운 해수의 용승이 약화되어 동태평양 적도 부근 연안의 수온이 평소보다 높아지면서 부근 어장이 황폐화되는 것은 엘니뇨 현상이다.

| 오답해설 |
① 쓰나미: 바다 밑에서 지진 혹은 화산 폭발 등의 지각 변동에 따라 해수면에 갑작스럽게 발생하는 큰 파도이다.
③ 대기 대순환: 위도별 태양 복사 에너지의 차이로 생기는 대기의 순환 현상이다.
④ 지구 온난화: 온실 효과의 증대로 지구의 평균 온도가 높아지는 현상이다.

**100점까지 Upgrade**　라니냐

무역풍의 강화로 고온의 표층 해수가 서쪽으로 많이 이동하여 용승이 강해지면서 동태평양의 표층 수온이 낮아지는 현상을 말한다.

## 07 ②

| 정답해설 | 적도 부근 동태평양 연안의 수온이 평소보다 감소하는 현상으로 무역풍의 강화로 차가운 해수의 용승이 활발해지는 현상을 라니냐라고 한다.

**100점까지 Upgrade** 엘니뇨

무역풍의 약화로 고온의 해수가 동쪽으로 이동하여 동태평양의 용승이 약해지면서 동태평양의 표층 수온이 높아지는 현상을 말한다.

## 08 ①

| 정답해설 | 그림에서 저위도는 0° 부근이 되기 때문에 저위도에서 흐르는 해류는 D가 된다. 상대적으로 B는 위도가 높다. 저위도에서 고위도 쪽으로 흐르는 난류는 A가 된다.

## 09 ③

| 정답해설 | 지구 온난화는 지구의 평균 기온이 상승하는 현상으로, 빙하를 녹이거나 해수가 팽창하여 전 세계의 평균 해수면을 상승시킨다.
| 오답해설 | ㄴ. 가장 큰 영향을 미치는 온실 기체는 이산화 탄소이다.

## 10 ④

| 정답해설 | 대기 대순환은 남는 열을 부족한 부분으로 이동시켜 주며, 위도별 에너지 불균형을 해소하는 역할을 한다.
| 오답해설 |
① 적도의 지표 부근에서는 공기가 주로 상승한다.
② 북위 0°~30° 사이에서는 북동 무역풍이 분다.
③ 북위 30°~60° 사이에서는 편서풍이 분다.

**100점까지 Upgrade** 바람과 해류

• 편서풍: 북태평양 해류, 북대서양 해류, 남극 순환류
• 무역풍: 북적도 해류, 남적도 해류

## 11 ③

| 정답해설 | 지구의 위도별 태양 복사 에너지와 지구 복사 에너지의 불균형으로 인해 생겨난 저위도의 과잉 에너지를 고위도로 보내는 현상은 대기 대순환이다.
| 오답해설 |
① 오로라: 고위도 지방에서 나타나며 대전 입자와 대기의 반응으로 빛을 내는 현상이다.

② 맨틀 대류: 지구 내부 맨틀의 따뜻한 부분이 상승하고 차가운 부분은 하강하며 일어난다.
④ 지구 온난화: 온실 효과의 증대로 지구의 평균 온도가 높아지는 현상이다.

## 12 ②

| 정답해설 | 동태평양 연안의 수온이 평소보다 증가하는 현상을 엘니뇨라 하며, 호주 등의 서태평양 지역에 심한 가뭄 피해를 입히기도 한다.
| 오답해설 |
① 황사: 미세한 모래 먼지가 대기 중에 퍼져 떨어지는 현상이다.
③ 오로라: 태양에서 온 플라스마가 지구 공간과 반응해 빛을 내는 현상이다.
④ 자기 폭풍: 지구의 자기장이 불규칙하게 변하는 현상이다.

## 13 ①

| 정답해설 | 지구 대기 중 온실 기체가 증가하게 되면 지구 온난화가 일어날 수 있으며, 지구 온난화로 인해 지구의 평균 온도가 상승하기 때문에 해수면이 높아질 수 있다. 지구의 평균 기온은 높아지고, 빙하의 분포 면적은 좁아지며, 바다의 평균 수온은 높아진다.

## 14 ①

| 정답해설 | 위도 30°~60° 사이에서는 편서풍이 분다. 편서풍에 의해 북태평양 해류, 북대서양 해류 등이 흐르고, 편서풍에 의해 우리나라에 황사가 몰려오기도 한다.

## 15 ③

| 정답해설 | 고열원에서 열($Q_1$)을 흡수하여 일($W$)을 하고 저열원으로 열($Q_2$)을 방출하는 열기관의 1회 순환 과정에서 열효율이 20%인 열기관이 고열원에서 1000J의 열을 흡수했다면, 저열원으로 방출하는 열은 800J이 된다. 그러므로 열효율은 $\dfrac{(1000J-800J)}{1000J} \times 100 = 20(\%)$이 된다.

## 16 ①

| 정답해설 | A, B, C가 각각 $1h$, $2h$, $3h$의 높이에 있을 때 이들은 위치 에너지를 가지게 된다. 이들을 가만히 놓게 되면 위치

에너지가 지면에 도달하는 동안 모두 운동 에너지로 전환이 된다. 이들 중 운동 에너지가 가장 작은 것은 A, B, C 중 위치 에너지가 가장 작은 것이 된다. 따라서 위치 에너지가 가장 작은 것, 즉, 운동 에너지가 가장 작은 것은 A이다.

**100점까지 Upgrade** 위치 에너지

위치 에너지＝9.8×질량×높이

## 17 ②

| 정답해설 | (가)에서 열효율(%)은 $\frac{20\text{J}}{100\text{J}} \times 100 = 20\%$이다. (가)와 (나)의 열효율이 같으므로, (나)의 열효율(%)은 $\frac{\text{열기관이 한 일}}{50\text{J}} \times 100 = 20\%$이므로 (나)의 열기관이 한 일은 10J이 된다.

**100점까지 Upgrade** 열효율

$$\text{열효율}(\%) = \frac{\text{열기관이 한 일}}{\text{열기관에 공급한 열에너지}} \times 100$$

## 18 ②

| 정답해설 | 에너지 효율이란 공급되는 에너지에 대해 효율적으로 사용되는 에너지의 비율을 말한다. 에너지 효율은 다음의 식으로 구할 수 있다.

$$\text{에너지 효율}(\%) = \frac{\text{유용하게 사용되는 에너지의 양}}{\text{공급한 에너지의 양}} \times 100$$

따라서 빛에 대한 에너지 효율이 가장 높은 조명 기구는 B이다.

• A의 열효율＝$\frac{5}{20} \times 100 = 25\%$

• B의 열효율＝$\frac{10}{20} \times 100 = 50\%$

• C의 열효율＝$\frac{5}{40} \times 100 = 12.5\%$

• D의 열효율＝$\frac{10}{40} \times 100 = 25\%$

## 19 ④

| 정답해설 | A~C와 같이 같은 높이, 같은 질량일 경우 가지게 되는 위치 에너지는 같다. 모든 마찰을 무시한다면, 공이 경사면을 따라 내려올 때 가지고 있는 위치 에너지는 모두 운동 에너지로 전환되기 때문에 지면에 도달하는 순간의 속력은 모두 같다.

**100점까지 Upgrade** 위치 에너지와 운동 에너지

• 위치 에너지: 기준면으로부터 높이 있는 물체가 가지는 에너지이다.
• 운동 에너지: 운동하고 있는 물체가 가지는 에너지이다.

## 20 ③

| 정답해설 | 크기가 같고 질량이 다른 물체 A, B, C는 같은 높이 $h$에 있으면서 각각 위치 에너지를 가지는데, 이 물체들이 바닥에 도달하는 순간 위치 에너지가 운동 에너지로 모두 전환된다(단, 모든 저항은 무시). 따라서 바닥에 도달하는 순간 운동 에너지는 $h$에서의 위치 에너지를 계산하면 구할 수 있다. 위치 에너지는 질량과 높이에 비례하는데, 제시된 그림은 높이가 모두 같다. 따라서 질량이 가장 큰 C의 위치 에너지가 가장 크기 때문에, 바닥에 도달하는 순간 운동 에너지가 가장 큰 것은 C가 된다.

## 21 ②

| 정답해설 | 열기관이 한 일은 열기관이 흡수한 열에서 방출한 열을 빼주면 구할 수 있다.

| 오답해설 |
① $Q_1 > Q_2$
③ $W$가 작을수록 열효율이 낮다.
④ $Q_2 = 0$인 열기관은 만들 수 없다.

**100점까지 Upgrade** 열기관과 열효율

• 열기관: 열에너지를 역학적 에너지로 전환하는 기계 장치
• 열효율(%)＝$\frac{\text{열기관이 한 일}}{\text{열기관에 공급한 열에너지}} \times 100$

## 22 ④

| 정답해설 | 전류에 의한 자기장을 이용하여 전기 에너지를 소리 에너지로 전환시키는 것은 스피커이다.

| 오답해설 |
① 다리미: 전기 에너지를 열에너지로 전환시킨다.
② 배터리: 충전 시 전기 에너지를 화학 에너지로 전환시킨다.
③ 백열등: 전기 에너지를 빛에너지로 전환시킨다.

## 23 ④

| 정답해설 | ㄱ. 열기관은 열에너지를 일로 전환하는 장치이다.

ㄷ. 열효율(%)＝$\frac{\text{열기관이 한 일}}{\text{열기관에 공급한 열에너지}} \times 100$이다.

| 오답해설 | ㄴ. 열은 고열원에서 저열원으로 이동한다.

## 24 ④

| 정답해설 | 공기 저항을 무시하기 때문에 옥상에서 수평으로 던진 공은 위치 에너지가 운동 에너지로 전환되며 역학적 에너지는 보존되므로 모든 지점에서 역학적 에너지의 크기는 같다.

| 오답해설 |
① 속도가 가장 빠른 지점은 C이다.
② 위치 에너지가 가장 큰 지점은 A이다.
③ 운동 에너지가 가장 작은 지점은 A이다.

## 25  ③

| 정답해설 | 중력에 의한 위치 에너지가 가장 작은 지점은 질량이 같을 때, 기준면에서부터 높이가 가장 낮은 곳이기 때문에 C가 된다.

**100점까지 Upgrade** 위치 에너지

위치 에너지＝9.8×질량×높이

## 26  ④

| 정답해설 | 위치 에너지가 운동 에너지로 전환되는 곳은 높은 곳에서 낮은 곳으로 이동하며 속력이 빨라지는 구간이므로, D가 된다.

**100점까지 Upgrade** 역학적 에너지의 전환

• 위치 에너지 → 운동 에너지: 물체가 내려갈 때
• 운동 에너지 → 위치 에너지: 물체가 올라갈 때

## 27  ①

| 정답해설 | 열효율(%)＝$\dfrac{열기관이\ 한\ 일}{열기관에\ 공급한\ 열에너지}$×100

＝$\dfrac{(100J-80J)}{100J}$×100＝20%이다.

## 28  ①

| 정답해설 | 선풍기는 전기 에너지를 운동 에너지로 전환한다.

## 29  ④

| 정답해설 | 자석을 멀리 할 때와 가까이 할 때 검류계의 바늘 방향이 반대로 움직인다.

**100점까지 Upgrade** 전자기 유도

• 코일 주위에 자석이 움직이거나 자석 주위에 코일이 움직이면서 코일을 지나는 자기장이 변하게 되어 코일에 유도 전류가 흐르는 현상
• 자석을 멀리 할 때와 가까이 할 때 검류계의 바늘 방향이 반대로 움직인다.
• N극을 가까이할 때와 S극을 가까이 할 때 검류계의 바늘 방향이 반대로 움직인다.

## 30  ③

| 정답해설 | 변전소에서 송전 전압을 높이거나 낮출 때 사용하는 것은 변압기이다.

**100점까지 Upgrade** 변압기

• 전자기 유도 법칙을 이용하여 교류 전압을 변화시키는 장치이다.
• 변압기는 변전소에서 송전 전압을 높게 하거나 낮게 할 때 이용한다.

## 31  ④

| 정답해설 | 전력은 전압과 전류의 곱으로 구하기 때문에 전압이 220V이고 전류가 2A이면 전력은 440W가 된다.

**100점까지 Upgrade** 전력

단위 시간당 생산, 공급, 소비한 전기 에너지로, 단위는 W(와트)를 사용한다.

전력($P$)＝$\dfrac{전압×전류×시간}{시간}$＝전압×전류＝$VI$

## 32  ④

| 정답해설 | 태양의 빛에너지를 직접 전기 에너지로 전환하며, 광전 효과를 기반으로 하는 태양 전지를 이용하는 발전 방식은 태양광 발전이다.

| 오답해설 |
① 조력 발전: 조수 간만의 차로부터 전기를 생산한다.
② 풍력 발전: 바람을 이용해 전기를 생산한다.
③ 핵발전: 핵분열의 진행 속도를 제어하는 원자로 내부에서 핵분열이 일어날 때 생성되는 에너지로 물을 끓이고, 물이 끓으면 나오는 수증기로부터 터빈을 회전하여 전기를 생산한다.

**100점까지 Upgrade** 태양광 발전

태양의 빛에너지를 태양 전지를 이용하여 전기 에너지로 바꾸는 방식의 발전
• 원리: 빛을 태양 전지에 비추게 되면 전자가 움직이며 전류가 흐른다.
• 태양 전지: 빛을 받게 되면 전압이 생기며, 반도체로 이루어져 있다.

## 33  ①

| 정답해설 | 땅속 마그마에 의해 데워진 고온의 지하수나 수증기를 끌어올려 터빈을 돌려서 전기를 생산하는 것은 지열 발전이다.

## 34 ④

| 정답해설 | 태양계에서 수소 핵융합 에너지를 방출하는 천체는 태양이다. 태양의 핵에서 수소 핵융합 반응이 일어나 에너지가 생성된다.

- 태양의 핵에서 수소 핵융합 반응이 일어날 때, 감소한 질량이 에너지로 전환되어 1초에 약 $4 \times 10^{26}$J씩 방출된다.
- 수소 원자핵 4개가 융합하여 헬륨 원자핵 1개를 생성한다.
- 4H(수소) $\longrightarrow$ He(헬륨) $+ E$(에너지)
  → 핵융합 결과 질량이 줄어들며, 줄어든 질량은 에너지로 변환되어 방출된다.

## 35 ①

| 정답해설 | 바다를 제방으로 막아 밀물과 썰물로 인한 해수면의 높이 차이를 이용해 전기를 생산하는 방식은 조력 발전이다.
| 오답해설 |
② 지열 발전: 땅속의 열을 온수와 난방에 이용하거나, 터빈을 돌려 전기를 생산한다.
③ 풍력 발전: 바람이 풍력 발전기의 날개를 회전시키는 운동 에너지를 전기 에너지로 전환한다.
④ 화력 발전: 연료를 연소시켜 얻어낸 에너지로 회전기를 회전시켜 전기를 생산한다.

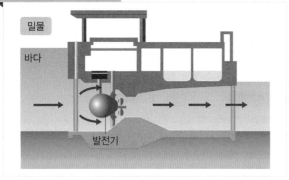

## 36 ③

| 정답해설 | 핵발전은 핵분열을 이용하고, 방사성 폐기물이 발생할 수 있다.
| 오답해설 | ㄴ. 석탄은 화력 발전에 사용된다.

우라늄 같은 무거운 원자핵이 분열할 때 만들어지는 에너지이다. 물을 끓이고 그때 발생한 수증기로 터빈을 돌려 전기 에너지를 생산한다.
- 핵에너지: 핵분열이나 핵융합에서 만들어지는 에너지
- 핵분열: 우라늄 235 원자핵에 중성자가 충돌한다. → 원자핵이 쪼개지며 에너지와 2~3개의 중성자가 방출된다 → 방출된 중성자가 주위의 우라늄 235에 충돌하면서 연쇄적으로 핵분열이 일어난다.

## 37 ④

| 정답해설 | 태양 전지는 빛에너지를 전기 에너지로 전환하는 장치이다.

태양의 빛에너지를 태양 전지를 이용하여 전기 에너지로 바꾸는 방식의 발전이다.
- 원리: 빛을 태양 전지에 비추게 되면 전자가 움직이며 전류가 흐른다.
- 태양 전지: 빛을 받게 되면 전압이 생기며, 반도체로 이루어져 있다.
- 태양 전지의 이용: 구부릴 수 있고, 투명하거나 얇게 만들 수 있어 다양하게 이용된다.

## 38 ③

| 정답해설 | 풍력 발전은 바람의 운동 에너지를 전기 에너지로 전환하는 과정이다.

- 바람은 운동 에너지를 가지므로 이것을 이용하여 전기 에너지로 바꾸는 방식의 발전이다.
- 바람이 지속적으로 많이 부는 곳에 설치한다.

## 39 ④

| 정답해설 | 우라늄과 같은 방사성 에너지 자원의 핵분열을 이용하는 발전 방식은 핵발전이다.
| 오답해설 |
① 수력 발전: 높은 곳에 있는 물의 위치 에너지를 이용하는 발전 방식이다.

② 풍력 발전: 바람에 의한 운동 에너지를 이용하는 발전 방식
　이다.
③ 화력 발전: 연료를 연소할 때의 역학적 에너지를 이용하는
　발전 방식이다.

## 40 　②

| 정답해설 | 화석 연료는 동물과 식물의 유해가 땅속에 묻히게
되면서 산소의 공급이 어려워진 상태로 오랜 시간 동안 높은 열
과 압력을 받아 만들어진 에너지 자원으로, 석탄, 석유, 천연 가
스가 있다. 매장량이 한정되어 있고 연소할 때 이산화 탄소가
주로 발생한다.

**100점까지 Upgrade** 　화석 연료의 생성 과정

- 석탄의 생성 과정: 식물이 따뜻하고 강수가 많은 지역에서 살다
가 묻히고 지각 변동에 의해 아래쪽으로 들어가 열과 압력을 받
고 불순물이 제거되고 탄소가 남아 석탄이 생성된다.
- 석유의 생성 과정: 플랑크톤, 바다의 생물 사체가 점토 같은 것
에 섞여 바다나 호수에 묻히면 그 위에 퇴적물이 쌓이면서 오랜
기간 동안 열과 압력을 받게 되고 여러 화학 변화가 일어나 석유
가 된다.
- 천연 가스의 생성 과정: 플랑크톤, 바다의 동물이 바다나 호수에
묻히고 열과 압력을 받게 되어 천연의 기체 상태의 탄화수소가
된다.

# 실전 모의고사

| | | | | | | | | | |
|---|---|---|---|---|---|---|---|---|---|
| **1** 회 | | | | | | | | | 166쪽 |
| 01 | ② | 02 | ① | 03 | ③ | 04 | ① | 05 | ④ |
| 06 | ① | 07 | ③ | 08 | ① | 09 | ② | 10 | ② |
| 11 | ③ | 12 | ① | 13 | ② | 14 | ① | 15 | ③ |
| 16 | ① | 17 | ④ | 18 | ① | 19 | ④ | 20 | ③ |
| 21 | ② | 22 | ③ | 23 | ① | 24 | ① | 25 | ① |

## 01 ②

| 정답해설 | 양성자는 업 쿼크 2개와 다운 쿼그 1개가 민나 (+) 전하를 띠게 된다.

### 100점까지 Upgrade　　양성자와 중성자의 전하량

- 업 쿼크 전하량 : $+\dfrac{2}{3}$
- 다운 쿼크 전하량: $-\dfrac{1}{3}$
- 양성자: 업 쿼크 2개 + 다운 쿼크 1개 $=+1 \Rightarrow$ (+) 전하
- 중성자: 업 쿼크 1개 + 다운 쿼크 2개 $= 0 \Rightarrow$ 전하를 띠지 않음

## 02 ①

| 정답해설 | 주계열성은 별의 중심에서 수소 핵융합 반응이 이루어지면서 빛을 내는 별을 말한다.

### 100점까지 Upgrade　　주계열성

- 별의 진화 과정 중 가장 긴 시기로, 별은 일생의 90 %를 주계열성으로 보낸다.
- 별의 내부 온도가 높아져 팽창하려는 기체의 압력과 수축하려는 중력이 평형을 이루어 별의 크기가 일정하게 유지된다.
- 질량이 크고 고온인 별은 수소를 빨리 소모하여 수명이 짧고, 질량이 작고 저온인 별은 수소를 천천히 소모하여 수명이 길다.

## 03 ③

| 정답해설 | 그림은 질량이 태양의 10배 이상인 별의 진화 과정으로 주계열성 → 초거성 → 초신성 폭발 → 중성자별, 블랙홀 순서의 진화 과정을 거친다. 따라서 A는 초거성이다.

### 100점까지 Upgrade　　질량이 태양의 10배 이상인 별의 진화

- 질량이 태양의 10배 이상인 별은 탄소 핵이 만들어진 후에도 계속 핵융합 반응이 일어난다.
- 헬륨 핵융합 반응과 탄소 핵의 수축 과정이 일어나며 초거성이 된다.
- 초거성 중심은 온도가 높아지며 탄소, 질소, 산소, 네온, 나트륨, 마그네슘 등 차례로 핵융합 반응이 일어난다.
- 온도가 30억K 이상이 되면 규소 핵융합이 일어나 철이 만들어지고 더 이상 핵융합이 일어나지 않는다.
- 핵융합 반응이 일어나지 않으면 수축이 일어나고 수축을 견딜 수 없게 되면 별의 바깥 부분이 폭발하여 초신성이 된다. 초신성 폭발 과정에서 구리, 금, 우라늄같이 무거운 원소들이 만들어진다.
- 초신성 폭발 후 중심부가 압축되어 중성자별이 되며, 질량이 더 큰 경우 더욱 수축하여 빛도 빠져나갈 수 없는 블랙홀이 된다.

## 04 ①

| 정답해설 | 알칼리 금속은 주기율표 1족에 해당하는 원소(단, 수소는 제외)로 리튬(Li), 나트륨(Na), 칼륨(K)이 속한다. 탄소는 알칼리 금속이 아니다.

### 100점까지 Upgrade　　알칼리 금속의 특징

- 은백색 광택이 있으며 다른 금속에 비해 밀도가 작고 무르다.
- 산소와 빠르게 반응하여 광택을 잃는다.
- 고유한 불꽃색을 가진다(리튬—빨간색, 나트륨—노란색, 칼륨—보라색).
- 원자가 전자 수가 1이기 때문에 전자 1개를 잃기 쉽고, +1가 양이온이 되기 쉽다.
- 물과 격렬하게 반응하여 수소 기체가 발생하고, 수용액은 염기성을 띤다.
- 원자 번호가 증가할수록 반응성이 증가한다.

## 05 ④

| 정답해설 | 양이온과 음이온이 전기적 인력에 의한 결합을 하는 것을 이온 결합이라 한다.

| 오답해설 |

① 공유 결합: 비금속 원소의 원자들이 각각 전자를 내놓아 전자쌍을 공유하면서 이루어지는 화학 결합

② 단일 결합: 공유 결합 중 두 원자가 1개의 전자쌍을 공유하는 결합
③ 이중 결합: 공유 결합 중 두 원자가 2개의 전자쌍을 공유하는 결합

## 06  ①

| 정답해설 | 효소와 호르몬의 주성분이고, 근육이나 세포막같이 몸을 구성하는 성분이며, 단위체가 아미노산인 것은 단백질이다.

## 07  ③

| 정답해설 | 초전도체는 특정 임계 온도 이하에서 전기 저항이 0이 되는 현상인 초전도 현상을 나타내는 물질이다.

> **100점까지 Upgrade**  초전도체
>
> • 초전도 현상이 나타나는 물질이다.
> • 전기 저항이 0이기 때문에 열이 발생하지 않아 전력 손실이 없으며, 센 전류가 흐르기 때문에 강한 자기장을 만들 수 있다.
> • 자기 공명 영상 장치(MRI), 자기 부상 열차, 초전도 전력 케이블, 핵융합 장치 등에 이용된다.

## 08  ①

| 정답해설 | 힘의 단위는 N(뉴턴)을 사용한다.

> **100점까지 Upgrade**  1 N
>
> 1kg의 질량을 가진 물체가 1초 동안 속력을 1m/s씩 가속시킬 때의 힘

## 09  ②

| 정답해설 | 기권은 질소, 산소, 이산화 탄소 등의 기체로 이루어져 있으며, 높이에 따른 기온 분포에 따라 대류권, 성층권, 중간권, 열권으로 구분된다.

> **100점까지 Upgrade**  지구 시스템의 구성 요소
>
> 지권, 기권, 수권, 생물권, 외권

## 10  ②

| 정답해설 | 생명 시스템은 세포 → 조직 → 기관 → 개체의 순서이다.

> **100점까지 Upgrade**  생명 시스템의 구성 단계
>
> • 세포: 생명 시스템을 이루는 기본적 구성 단위
> • 조직: 모양과 기능이 비슷한 일정 세포들의 모임
> • 기관: 조직들이 모여 고유한 기능을 하는 모임
> • 개체: 기관들이 모여 이루어진 독립된 생명체

## 11  ③

| 정답해설 | 식물 세포에만 있는 두껍고 단단한 막은 세포벽이다.
| 오답해설 | 세포막은 세포를 둘러싸는 막으로 인지질 2중층과 단백질로 이루어져 있으며, 세포의 안과 밖으로 물질 출입을 조절한다.

## 12  ①

| 정답해설 | 저분자 물질이 합성하여 고분자 물질이 되는 반응을 동화 작용이라 하고, 이때 에너지를 흡수하는 흡열 반응이 일어난다. 예로는 광합성과 단백질 합성이 있다.

> **100점까지 Upgrade**  물질대사
>
> 생명체 안에서 일어나는 모든 화학 반응

## 13  ②

| 정답해설 | (가)에 들어갈 것은 DNA가 된다. DNA의 염기는 A, G, C, T이 있다. U은 RNA의 염기이다.

## 14  ②

| 정답해설 | 물질이 산소를 얻는 반응이 산화이다. 이 문제에서는 C(탄소)가 산화되어 $CO_2$(이산화 탄소)가 된다.

## 15  ③

| 정답해설 | 산이 가지는 공통적인 성질은 대체로 신맛이 나고, 푸른색 리트머스 종이를 붉게 변화시키는 것이다.
| 오답해설 | ㄷ. 페놀프탈레인 용액을 떨어뜨리면 붉게 변하는 것은 염기의 공통적인 성질이다.

## 16  ①

| 정답해설 | 과거 지질 시대에 살았던 생물들의 유해나 흔적 같

은 것이 지층 속에 남아 있는 것으로 주로 퇴적암에서 발견되는 것은 화석이다.

## 17 ④

| 정답해설 | 선캄브리아대는 오존층이 없었기 때문에 강한 자외선을 피해 식물들은 서식지가 바다로 제한되었고, 고생대는 산소가 증가하여 오존층이 형성됨으로써 자외선이 차단되어 육지에 생물이 살기 시작하였다.

## 18 ①

| 정답해설 | 자연 선택의 과정으로, 과잉 생산이 이루어지면 같은 부모에게서 형질이 다른 변이가 나타나 생존 경쟁을 거쳐 자연 선택이 되어 진화가 일어난다.

**100점까지 Upgrade** 자연 선택의 과정

- 과잉 생산 → 변이 → 생존 경쟁 → 자연 선택 → 진화
- 과잉 생산: 많은 수의 자손이 만들어진다.
- 변이: 같은 부모에게서 형질이 다른 개체가 태어난다.
- 생존 경쟁: 먹이, 서식지 등에 대한 경쟁이 일어난다.
- 자연 선택: 환경에 적응하는 개체가 자연 선택되어 더 많은 자손을 남긴다.
- 진화: 자연 선택된 개체가 유전이 되면서 오랜 기간 동안 누적되다 보면 기존의 종과 차이가 있는 진화가 일어난다.

## 19 ④

| 정답해설 | 생물 다양성이 감소하는 원인은 서식지 파괴, 외래종 유입, 남획 등이 있다.

**100점까지 Upgrade** 생물 다양성의 감소 원인

- 서식지 파괴: 도로 개발, 삼림의 벌채, 서식지 단편화 등
- 남획과 불법 포획: 생물을 과하게 많이 잡는 남획이나 불법 포획으로 인해 생물이 멸종될 수 있다.
- 외래종 도입: 외래종은 천적이 없어 토착종이 위협을 받을 수 있다.
- 환경 오염: 농약 사용, 폐수 무단 배출 등으로 오염되어 생물이 죽을 수 있다.

## 20 ③

| 정답해설 | 곰팡이, 호랑이, 버섯 중 분해자에 해당하는 것은 곰팡이와 버섯이다.
| 오답해설 | ㄴ. 호랑이는 소비자에 해당한다.

**100점까지 Upgrade** 생태계의 구성 요소(생물적 요인)

| 생산자 | 빛에너지를 이용하여 광합성을 하여 무기물을 유기물로 합성함<br>예 녹색 식물, 식물성 플랑크톤 등 |
|---|---|
| 소비자 | 다른 생물을 섭취하여 유기물을 얻어 생물 사이에서 에너지의 흐름이 일어나도록 함<br>예 사슴, 호랑이 등 |
| 분해자 | 죽은 생물의 사체나 배설물을 분해하여 환경으로 되돌려 보내며 물질 순환을 하게 함<br>예 버섯, 곰팡이, 세균 등 |

## 21 ②

| 정답해설 | 하천 복원 사업은 생태계를 보전하기 위한 노력에 해당한다.

**100점까지 Upgrade** 생태계 평형을 깨는 요인

① 자연적 환경 변화: 산사태, 홍수, 지진, 화산 폭발 등
② 인간의 활동으로 인한 변화
- 무분별한 개발과 환경의 오염
- 농약 살포
- 지구 온난화
- 남획, 불법 포획, 외래종 도입 등

## 22 ③

| 정답해설 | 지구의 복사 평형은 흡수한 태양 복사 에너지와 방출한 지구 복사 에너지가 같아 지구의 평균 기온이 일정하게 유지되는 것이다. 지구에 흡수되는 에너지가 70%일 때 지구의 복사 평형이 일어나기 위해 지구가 방출하는 에너지는 70%여야 한다.

## 23 ①

| 정답해설 | 지구 온난화는 온실 효과의 증대로 지구의 평균 온도가 계속 높아지는 현상을 말한다. 화석 연료의 사용이 증가하면서 대기 중의 이산화 탄소 농도가 증가한 것이 주요 원인 중 하나이다. 그렇기 때문에 화석 연료의 사용을 자제해야 한다.

**100점까지 Upgrade** 지구 온난화의 대책

- 화석 연료의 사용을 억제한다.
- 산림의 면적을 확대한다.
- 대체 에너지를 개발한다.
- 에너지를 절약한다.
- 국제 협약을 준수한다.

## 24 ②

| 정답해설 | 그림은 대기 대순환을 나타낸 것으로 우리나라는 편서풍의 영향을 받는다. 지구의 자전에 의해 적도에서 극까지 3개의 순환이 발생하며 저위도에 남는 열에너지를 고위도로 전달한다.

## 25 ①

| 정답해설 | 유도 전류는 전자기 유도 현상에 의해 코일에 흐르게 되는 전류를 말한다. 유도 전류의 세기는 자석이 셀수록, 자석이 빠르게 움직일수록, 코일의 감은 수가 많을수록 유도 전류가 세다.

| 01 | ④ | 02 | ③ | 03 | ④ | 04 | ④ | 05 | ② |
|----|---|----|---|----|---|----|---|----|---|
| 06 | ③ | 07 | ③ | 08 | ① | 09 | ④ | 10 | ② |
| 11 | ④ | 12 | ② | 13 | ② | 14 | ④ | 15 | ① |
| 16 | ③ | 17 | ① | 18 | ④ | 19 | ① | 20 | ④ |
| 21 | ① | 22 | ③ | 23 | ② | 24 | ① | 25 | ① |

## 01 ④

| 정답해설 | 빅뱅(대폭발)이 일어난 후 입자의 생성 과정은 기본 입자 생성(쿼크, 전자 등) → 양성자와 중성자 생성 → 헬륨 원자핵 생성 → 원자의 생성 순서가 된다.

## 02 ③

| 정답해설 | 빅뱅 우주론의 증거 중 하나는 빅뱅 우주론에서 예측한 수소와 헬륨의 질량비와 실제 우주에 분포하는 수소와 헬륨의 질량비가 3:1로 나타나는 것이다.

**100점까지 Upgrade**    **빅뱅 우주론의 증거**

① 우주 배경 복사
- 빅뱅 우주론에서의 예측
  물질로부터 빠져나온 빛이 현재는 파장이 길어진 상태로 우주 전체에서 관측되어야 한다.
- 실제 관측
  펜지어스와 윌슨이 우주의 모든 방향에서 온도 약 2.7K인 우주 배경 복사를 관측하였다.
→ 빅뱅 우주론의 증거이다.
② 수소와 헬륨의 질량비
우주에 분포하는 수소와 헬륨의 질량비가 3:1임을 확인하였다.

## 03 ④

| 정답해설 | 구리, 나트륨, 마그네슘은 금속이다. 산소는 비금속이다.

**100점까지 Upgrade**    **금속의 특징**

- 주기율표의 왼쪽과 가운데에 위치한다.
- 주로 전자를 잃고 양이온이 되기 쉽다.
- 대부분 상온에서 고체(단, 수은은 액체) 상태이고, 녹는점과 끓는점이 높다.
- 광택이 있고, 열과 전기가 잘 통한다.
- 힘을 가해도 잘 부서지지 않는다.
- 전성과 연성이 있다.
- 예 구리(Cu), 나트륨(Na), 납(Pb), 마그네슘(Mg) 등

## 04 ④

| 정답해설 | 수소 원자는 중성이고, 수소 원자가 전자를 각각 1개씩 내놓아 전자쌍을 공유하는 공유 결합을 하며, 공유한 전자쌍은 1쌍이다.

## 05 ②

| 정답해설 | 탄소는 원자가 전자가 4개이다. 탄소끼리 결합할 때 단일 결합, 2중 결합, 3중 결합이 가능하고 탄소 원자로 사슬 모양, 가시 모양, 고리 모양 등 다양하게 만들 수 있다. 탄소 화합물은 탄수화물, 단백질, 지질 등의 고분자 형태로 생명체를 구성하고 생명체의 에너지원으로 사용될 수 있다.

## 06 ③

| 정답해설 | DNA는 유전 정보를 저장하고 염기의 종류에 A, G, C, T이 있다.
| 오답해설 | ㄴ. 당으로 디옥시리보스를 가진다.

## 07 ③

| 정답해설 | 풀러렌은 60개의 탄소 원자가 육각형과 오각형 모양으로 결합하여 공 모양을 이룬다. 단단하며 초전도성을 나타낸다.

## 08 ①

| 정답해설 | 질량이 있는 물체 사이에 상호 작용하는 힘으로 지구 중심 방향으로 작용하여 지구가 물체를 당기는 힘을 중력

이라 한다. 중력은 물체의 질량이 클수록, 거리가 가까울수록 크다.

## 09 ④

| 정답해설 | 자유 낙하 운동은 중력이 작용하고 속력이 일정하게 증가한다. 특히 질량에 관계없이 속력이 1초에 약 9.8m/s씩 증가한다.

## 10 ②

| 정답해설 | 기권은 지표면~높이 약 1000km까지 지구를 둘러싸고 있는 대기층으로 성분은 질소, 산소, 아르곤, 이산화 탄소 등이다. 구조는 높이에 따른 기온 변화를 기준으로 아래쪽에서부터 위쪽으로 대류권, 성층권, 중간권, 열권으로 구분한다.

## 11 ④

| 정답해설 | 생물의 호흡(산소 흡수, 이산화 탄소 방출)과 식물의 광합성(이산화 탄소 흡수, 산소 방출)은 기권과 생물권의 상호 작용이다.

## 12 ②

| 정답해설 | 세포 소기관 중 세포 호흡이 일어나 생명 활동에 필요한 에너지를 생산하는 것은 미토콘드리아이다.

| 미토콘드리아 | • 세포 호흡이 일어나 생명 활동에 필요한 에너지(ATP)를 생산함 <br> • 자기 복제를 할 수 있음 |
|---|---|
| 엽록체 | • 빛에너지를 흡수하여 유기물을 합성하는 광합성을 함 <br> • 식물 세포에만 있음 |
| 액포 | 물, 색소, 노폐물 등을 저장하며 식물 세포에 발달함 |
| 세포막 | • 세포 형태를 유지 <br> • 세포의 안과 밖으로 물질 출입을 조절함 |
| 세포벽 | • 식물 세포의 세포막 바깥에 있는 두껍고 단단한 막 <br> • 세포를 보호하고 세포 모양을 유지함 <br> • 식물 세포에만 있음 |

## 13  ②

| 정답해설 | 이화 작용은 고분자 물질이 분해되어 저분자 물질이 되는 반응으로 에너지를 방출하는 발열 반응이며, 예로는 세포 호흡과 소화가 있다.

| 오답해설 | 광합성과 단백질 합성은 저분자 물질이 합성하여 고분자 물질이 되는 반응으로 동화 작용이다.

## 14  ④

| 정답해설 | 탄소와 산소가 만나 산화되어 이산화 탄소가 생성되었다.

| 오답해설 | 제시된 내용은 숯의 연소 반응으로 숯의 주성분은 탄소이다. 연소는 산소와 물질이 빠르게 반응하여 열과 빛을 내는 현상이다.

## 15  ①

| 정답해설 | 철의 부식에 영향을 미치는 것은 주로 물, 산소이다. 철의 부식을 막기 위해서는 철에 물과 산소가 접촉하지 않도록 막아야 한다.

| 오답해설 | 철의 부식을 막는 방법으로는 물과 산소를 차단하기 위해 기름칠, 페인트 칠, 도금 등을 하거나 철의 성질을 변화시키기 위해 합금을 하는 방법, 금속의 반응성을 이용하여 음극화 보호를 하는 방법 등이 있다.

## 16  ③

| 정답해설 | 염기는 수용액 상태에서 수산화 이온을 내놓는 물질로, 제시된 세 가지 물질 중 수산화 나트륨(NaOH)이 염기에 해당한다. 질산(HNO₃)과 탄산(H₂CO₃)은 수용액 상태에서 수소 이온을 내놓는 물질이기 때문에 산이다.

---

**100점까지 Upgrade**  염기

수용액 상태에서 수산화 이온($OH^-$)을 내놓는 물질 <br>
㈜ 수산화 나트륨($NaOH$), 수산화 칼륨($KOH$), 수산화 칼슘 $[Ca(OH)_2]$, 수산화 바륨$[Ba(OH)_2]$, 암모니아($NH_3$) 등

## 17  ①

| 정답해설 | 표준 화석은 지층이 생성된 시대를 알려주고 넓은 지역에 짧은 시간 동안 분포한다. 삼엽충 화석은 고생대에 생성된 대표적인 화석이다.

---

**100점까지 Upgrade**  화석

• 표준 화석: 지층이 생성된 시대를 알려준다. <br>
• 시상 화석: 지층이 생성된 환경을 알려준다.

## 18  ④

| 정답해설 | 포유류가 번성하였고 인류의 조상이 최초 출현하였으며, 화폐석, 매머드, 속씨식물 등이 번성하였던 지질 시대는 신생대이다.

## 19  ①

| 정답해설 | 제시된 내용은 온도와 생물의 관계를 나타낸 것이다.

## 20  ④

| 정답해설 | 대기 대순환과 해류의 방향은 비슷하다. 편서풍은 북태평양 해류, 북대서양 해류, 남극 순환류 등에 영향을 주고 무역풍은 북적도 해류, 남적도 해류 등에 영향을 준다.

## 21  ①

| 정답해설 | 물질 속에 저장되어 있는 화학 결합에 의한 에너지는 화학 에너지이다.

---

**100점까지 Upgrade**  에너지의 종류

• 역학적 에너지: 위치 에너지 + 운동 에너지 <br>
• 화학 에너지: 물질 속에 저장되어 있는 화학 결합에 의한 에너지 <br>
• 전기 에너지: 전하의 이동에 의한 에너지 <br>
• 열에너지: 물체의 상태나 온도를 변화시킬 수 있는 열 형태의 에너지 <br>
• 빛에너지: 빛이 가지는 에너지 <br>
• 소리 에너지: 공기의 진동에 의해 전달되는 에너지 <br>
• 핵에너지: 핵분열 또는 핵융합이 일어날 때 발생하는 에너지

## 22 ③

| 정답해설 | 화석 연료를 연소할 때 만들어진 열로 물을 끓이고 그때 발생한 수증기로 터빈을 돌려 에너지를 만들어내는 방식의 발전은 화력 발전이다. 화학 에너지 → 열에너지 → 운동 에너지 → 전기 에너지 순으로 에너지 전환이 일어난다.

**100점까지 Upgrade** 　화력 발전
- 화석 연료를 연소할 때 만들어진 열로 물을 끓이고 그때 발생한 수증기로 터빈을 돌려 에너지를 만들어낸다.
- 발전소 부지의 제약이 상대적으로 적어 건설이 비교적 쉽지만 오염의 원인이 되고 자원 고갈의 문제가 있으며 연료비가 많이 들어간다.
- 화학 에너지 → 열에너지 → 운동 에너지 → 전기 에너지

## 23 ②

| 정답해설 | 전력$(P)$ = $\dfrac{\text{전압} \times \text{전류} \times \text{시간}}{\text{시간}}$ = 전압 × 전류 = $VI$ 이다. 그러므로 전압이 220V이고 440W의 전력이라면, 전류는 2A가 된다.

## 24 ①

| 정답해설 | 화석 연료에 해당하는 것은 석탄, 석유, 천연 가스 등이 있다.

**100점까지 Upgrade** 　화석 연료
> 동물과 식물의 유해가 땅속에 묻히게 되면서 산소의 공급이 어려워진 상태로 오랜 시간 동안 높은 열과 압력을 받아 만들어진 에너지 자원으로 석탄, 석유, 천연 가스 등이 있다.

## 25 ①

| 정답해설 | 수소와 산소의 화학 반응으로 만들어진 화학 에너지를 전기 에너지로 바꾸는 장치를 연료 전지라고 한다.

memo

memo

memo

memo

정답과 해설

2025 최신판

# 에듀윌
# 고졸 검정고시
# 기본서 과학

**펴낸곳** (주)에듀윌　　**펴낸이** 양형남　　**출판총괄** 오용철　　**에듀윌 대표번호** 1600-6700
**주소** 서울시 구로구 디지털로 34길 55 코오롱싸이언스밸리 2차 3층　　**등록번호** 제25100-2002-000052호
협의 없는 무단 복제는 법으로 금지되어 있습니다.

## 고객의 꿈, 직원의 꿈, 지역사회의 꿈을 실현한다

|  | |
| --- | --- |
| **에듀윌 도서몰**<br>book.eduwill.net | • 부가학습자료 및 정오표: 에듀윌 도서몰 > 도서자료실<br>• 교재 문의: 에듀윌 도서몰 > 문의하기 > 교재(내용, 출간) / 주문 및 배송 |